前　言

本书稿完成于 2018 年 6 月，主要是围绕精准扶贫进行研究，当时没有意向出版。现如今，在中国共产党成立一百周年的重要时刻，我国脱贫攻坚战已经取得了全面胜利；笔者经过认真思考，决定将书稿整理完善出版，希望对扶贫开发工作的研究提供一些参考。

2021 年 2 月 25 日，习近平总书记在全国脱贫攻坚总结表彰大会上庄严宣告："我国脱贫攻坚战取得了全面胜利，现行标准下 9899 万农村贫困人口全部脱贫，832 个贫困县全部摘帽，12.8 万个贫困村全部出列，区域性整体贫困得到解决，完成了消除绝对贫困的艰巨任务。"立足于 2021年，回顾梳理精准扶贫工作，深入研究贫困的精准测度、扶贫路径的选设及扶贫绩效评估，不仅十分必要，而且十分有意义。

精准识贫是快速脱贫的前提，也是脱贫工作的关键。在吸收前人研究成果的基础之上，运用改进的 A-F 模型进行多维贫困测度，以精准识别贫困个体；同时，运用多项 probit 模型对多维贫困测度和他人主观评价的差异性进行分析，进一步查找导致个体贫困的原因。在明晰致贫原因的基础上，基于多维贫困的视角，基于区域特征和个体特征，有针对性地为贫困主体选设适宜有效的扶贫路径，为其快速脱贫提供重要的路径保障。立足于扶贫工作的系统性，抓住扶贫工作的关键环节，重点从贫困个体的生活境况、对扶贫工作的满意度和可持续发展能力等方面进行绩效评估。

本书研究的主要内容有：

在对国内外关于贫困概念界定的基础上，对贫困测度、扶贫路径、绩效评估等方面的文献进行了综述。将共同富裕理论、路径理论、绩效理论

1

作为全书撰写的理论支撑点和分析研究的方法工具。

本书对中华人民共和国成立后不同历史时期的贫困特征、扶贫大政方针、扶贫措施及执行效果进行了系统分析，尤其是阐述了我国 2018 年贫困的现状和面临的问题。通过分析可知，贫困人口大幅度的减少主要得益于：经济体制改革解放了生产力；经济的快速发展产生很好的涓滴效应；扶贫路径的不断拓展和对扶贫对象的不断精准聚焦。现阶段扶贫工作面临的主要问题有：区域经济发展的不均衡，有些地方贫困程度仍然较深；仅将收入作为贫困认定标准，缺乏对于致贫原因的系统性认知；精准选设扶贫路径较难以及扶贫绩效评估需进一步科学化等。

本书在对我国贫困标准进行纵向比较、与其他国家同时期的贫困标准进行横向对比的基础上，对单维贫困测度方法和多维贫困测度方法进行比较，创新性地构建了改进的 A-F 多维贫困测度模型。同时，构建了涵盖健康、教育、生活条件、就业和收入这 5 个维度 15 项指标的多维贫困测度指标体系。以 A 市为例进行了多维贫困测度实证分析，得出 A 市及各县区的多维贫困发生率、多维贫困指数、各指标的单维贫困发生率及其对贫困的贡献率，体现了贫困精准识别的科学性、有效性和可操作性。

然后，基于改进的 A-F 模型多维测度结果与实际调研过程中他人对于调研对象贫困与否的主观评判存在差异的现象，运用多项 Probit 模型进行估值回归和边际效应回归分析。以人均年收入为因变量，进行 OLS 回归和多位数回归分析，以检验差异性分析的稳健性。通过对多维贫困测度结果和他人主观评价的差异性进行回归分析，研究户主个体特征变量和家庭特征变量对于贫困的影响程度，从而为扶贫路径的选设提供重要依据。

在明晰扶贫路径选设目标及影响因素的基础上，基于多维贫困的视角，从根源上解决个体的贫困问题，笔者认为应多维发力，系统选设扶贫路径，包括：以特色产业扶贫提高贫困个体的收入水平；运用教育扶贫来提升贫困个体的人力资本水平；利用健康扶贫减小健康冲击的不确定性；通过易地搬迁来改善其生存环境，提高其机会获取的能力；实施政府兜底为特殊贫困人群提供基本生活保障等。

本书出版受南阳理工学院
"新时代多维贫困测度、扶贫路径及其绩效评估研究"项目资助

多维贫困测度、扶贫路径及其绩效评估研究

——基于A市农村的调查数据

郭兴华　著

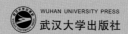

WUHAN UNIVERSITY PRESS
武汉大学出版社

图书在版编目（CIP）数据

多维贫困测度、扶贫路径及其绩效评估研究：基于A市农村的调查
数据/郭兴华著.—武汉：武汉大学出版社，2022.7
ISBN 978-7-307-22759-0

Ⅰ.多…　Ⅱ.郭…　Ⅲ.农村—扶贫—项目评价—研究—中国
Ⅳ.F323.8

中国版本图书馆 CIP 数据核字（2021）第 238774 号

责任编辑：李　玚　　　责任校对：李孟潇　　　　版式设计：马　佳

出版发行：武汉大学出版社　　（430072　武昌　珞珈山）
　　　　　（电子邮箱：cbs22@whu.edu.cn　网址：www.wdp.com.cn）
印刷：武汉邮科印务有限公司
开本：720×1000　　1/16　　印张：20.25　　字数：289 千字　　插页：1
版次：2022 年 7 月第 1 版　　2022 年 7 月第 1 次印刷
ISBN 978-7-307-22759-0　　　定价：69.00 元

　　由于绩效评估对扶贫工作具有很强的牵引性和导向性，进行科学的扶贫绩效评估也是反贫困工作的重要环节。因此，本书构建了基于因子分析法的扶贫绩效评估指标体系，并运用 A 市各县区的数据进行实证分析。通过运用因子分析法对 A 市各县区扶贫工作进行绩效评估，得出了各县区在贫困个体的生活境况、对扶贫的满意度和可持续发展能力三个公因子的得分排名，以及各县区扶贫绩效综合得分排名。分析表明，所构建的扶贫绩效评估指标体系具有很强的针对性和科学性，对于加强各扶贫主体的绩效管理具有很强的现实指导意义。

目　　录

1 导　　论

1.1　研究背景及意义

1.1.1　研究背景

从古至今，贫困是困扰人类社会发展与进步的一个难题。国家从宏观层面无论是出于政权需要、民生需要等，都面临着需要解决处于贫困状态人口的贫困问题。个体从微观层面无论是出于个人需要，家庭需要，还是社会需要等，都需要摆脱贫困，实现自身的富足。

纵观我国几千年的历史，在不同的历史阶段，不同的政权阶级采取了一系列值得借鉴的卓有成效的反贫困政策与措施。随着政权的交替，贫困在数量上呈现"减少—增加—减少"交替的现象；贫困在区域上呈现"扩大—缩小—扩大"交替的现象；贫困政策在颁布实施执行上呈现出强弱往复出现的现象。这与不同的社会制度、不同的时期国力的强弱、执政者的理念、政权的稳定与否、民众的需求等都有着紧密的关系。

1949 年中华人民共和国成立之后，中国共产党带领广大人民群众一直在探寻强国富民之路，致力于提高广大人民群众物质生活水平和精神文明程度。改革开放以来，我国的经济社会得到了快速的发展，人民群众的生活水平普遍得到了很大程度的提高。但是，在不同的年代，仍有大量的人口相对于当时历史时期物质文化生活水平处于贫困状态，党和政府为之采取了一系列行之有效的政策措施。

特别是十八大以来，习近平总书记提出在 2020 年实现当前标准下的农村贫困人口全部脱贫的目标，并将其列为中国共产党第一个百年奋斗目标的重要工作。

依据当时中国的扶贫标准，2013 年我国尚有 8249 万农村贫困人口①，其民生问题、贫困发展落后的问题，尚没有得到根本性的解决。2013 年 10 月，习近平总书记在湘西考察时提出"精准扶贫"的理念；2015 年 6 月，在贵州考察时进一步提出六个精准："对象要精准、项目安排要精准、资金使用要精准、措施到位要精准、因村派人要精准、脱贫成效要精准。"

自 2013 年，习近平总书记首次提出"精准扶贫"概念以来，其深入太行山区、陇西荒原，足迹遍布湖南、河北、湖南、贵州、云南等地的贫困地区，调研贫困群众，同时指出当下及今后扶贫开发的重点和关键；先后在不同时间、不同场合阐述精准扶贫的深刻内涵，为我国的扶贫开发构筑新的宏伟蓝图、构建新的体制机制。2015 年 11 月 27 日，习近平在中央扶贫开发工作会议上强调，要向贫困发起总攻，确保到 2020 年所有贫困地区和贫困人口一道迈入全面小康社会。

1.1.2　研究意义

1. 现实意义

我国《宪法》第二条明确指出"中华人民共和国的一切权力属于人民"。第十四条指出"国家建立健全同经济发展水平相适应的社会保障制度"。中国共产党作为执政党其宗旨是"全心全意为人民服务"。随着我国经济社会水平的不断发展，现在 GDP 总量已跃居全球第二；党的十九大报告明确指出"我国社会主要矛盾已经转化为人民日益增长的美好生活需要和不平衡不充分的发展之间的矛盾"。

---

① 国家统计局农村住户调查和住户收支与生活状况调查，以 2010 年确定的农村扶贫标准。

2018 年以前，针对当前我国新形势下农村贫困特点和区域经济发展的不平衡，依靠市场机制的涓滴效应，无法满足当前农村贫困人口的热切期盼。党中央和国务院把精准扶贫工作作为以各级政府为主体来抓的政治工程、民生工程，并要在 2020 年前建成小康社会的同时，实现现行标准下的农村贫困人口全部脱贫的伟大目标。这是党和政府的庄严承诺，也是责任担当、履行自身使命的重要体现。

2018 年，仍处于贫困状态的人口比较分散、数量上仍较大，在脱贫攻坚过程中存在识别不准、贫困人口脱靶，在贫困个体的识别过程中存在人为干扰、尺度不一等现象，导致识别成本高、监管成本高，影响扶贫战略的顺利实施与完成。其次，对致贫原因把握不准，扶贫路径制定不够科学，帮扶责任人帮扶渠道不畅通，能力不足等现象，致使在扶贫过程中不能做到因人而异、因户而异、因村而异，从而无法保证脱贫的效果与效率。再次，各级政府扶贫绩效评估的目的虽然相近，但是考核的指标体系存在很大的差别，考核指标体系不系统不完善，绩效评估的方法欠缺科学性，造成评估不精确。评估的频率高、时间跨度大，对于基层造成了很大的评估负担，挤占了基层政府对于当地扶贫工作研判、部署、监控、纠偏的时间和精力，占用了基层干部用来帮扶贫困个体脱贫的时间与精力。从而，挫伤基层政府和干部的积极性，影响评估工作的有效开展。

所以，本书确定的研究方向与研究内容能够很好地解决上述问题，有很强的现实意义。

2. 理论价值

在不同的历史时期，专家学者关于反贫困的研究从不同的视角形成了一系列的理论成果，为政府制定反贫困的政策措施提供了很好的理论依据。在贫困识别标准、识别方法从单维到多维，从绝对贫困到相对贫困；从宏观层面到微观层面，扶贫路径的制定由大水漫灌到精准发力；对于扶贫的绩效评估，从效率、效果视角，以地区、扶贫项目、扶贫资金为客体，运用不同的评估指标体系和方法进行评估。

本书在对所要研究的内容的各种文献进行归纳分析的基础上，厘清研究内容的基本概念、理论基础，找寻该方面研究的薄弱环节与空白点，并努力完善或丰富贫困的多维测度、扶贫路径的构建以及绩效评估等方面的理论研究。

1.2　文　献　综　述

贫困是一个世界性难题，各国政府和学界致力于实践和研究的过程中，形成了一系列的成果。学术界从政治学、哲学、经济学、社会学、管理学等多个领域开展深入的研究，在理论上形成了共同富裕理论、抑制人口增长理论、收入再分配理论、福利经济学理论、涓滴理论、路径相关理论、绩效评估等理论。

在前人研究的基础上，本研究结合选题从贫困的概念界定、贫困原因的测度、扶贫路径的设计制定、绩效评估等几个方面来对国内外学者的研究成果进行归纳总结与评述。

1.2.1　关于贫困概念的界定

1. 国外的研究

贫困最初是由英国学者朗特里与布思（1901）提出，如果一个家庭经济收入不能够维持或支付该家庭为了生存所需的最基本的食物，那么可以认为该家庭已经处于贫困状态。朗特里等人以收入多少衡量个体是否处于贫困状态，该贫困类型被认为是收入贫困或物质贫困。

英国学者 Townsend（1979）认为，社会中缺乏各种食物以及一些最基本的社交和生活条件机会的个体是贫困者，该个体可以是个人、家庭，也可以是某个群体。阿玛蒂亚·森认为贫困是个体缺乏创造收入的能力和机会获取的能力，归根结底是能力的贫困，贫困是对于个体基本能力和权力的剥夺。该贫困类型被认为是能力贫困。

欧洲共同体（1989）认为贫困个体是因为物质、文化、社会等资源的缺乏而导致无法满足所在成员国的最低限度的生活水平。世界银行（1990）将贫困界定为"缺少达到最低生活水准的能力"，其强调的是收入和物质的绝对数量。同时，世界银行制定了以收入为标准的贫困线。

2. 国内的研究

国家统计局认为贫困是由于个体缺乏必要的生活生产资料而导致生活水平达不到社会所能够接受的最低水平。唐晓光（1995）认为贫困是个体不能够合法地获取满足基本生活需要所需的物质以及缺乏参与社会基本的活动的权利，进而导致其生活水准不能达到个体生理及社会文化所要求的水平。该认知属于物质贫困和权利贫困向能力贫困的升华。我国自1985年至今设立并不断上调贫困线，其依旧是以满足个体最基本生活需要的收入标准。朱华晔（2011）认为精神贫困是个体的世界观、人生观及价值观明显低于社会多数人群的需求和认同程度。

3. 评述

结合国内外对于贫困的认知，其由最初的物质贫困、收入贫困逐渐向多元的贫困概念过渡和升华，认为贫困不是单纯的收入问题，而是隐藏其后的自身脆弱性、权力贫困、能力贫困等。收入贫困只是一个外在的表象。基于此，本书在研究过程中，以物质贫困和收入贫困为观测点，同时将能力贫困纳入研究范畴，但是不探讨个体在精神层面的贫困问题。

1.2.2 关于贫困测度的研究

1. 国外的研究

国外研究贫困的文献在1964年之后逐渐增多，学者关于贫困的测度提出了许多行之有效的方法。诸如阿马蒂亚·森提出的贫困度量、能力贫困；Foster、Greer 和 Thorbecke 共同设计的 FGT 指数来测度贫困；联合国开发计划署提出的人类贫困指数（the Human Poverty Index）来测度贫困；Cerioli 和 Zani 运用模糊集方法来测度贫困；Alkire 和 Foster 构建的多维贫困测度 A-F 模型。以上这些测度贫困的方法这里不再详述，在本书第四章中做详细阐述。本部分将国外其他部分学者关于贫困测度的研究情况归纳总结如下。

W. H. Locke Anderson（1964）通过分析收入增长与分配、贫困发生率及其变化、贫困测度曲线、贫困人口分布等来阐述经济增长对于贫困的涓滴效应。Richard Peet（1975）提到，马克思主义者认为不平等和贫困是资本主义生产方式的组成部分，其从个人生存环境享受的服务和机会在代际传递。生产方式的根本改变是消除不平等和贫困的重要手段。Jonathan Bradshaw 等（1983）针对"燃料贫困"的概念进行了论述，指出家庭生活燃料费用的增加对于依赖社会保障的家庭来说，贫困的可能性会加大；并通过三个国家的燃料费用的支出和相关变量的调查评估减轻燃料贫困的政策选择。Trudi J. Renwick 等人（1993）考虑到一个家庭对于孩子抚育的需求、交通运输的需求、区域间住房成本的差异、税收等因素，提出了适用于测度单亲家庭贫困的基本需求预算法（BNB）。

Osberg, L. 等人（2000）提出了适用于抽样调查所得数据分析的贫困强度指数 Sen-Shorrocks-Thon（SST）的改进方法，通过引导方法计算置信区间。该指数依旧将 SST 指数分解为贫困发生率、贫困人口平均贫困差距、基尼系数贫困差距。Mehta, AK（2003）基于区域的方法研究印度的长期贫困人群，通过绘制长期贫困人群的地理位置得出贫困的空间集中情况，认为多年来一直是贫穷的地区，贫穷可能会持续下去，同时得出了长期贫困人群的一些基本特征，诸如老人、妇女、残疾人、身体不好、所处地理位置偏远等。Antony, G. M 等人（2007）通过对印度人类发展指数和人类贫困指数的测算，来追踪影响贫困变化的指标，并开发一个综合指数来解释贫困、健康、营养水平及生活水平的变化。

Roelen, Keetie 等人（2010）以越南为例针对儿童的贫困测度做了研究，由于儿童在社会中扮演的是被培育的角色，所以依靠收入标准或能力贫困来测度儿童贫困的固有的方法与相对应的指标是不适合的，所以其就越南设计了贫困识别、聚合及贫困深度和严重程度的模型。Thongdara Romanee 等人（2012）利用地理信息系统（GIS）和空间统计来确定影响农村贫困的因素和空间的关联，经研究发现，泰国北部和东北部的农民收入和农民的土地面积、水稻产量、畜牧业和学习经验有关，并揭示出贫困家庭的贫困相似性和不同性。Silvia Terzi（2013）指出由于测度贫困在宏观和微观上存在不同维度、不同层面的聚合，探讨将多维测度宏观贫困和微观贫困的指标进行整合，以获取复合型的福利指数。其运用的例子是用多维度贫困指数纠正人类发展指数。Ballon P. 等（2016）运用计数方法测度苏丹和南苏丹的多维贫困状况，并通过支配测试来检验贫困比较的稳健性，苏丹的贫困没有南苏丹严重，喀土穆和西部的赤道地区是最贫穷的地区，北达尔富尔和瓦拉普是最贫穷的地区，其认为扶贫政策上应该认识到年龄群体、地理区域和贫困规模之间的贫困差异。Altamirano Montoya, Alvaro Jose 等（2017）在遵循 A-F 模型教育、健康、生活条件三个维度的基础上，在生活条件维度上增加了家庭房屋的所有权和家庭房屋的拥挤程度两个指标。根据尼加拉瓜国家发展信息研究所提供的数据，通过测算发现以男性为主的双亲家庭贫困发生率较高，其次是单亲家庭和以女性为主的双亲家庭。Nowak D. 等（2017）通过修改 A-F 模型的贫困识别步骤，避免了个体在极少数的维度上极端贫困而被漏识的情况发生；同时在权重的设置上，除了各维度的等权重之外，其提出了自称权重和使用基于频率的权重的两种设置方法。在此基础上，运用德国的数据进行实证分析，得出德国一般多维贫困的情况在减少，而较低维度的极端贫困人口的情况在恶化的结论，该结论验证了其对于贫困识别步骤修改的合理性。

2. 国内的研究

国内关于贫困测度的研究在 1999 年之前是较少的，研究不具备系统性、缺乏深度。童棣（1999）通过农户参与调查，运用等级分数比重分配法进行贫困程度排序，从而进行贫困户识别。吴永红等（2002）提出通过设置包括贫困户识别标准、贫困户识别方法、贫困户档案建立等在内的贫困识别制度。郭佩霞（2007）提出在经济性指标的基础上，将土地指标引入贫困识别的设计中，同时建立贫困个体参与的贫困识别机制。汪三贵等（2007）运用多元回归模型（OLS）来检验家庭消费与贫困的关系，运用 Logistic 模型来预测样本家庭为贫困家庭的概率。张晓静等（2008）通过运用马丁·雷布林的方法计算贫困线来识别贫困，并运用公理化方法进行贫困的加总。王小林等（2008）运用 Alkire 和 Foster2007 年开发出的 A-F 模型从住房、饮用水、卫生设施、电、资产、土地、教育、健康保险等方面对城市和农村家庭进行多维的贫困测度，并指出城市和农村都存在除了收入以外的多维贫困。

汪三贵等（2010）通过对比统计局认定的贫困人口和民政部认定的低保人口，提出我国需要建立贫困的识别和瞄准机制的建议。邹薇等（2012）通过对单维到多维贫困识别方法的研究，指出维度的选取、权重的设定是多维测度的关键，并指出了二者在运用中存在的一些问题。侯凤涛（2013）在进行贫困的多维测度时把社会交往和脆弱性作为其中的两个维度，社会交往的指标包括有无电视和电话，脆弱性的指标为是否就业。经过分析，得出健康和教育是影响多维贫困的重要因素。钱乐毅（2014）运用"PI"指数法对贫困进行多维识别，并运用 GIS 空间分析法分析空间分布与致贫原因之间的关系。邓维杰（2014）认为在贫困的精准识别环节在实践过程中存在数量上人为限制的规模排斥、对贫困区域外贫困人口的区域排斥、自上而下识别过程中的恶意排斥和过失排斥。刘佳（2015）通过运用模糊集法构建多维模糊贫困指数来识别贫困的程度，把贫困分为高度、中度、轻度三个层次，针对不同程度的贫困采用不同的扶贫力度。陈辉（2016）运用 A-F 模型从收入、教育、健康、生活条件这四个维度测定粤北山区的主要贫困区域、贫困村和贫困户，并提出依致贫原因精准施策、依照贫困程度投入扶贫资金等。汪磊等（2016）通过对六个省区贫困识别方法的梳理，如贵州的"四看法"、甘肃的"9871"识别法、云南的"七评法"等，指出该贫困识别方法偏向于定性观察而缺乏定量分析。杨小龙（2016）指出在政府干部和农户间存在着信息不对称，这会导致贫困识别的扭曲。李文静等（2017）通过运用熵权法、灰色关联分析法对三峡库区移民进行致贫因子挖掘，得出因病、劳动能力弱以及失地是致贫的主要原因。张昭等（2017）通过构建"收入导向型"多维贫困指数对贫困进行多维识别和追踪，得出了收入、教育及生活状况均处于贫困状态的贫困户脱贫的概率要低于一般收入致贫的家庭的结论。

3. 评述

综上所述，国内外关于贫困的研究从贫困标准、贫困识别方法、贫困类型、贫困测度的机理等提供了丰富的研究视角。关于贫困问题系统性的研究，国外起步较早，也制定了相关的标准和不同视角的识别方法，并深入探讨了各种测度方法在理论上的合理性以及在实践上的困境。国内也一直很重视贫困问题的理论研究，其研究更多的是在借鉴国外研究基础上的优化与改进，在贫困测度的问题上，学界侧重于运用相关模型进行单维或多维的识别，或者运用模糊集等方法进行测度。运用较多的模型之一是Alkire 和 Foster 构建 A-F 模型，而对于该模型的优化，较多学者还是遵循于健康、教育、生活条件这三个维度来测度，局限于这三个维度的指标进行调整，该方面尚存在值得改进的地方。基于我国农村贫困的长期性、复杂性，考虑现阶段扶贫开发的艰巨性与时效性，以及现实调研过程发现的实际情况，在贫困测度上以 A-F 模型为基础，本研究增加了测度维度，运用了森提出的一些在研究中很少得到运用的维度。通过维度的增加，能够更立体地识别贫困的原因，通过科学选设指标，克服了权重的过于集中，一定程度上克服了指标间的替代效应。

1.2.3 关于扶贫路径的研究

1. 国外的研究

Martin Ravallion（1991）提出在政策层面考虑覆盖率和工资水平的情

况下实施公共就业是解决贫困的有效路径。Gaude J. 等人（1992）提出了针对不发达国家可以通过实施劳动密集型的投资政策，设计和实施投资项目来创造就业、发展生产，以减缓贫困。Wahid Anm（1994）通过对Grameen 银行在孟加拉国针对贫困人口实施的小额信贷研究发现，信贷极大地改善了贫困人口的社会经济状况，并进一步指出，这一扶贫路径对于反贫困的决策者和农村的发展有着重要的借鉴意义。Rendall Ms 等人（1995）指出，美国如果老年人没有扩大家庭的共同居住、没有遗赠，所分析样本数据的贫困率将增加42%；并进一步指出，老年人群通过与家人共同居住而减少了该部分人群的贫困程度和贫困发生率。该结论对于老年人公共福利政策的制订实施有指导作用。Besley T.（1997）指出从经济学家的角度，倾向于针对贫困人口有效地设计相关的扶贫政策来解决贫困问题；非经济学家和非政府组织倾向于通过组织的发展和政府绩效的改善来减轻贫困；二者可以结合进行的也很可能是有效的。Nandinee K. Kutty（1998）指出通过将老年贫困人口的拥有的房屋进行抵押，所贷款项不用每月偿还，待贷款人死亡、卖房或永久搬出住房时以房屋售价归还贷款本金。通过反向抵押贷款的扶贫路径，研究样本的老年贫困人口的贫困发生率将降低12.4%左右。Khan HA（1999）通过对南非的分析得出农业、服务业、一部分制造业部门的增长能够缓解非洲贫困人口的贫困状态，为贫困者提供适当技能能够促进该部分部门的增长，改善贫困人口经济增长和人力资本存量的政策能够较大程度地减轻贫困。

Shenngen Fan 等人（2000）指出技术的改革与进步和农村基础设施的改善对于印度农业的发展和贫困的减少有着很大的促进作用，同时政府对于这二者投资的边际回报率也较大。Sarker PC 等人（2001）通过利用循环基金（RF）和计划生育（FP）服务，向处于贫困线以下的家庭提供饮水设施，改善村庄的卫生状况，以及提供健康和卫生的培训，能够提高贫困人口的整体素质。Susilowati（2002）指出贫困与营养不良有一定关系，营养不良可能会发生在生命的每个阶段，但是出生时的营养不良的后果会延伸到生命的成年期，打破营养不良造成的贫困的周期的方式是把重点放在婴幼儿及儿童身上，进而需要增加女性的身心健康和智慧，给予其充足的营养和安全的食物，是作为未来社会福利和下一代良好的投资。Ahmad（2003）指出了一个国家或者国家内部个体可用水分配的不平等造成水贫困，提出通过综合水资源管理（IWRM）改进参与性水资源开发和管理，以满足人口、经济和环境的需要，其中特别强调要满足于社会弱势群体的需要，实现国家经济发展、贫困减少、粮食安全、公共卫生安全和保护自然环境的目标。Chowdiah（2004）从微观层面针对农村产生的废物处理提出运用一定的技术来提高农作物残物、动物粪便、人排泄物等废物的价值，将其转化为燃料、饲料和有机肥料，以改善农村居民的经济条件、改善生活环境，避免造成滋扰和疾病，从而实现可持续发展，减轻贫困。Reid B.（2005）指出通过参与式治理形式可以减少贫困和增加贫困人口的社会权利，而该种扶贫路径的实现需要破解阻碍其实施的各种制度性障碍，并在权利关系上采用嵌入式。Hall 等人（2006）指出，通过提高入学率、加强孕产妇的营养、补充食品及教育津贴等具体措施减轻贫困；在扶贫路径的具体实施过程中，需要注意的问题是该路径的实施是否会牺牲长期的社会发展，是否会造成穷人更多依赖于政府的拨款和政治惠顾。Munthali 等人（2007）针对非洲南部提出了通过促进生物多样性保护和农村整合发展的路径来减轻贫困。具体地通过构建跨边界公园和跨境保护区，利用生物多样性与一些私营部门合作发展生态旅游，使穷人在这一过程中收益。Nordtveit 等人（2008）认为要对贫困的年轻人中的女孩和妇女提供综合的服务，包括青年的营养培训、计划生育方面的信息和服务、有关性病及艾滋病的预防和管理的培训、儿童及妇女的免疫接种、产前登记和护理等。通过这一路径可以实现产妇和儿童死亡率降低、小学入学率提高的目标，有利于打破贫困的代际传递。Ojha 等人（2009）指出，如果国家对于碳排放限制目标适当，将碳排放税收入所得转移到贫困人口身上，会将经济增长的损害降到最低，同时对于贫困的减缓起到很大的作用。

Kaleem 等人（2010）以伊斯兰国家为研究对象，指出以《古兰经》经文指导，开发以慈善为基础的伊斯兰小额信贷机构，为贫困人口提供以消费和生产为目的的资金，满足贫困人口的经济和社会需要，减少债务，减少社会财富分配的不平等，从而缓解贫困。Kassie，Menale 等人（2011）通过对乌干达农业技术、农作物收入和扶贫的关系进行分析，指出改良的花生品种能够显著增加农作物的收入。通过投资农业研究，实现技术的突破，从而减少贫困。McKague，Kevin 等人（2012）针对最不发达的经济体的贫困现象，指出可以利用改善整体市场运作、发挥非政府组织的扶贫作用，给贫穷的生产者重新分配社会资源，并减少市场和治理失败的约束效应，从而提高贫困者的收入。Shivarajan，Sridevi 等人（2013）指出穷人由于受教育程度低、知识的匮乏，无法有效地参与到全球知识网络，被社会排斥。基于此，知识产权供应商应将穷人作为全球知识网络的参与者来改善穷人的福祉，增强穷人的自尊和尊严，增加社会包容性，从而减少贫困。Stringer Andy（2014）指出，通过改善动物的健康，特别是家禽和牲畜的健康，可以满足贫困人口获取安全的食物、营养的需求，以及收入提高的可能性，增强其生计能力和摆脱贫困的可能性。Alvarez Sharon 等人（2015）指出，减轻贫困的路径主要有经济援助、小额信贷、贫困个体财产权的建立、社会企业家精神等，同时，国际工业化对于不发达国家贫困的减少有着很大的影响。Medina-Munoz，Diego R.（2016）在增加旅游企业社会责任的情况下，旅游业对于减少贫困能够发挥积极的作用；同时积极作用的强弱和企业的规模、地理位置、旅游的范围以及经济社会环境有关。Dauda Rasaki Stephen（2017）指出通过经济增长的路径减少贫困需要重点关注经济的结构转型，政府在实施政策过程中切实做到履行善政的承诺，创造就业机会、弥补经济中的收入差距、严厉治理腐败，为穷人提供社会保障等。

2. 国内的研究

通过在中国知网检索关键词"扶贫路径"，2000 年之前该主题的文章甚少；2001—2004 年每年这一主题的文章不超过 10 篇；2005—2011 年这一主题的文章每年的数量为 10～70；2012 年之后，该方面的研究逐渐增多，截止到 2017 年 10 月 13 日，这几年该主题的文章数量分别为：131、149、205、315、785、728。

孙天琦（2001）通过对商洛小额信贷扶贫模式分析，对制度交易引发制度竞争，而在制度的创新竞争中，制度引进是有效手段之一，且需要进行本土化创新，离制度交易越近的组织越需要民间化、市场化及内生化。冯潮前（2002）通过对山区贫困县武义县下山脱贫情况进行调查，指出处于深山、高山、石山等区域的贫困人口大规模下山脱贫从经济学角度考虑能够实现经济、社会和生态效益的最大化。郭其友（2003）指出扶贫的基本路径是大力发展生产力和社会保障制度的完善与创新，治理贫困的长效策略是能力赋予，即提高贫困人口应对贫困的能力。晏雄（2003）指出通过优化农村经济结构、推行城镇化建设、以教育改善人口素质、减轻农民负担等路径实现农村贫困人口脱贫致富。刘彦武等人（2005）在对四川广元、南充等地调研的基础上，从现实、政策、理论、社会公正等方面论证救济式扶贫是当时扶贫开发的有效途径。旦增遵珠等人（2006）基于当时施行的救济制度不能很好地满足西藏基层现存的贫困问题，提出了构建非缴费型的农牧区养老保险模式、建立全覆盖的农牧民健康保障制度以及农牧区救助机制，从而在农牧区形成多层次的保障体系。毛阳海（2006）针对西藏地区的贫困特征及成因，提出了依靠西藏地区固有的区位优势发展农牧业、花卉、药材种植业等产业，形成特色经济，以及通过科教文卫的发展实施智力扶贫等。龚亮保（2007）指出了应该鼓励 Non-Governmental Organizations（NGO）参与到农村扶贫开发中来，并通过政府制定政策、社会构建培育环境，NGO 自身制定参与扶贫的行为准则、建立行为准则的评估制度及绩效评估制度来规范 NGO 参与农村扶贫开发的路径。赵新龙（2007）指出可以通过制定《农村反贫困法》为农民提供系统的法律保障、形成农民的一个新的权力空间，以保障农民权力的实现，从而破解贫困人口的权利贫困，实现反贫困的法治化。刘娟（2008）提出以提升贫困个体发展能力为核心，通过加强贫困地区基础设施建设，完善产业扶贫机制，构建银行、贫困户、龙头企业、担保公司为一体的融资模式形成资金支持，完善扶贫项目的瞄准机制等路径实施反贫困。曹均学（2008）提出通过完善农村基础设施、发展地方特色优质产业、加强农民的培养、抓好农村基层组织建设等扶贫路径的优化来实现反贫困的新突破。赵曦等人（2009）基于机械设计理论的视角提出了通过确立法律保障体系、规范扶贫机制管理、建立横向传递机制、创新资源整合机制、完善社会参与机制和加强监督评估机制等路径对当时的扶贫机制进行改革。聂翔（2009）从"善治"的视角指出通过转变政府职能、完善基层民主自治、培育农村旅游扶贫的民间组织等路径实施扶贫。倪秀英（2010）基于当时贫困认定标准的提高，财政压力的增加，在路径的选择上提出各级财政部门要加大扶贫资金投入，建立扶贫投入的引导机制，提高资金使用效率；并提出根据致贫原因分类进行扶贫，扩大覆盖面；同时加强扶贫的项目管理和资金管理。胡蓉（2010）基于贵州当时的自然条件、自然灾害等情况，提出通过整合散落的村落、乡镇降低扶贫成本的投入，通过市场化促进农村劳动力的合理流动，金融、土地等资源的整合配置。

秦瑞芳等人（2011）提出通过改革基础教育、创新职业教育、重视人文教育等路径构建"共生"的教育模式，从而破解农村的扶贫困境。鲁建彪（2011）指出，针对民族贫困地区的扶贫路径分为物质扶贫和文化扶贫，通过对民族贫困地区植入先进的文化理念、构建文化坐标、塑造文化人格，从而实现贫困个体的内生动力的增强，阻断贫困的代际传递。程玲（2012）指出我国扶贫开发新时期的扶贫路径在宏观上应该注意经济、社会、文化与生态效益的相统一；通过提供公平的教育机会、完善医疗保障体系实现机会平等和权利保障，产业扶贫实现贫困个体的可持续发展。杨胜良（2012）基于咸阳市"三告别工程"（告别土窑洞、告别独居户、告别危漏房）的实践，指出实施移民扶贫路径要树立把改善贫困个体居住条件作为民生改善的基础，要以产业发展为支撑，整合资金，建立多级联动高效的领导组织。

孙文中（2013）基于新发展主义的视角，提出农村扶贫的目标应该以增加贫困个体的生计能力为中心，通过教育扶贫、劳动力转移、参与式扶贫、开发农村市场等途径提升贫困个体的自我发展能力。刘筱红（2013）针对连片特困地区的扶贫开发提出了跨域治理的路径模式，具体在组织耦合、规划整合、运作流程、执行保障等维度进行跨区域扶贫路径的创新。李俊杰（2014）自认为在科技扶贫过程中要引入农民经济行为分析，路径的实施要着力于适应农民经济行为和改变农民的经济行为，具体通过实施合适的技术产品、组织方式提高科技扶贫的效率，建立科技扶贫的制度政策改变农民经济行为，促进经济发展和个体增收。郭晗（2014）以四川省金融扶贫为例，在研究地方政府、金融机构与贫困户之间相互博弈关系的基础上，指出在加强区域合作的基础上，通过深化农村产权改革，健全农村金融服务体系，加强农村金融服务的监督与管理等路径助力扶贫攻坚。曾瑜皙等人（2014）在对渝东南地区分析的基础上，提出要明确政府、企业、居民的角色定位，注重新农村建设与旅游扶贫、民间融资与政府投资的结合，突出少数民族文化，采取景区带动式的生态旅游、民族文化旅游、乡村旅游等扶贫路径。杨颖（2015）指出，在扶贫路径优化上，在农业现代化上注重科技推广和农田基础设施的完善，在城镇化上提高农民的技能水平和完善社保体系，在工业化上推进特色的农产品深加工以及农业产业园区的建设。苏海等人（2015）指出，在当前的扶贫中，社会扶贫的主体要构建反思性扶贫理念，创新社会扶贫机制，嵌入扶贫地区的经济、社会、文化结构之中，以实现外部力量输入与内部发展相结合，提升反贫困的效率。王介勇等人（2016）在精准扶贫推进过程中，要加大农村土地制度、社保制度、金融制度的改革力度，激活扶贫地区的资源要素市场，提升发展活力与动力。赵晓峰等人（2016）基于农民合作社益贫性的显著特征，通过整合政府扶贫资源和合作社形成对接，在此基础上，吸纳贫困个体的自有资源，使二者建立紧密的利益联结机制。并通过合作社发展特色产业，探索资产收益扶贫，实施金融扶贫，推广科技扶贫。莫光辉（2017）基于五大发展理念的视角，提出于少数民族地区脱贫攻坚应在自我清醒识别优劣势的基础上，创新扶贫的理念和模式，协调整合区域资源，走绿色发展道路；注重与国际扶贫援助组织的合作，促进少数民族地区减贫脱贫成果的共享。吴忠军（2017）提出要构建旅游扶贫的激励机制，具体从贫困人口的参与行为激励、开发商的帮扶行为激励入手，厘清扶贫路径。

3. 评述

本书在对扶贫路径的参考文献进行梳理分析时，以年份为轴线，尽可能找到与本书研究较密切且被引用次数较高的文献，发掘其思想，尽可能选取的扶贫路径相互间有差异，以便于从不同维度深入研究如何选设路径。国外诸多学者从公共政策、小额信贷、老年人和妇女儿童的扶贫、技术进步、非政府组织、水资源管理、生态扶贫、家禽牲畜的健康、教育扶贫、旅游扶贫和促进经济增长等视角针对不同国家和地区提出了较为切实可行的意见与建议。

国内关于扶贫路径的研究，从经济结构转型、小额信贷、下山脱贫、社会保障体系、产业扶贫、教育扶贫、参与式扶贫、增强内生动力、法律制度保障、加强基础设施建设、旅游扶贫、文化扶贫、权利扶贫、依靠市场的力量优化资源配置、完善扶贫制度等视角结合国内的具体情况进行分析研究。以时间为序，可以发现研究脉络逐渐从宏观变微观，参与研究的人员逐渐增多，成果也越来越突出。结合我国的扶贫政策的变化不断深入，如何在短期内满足贫困个体的基本生活需要，以快速解决其生活贫困问题，在长期内提高其人力资本，从而提高其内生动力，以防止返贫现象的发生。本书认为该方面的研究尚不系统，需要进一步精细化、纵深化、系统化。

1.2.4　关于绩效评估的研究

1. 国外的研究

Kaplan 等人（1992）第一次提出运用平衡计分卡法进行绩效评价，其涵盖的维度主要包括财务、客户、内部运营、学习与成长，目的在于实现战略指导，其能够有效地加强组织的战略执行力。爱德华、埃文等人于 20 世纪 80 年代提出了 360 度考核法，适用于对组织内中层以上进行绩效评估，通常使用的维度在四个或四个以上，主要是上级、同级、下级、服务对象等对于被考核人进行评价。1993 年《财富》和《华尔街时报》分别引用后，得到了推广与较大的关注。美国在 1993 年颁布了《政府绩效与结果法案》，从法律上确定了政府的绩效考评制度，明确了评估的目的、标准、评估程序、评估指标等，评估指标侧重于经济效益和社会效益。

Skoufias 等人（2001）通过对墨西哥健康教育和营养项目（PROGRESA）采用的目标方法进行了评估，以确定受益家庭。评估的重点在于：一是项目的目标执行情况如何；二是该项目与其他可行的方法和方案相比，对减轻贫穷的影响程度。Klaauw，Wilbert（2008）基于回归不连续方法研究纽约市 1993 年、1997 年、2001 年公立学校的第一期资助补偿教育计划对学校财政和学生成绩的影响，该项目在这段时间内未能改善纽约市贫困学校的学生成绩，并且实际上可能在样本学校项目实施期间产生了不良影响。

Maliwichi 等人（2011）通过对小型农业企业创造就业和创造收入的能力进行评估，得出了进行初级生产的企业创造了更多的就业，加工型的企业利润更高的结论；并进一步指出，农业企业的绩效取决于管理方式、资本投入、最终产品的生产、产生的收入和产生的就业。Sanchez-Lopez，Ramiro 等人（2012）针对以人的可持续发展为目标的扶贫所涉及的人权、性别平等、环境问题、民主作为社会价值等"跨领域问题"的扶贫绩效评估，提出运用 MACBETH 多准则方法与传统的项目评估方法相结合，对农村发展计划构建项目进行评估，能够克服时间难以分离或经验性捕捉等造成的项目评估时操作困难的问题。Afful-Dadzie，Eric 等人（2014）采用模糊综合评价法评估联合国成员国在 2015 年实现使人们摆脱极端贫困和多重剥夺的千年发展目标（MDGs），通过研究发现，在缺乏数据支撑的情况下，模糊综合评价法可以用来评估参与 MDG 项目成员国的绩效。Skiles，Martha Priedeman 等人（2015）运用差异估计策略来评估融资绩效对儿童疾病的概率，接受设施护理和治疗的概率的影响；通过对 2005、2007、2008 年的数据进行分析，评估结论支持激励措施能够提高对最贫困儿童的护理和治疗质量这样的假设。Notten，Geranda（2016）在研究收入贫困和物质贫困两种贫困指标对于收入转移的减贫效果是否有着相似的结论时指出，贫困指标对于不同的贫困个体是不一样的，而贫困指标之间的三角关系能够提高项目评估的有效性。Buyukozkan，Giulcin 等人（2017）运用可持续发展的理念来对能源扶贫项目进行绩效评估，在考虑经济可行性的同时，要考虑自然环境效益和社会效益，并运用多目标决策方法（MCDM），在确定评估指标权重时运用了层次分析法（AHP）和 VIKOR 算法。

2. 国内的研究

李菁等人（2006）认为小额信贷扶贫绩效评估应从项目的可持续性、促进社区的发展、目标群体的发展这三个维度进行。在项目的可持续性上要以财务独立、项目组织能力建设为指标，促进社区的发展要以社区的凝聚力、经济发展、文化建设、组织建设为指标，目标群体的发展要以反贫困项目的作用、目标群体的参与程度、目标群体的能力、贷款户家庭经济收入、生活方式的改变和妇女的发展为指标。王芳（2007）指出扶贫开发绩效评估的技术方法操作流程是评估前的总体设计、技术方法的引入、绩效评估误差的校正等，并指出对扶贫绩效评估误差产生影响的因素主要有评估工具、评估对象、评估过程。

郑志龙（2009）认为政府扶贫制度的绩效评估的维度在内在绩效上应包括公共责任、协调成本和适应性，在外在绩效上应包括经济效率、社会资源的公平配置和人的全面发展。许新强（2009）提出建立以结果为导向的扶贫资金绩效评估机制，要做好评估的流程设计；结合不同的贫困状况和扶贫需求，绩效评估体现出层次划分和制度设计。对于不同贫困层次的绩效评估指标体系，重点从基础设施、生产发展建设、社会公益事业、科技扶贫、政策及制度管理这五个方面设置，且建议定性指标权重占 20%，定量的占 80%。

王荣党（2010）提到针对贫困县的扶贫绩效评估理念应由政府本位转为民生本位、无限政府转为有限政府、增长变量转为公平变量、单项指标转为综合指标。张焱等人（2010）针对省财政资金产业扶贫项目构建了包括项目完成情况、资金管理、项目管理、效益和效果等维度的评估指标体系，并运用层次分析法设定权重。张榆琴等人（2011）指出，财政扶贫资金的绩效评价重点是资金的管理、项目的管理以及任务的完成，涉及项目建设管理、项目资金使用管理、项目任务完成、效益评价等。李保婵（2012）指出关于财政资金的绩效评估各地情况不尽相同，指标体系不能照搬照抄，广西财政资金的指标可分为项目投入、项目过程和绩效三个一级指标；其中项目投入分为资金分配、到位情况、财务管理等二级指标，项目过程分为前期准备、实施阶段、监管等二级指标，绩效分为效率、效果、公平、可持续等二级指标。李毅等人（2012）指出运用数据包络法对农村扶贫项目进行绩效评估，克服了对于数据和权重预估造成的主观误差，能够对同一项目涉及的不同地区进行评估，同时能够衡量扶贫项目中存在的问题。向玲凛等人（2013）运用层次分析法思想，从经济效益、社会效益和生态环境等维度构建了扶贫绩效评估指标体系。通过样本数据分析得出经济增长对民族贫困地区减贫具有稳健的长期效果。焦克源等人（2014）以公共价值为理念构建扶贫绩效评估的指标体系，以效率、公平性、合作性和可持续性为维度，并运用层次分析法进行样本数据分析，得出农民对项扶贫完成满意度较高，对合作性、可持续、公平性满意度较低。

孙璐（2015）以扶贫项目的精确瞄准为绩效评估对象，基于管理生态学思想，运用描述性评估方法，形成了较为有效的基期绩效评估模式；运用应用计量和运筹数量分析法，将有序 Logit 回归和因子分析法结合，对扶贫对象进行评价；运用 AHP 层次分析法、摘权法和 TOPSIS 结合的评估模型，对综合扶贫开发项目进行绩效评估。邢慧斌（2015）指出，旅游扶贫绩效评估在微观层面上应该注重居民获益和参与、扶贫权力、居民感知绩效等。李延（2016）指出精准扶贫的公平性评估中存在的难点体现在贫困精准识别、资源的优化配置、长期项目和短期项目的冲突；扶贫效率评估的难点在于扶贫工作效率损失衡量、政策及措施的弹性限定、扶贫主体的效率观念。汪三贵等人（2016）在对扶贫开发绩效进行第三方评估过程中，存在第三方对委托方资金依赖、评估制度规范缺失、评估机构的专业化水平和评估结果应用等问题。侯莎莎（2017）基于 PV-GPG 理论指出，对贫困个体精准脱贫进行绩效评估时要考虑价值体系、组织体系、指标体系、绩效环境体系、技术支撑体系这五个方面。丁辉侠等人（2017）构建的精准扶贫合作治理的绩效评估主要包括基本保障、帮扶满意度、脱贫成效三个维度，基本保障维度包括"两不愁三保障"两个指标；帮扶满意度主要是指帮扶措施的满意度，脱贫成效主要体现在脱贫率上。

3. 评述

关于扶贫绩效评估国内外学者进行了长期的深入研究，从评估的视角、评估的方法、评估的维度、评估的程序、评估中存在的问题进行了宏观层面或者微观层面的探讨，取得了一系列丰硕的理论成果，找到了一些实践规律，对于不同的扶贫主体和客体有较强的指导和启发意义。本书发现，针对以政府为主体的扶贫开发的扶贫绩效评估研究上存在一些空白点，这是本书着力研究的重点之一。

1.3　研究的目标

研究的总体目标是立足于我国的贫困状况，结合前人研究的成果以及各国各地区的具体实践。对于反贫困工作进行全链条研究，具体做好贫困的测度，依据贫困原因规划并实施扶贫路径，对于扶贫工作进行绩效评估。通过研究分析，以期对于扶贫研究提供理论借鉴，为现实问题提供解决方案。本书研究的目标主要有：

第一，无论是基于理论需要，还是现实需要，贫困的精准识别都是扶贫开展的重要基础，而单以收入为标准进行测度是不够的，本书试图构建符合我国现阶段扶贫需要的 A-F 模型多维贫困测度指标体系，并以 A 市为例进行实证分析。

第二，通过多维贫困测度和他人主观评价的差异性分析，进一步探讨贫困个体的致贫原因。

第三，依据不同的致贫原因，设计切实可行的扶贫路径来提高贫困个体的生活水平和可持续发展能力，从根源上阻断贫困的发生。

第四，我国以政府为主要力量的精准扶贫战略推进过程中，如何对扶贫绩效进行科学有效的评估，对于扶贫工作的展开有着重要的导向性和牵引性。本书着力于构建基于因子分析法的扶贫绩效评估指标体系，同时建立扶贫绩效评估指数，以对扶贫工作进行科学评估。

第五，对于构建的多维贫困测度指标体系、多维贫困测度和他人主观评价的差异性分析指标体系以及扶贫绩效评估指标体系分别进行实证分析。通过实证分析，为样本数据所在地区扶贫工作献言献策；同时检验所构建的指标体系的合理性与适用性，为丰富扶贫理论进行有益的尝试与探索。

1.4　研究方法和技术路线

1.4.1　研究方法

本书围绕研究的主要目的和主要内容，立足于实证分析和规范分析进行研究。通过规范分析进行研究的科学研判，通过实证分析进行事实判断，以评判客观存在的事实内容的真实性与虚假性、找出其隐藏深处的原因。具体主要运用文献研究法、实地调查法、定性分析法与定量分析法等。

1. 文献研究法

在研究过程中，通过客观全面地收集国内外关于反贫困方面的文献，包括书籍、期刊论文、会议论文、硕博论文、政府的政策法规、地方政府扶贫工作总结等，并进行分类整理和认真阅读。在系统地掌握反贫困及相关理论的基础上，以研究贫困的多维测度、如何对贫困个体进行有效帮扶以及如何进行扶贫绩效评估为研究内容；找寻前人在研究过程中的空白点，厘清研究的主要内容，找准研究的创新点，确立研究的理论基础；运用规范的范式进行研究。

2. 实地调查法

主要是在遵循科学研究方法的基础之上，依据调研前系统的设计，对某个地区进行实地考察调研，收集所需的数据、资料，运用统计学的方法进行分析，从而把握其中存在的内部关系，辨析、归纳该社会现象。

本书在确定研究方向之后，通过与相关专家、老师、扶贫办工作人员经常性的讨论、协商，同时有目的性地对他们进行访谈，收集到他们关于我国的贫困状况、重点、难点的论述，进一步厘清研究内容和研究重点。

同时，笔者作为 A 市 2016 年和 2017 年精准扶贫第三方评估工作课题组成员，自始至终参与了与 A 市扶贫办关于评估事宜的协商讨论，协议的签订，并参与了扶贫工作方案、调查问卷的起草、修订、制订工作。在调研工作期间，和师生一起到 A 市各县区走乡串户，实地调研，依据制定的调查问卷对观察样本进行深入访谈，了解并掌握其家庭基本情况、贫困特征、致贫原因、帮扶情况、家庭生产经营情况、所处环境、扶贫政策落实情况等，收集到第一手数据。在此过程中，在确定调研区域范围之后，调研对象的选择是随机生成的，比如确定某县某乡之后，依据事前确定的样本数量，在该乡镇各村落间随机选取，随后，工作人员直接上门访谈；该过程的完成，得到了地方政府的有力配合。同时为了保证调研的质量，乡镇政府官员在访谈过程中实行回避原则。随后，依据工作要求进行分类整理。

3. 专家意见法

本书在研究过程中，包括调查问卷的设计、相关指标的选取、权重的确定等在应用文献研究法的基础上，为使一些具体的难以量化、难以取舍的问题解决得更为科学，均采用征求专家学者和有经验的扶贫工作人员的意见进行判别分析。

4. 定量分析法

在分析多维贫困测度过程中，构建 A-F 模型测度指标体系，以 A 市数据为例进行实证分析；同时，应用统计学方法进行数据的统计分析。进而运用多项 probit 模型对多维测度与他人主观评价的差异性进行分析。在研究扶贫绩效评估时，构建基于因子分析法的扶贫绩效评估指标体系，并运用因子分析法进行实证分析，对 A 市及各县区的扶贫工作进行评估。

5. 个案研究法

它是指对于某一群体或者某个个体进行调查分析，连续地收集、整理相关的数据，研究其变化发展过程的一种方法。

本书在研究过程中，运用改进的 A-F 模型进行多维贫困测度，并就多维测度与他人主观评价的差异性进行回归分析，同时，运用因子分析法进行扶贫绩效评估，实证分析所用的数据主要来源于 A 市 2016 年精准扶贫第三方评估所收集整理到的数据。通过对该地区多维贫困测度、扶贫绩效评估的研究，分析 A 市及各县区贫困的深层次原因和扶贫的效果与效率；另外，通过该典型个案研究，验证相应模型指标体系的有效性，以丰富该方面研究的理论体系。

1.4.2　技术路线

本书在撰写过程中，根据研究的方向，遵循提出问题、分析问题、解决问题的基本逻辑构建文章的框架结构。贫困问题由来已久，不同历史阶段的贫困状况是存在差异的，本书立足于相关的理论基础，纵向分析中华人民共和国成立后的扶贫开发历程，总结出扶贫开发的经验与不足。贫困问题的解决首先在于对贫困个体的准确识别，其次在于依据不同的致贫原因采取行之有效的扶贫路径；另外，针对扶贫效果如何考核评估，阐述了如何进行扶贫绩效评估。本书共八章，其主要内容如下：

第一章为绪论。该部分主要是提出研究的背景和意义，并重点对国内外关于贫困的测度、扶贫路径、绩效评估等方面的文献进行了综述。在此基础上，对研究目标、研究方法、技术我路线和创新点进行了概述。

第二章为理论基础。将共同富裕理论、国外主要反贫困的理论、路径理论、绩效理论作为全书撰写的理论支撑点，并对其进行详细的阐述，为全书各章节的撰写提供了有力的思想平台。

第三章为我国扶贫开发历程。归纳总结了中华人民共和国成立后不同时期的贫困状况及特征等，以及在当时国情下的扶贫政策方针、扶贫措施及执行效果；并对于扶贫开发中存在的问题与不足进行梳理分析。

第四章为贫困的精准测度：从单维到多维。通过对我国不同历史时期贫困标准进行比较，与其他国家同时期的贫困标准进行对比，分析我国当前影响贫困精准测度的因素，厘清当前界定贫困的标准。对于贫困识别的不同模型进行比较分析，得出 A-F 模型是适合于当前我国农村贫困测度的有效模型。在此基础之上，构建了涵盖健康、教育、生活条件、就业和收入这 5 个维度 15 项指标的多维贫困测度指标体系，并以 A 市为例进行实证研究分析。

第五章为基于改进的 A-F 模型多维贫困测度与主观评价的差异性分析。基于改进的 A-F 模型多维测度结果与实际调研过程中左邻右舍对于调研对象贫困与否的主观评判存在差异的现象，以 A 市为例，运用多项 probit 模型进行估值回归和边际效应回归分析；同时，以人均年收入为因变量，进行 OLS 回归和多位数回归分析，进一步检验差异性分析的稳健性。

第六章为基于多维贫困视角的扶贫路径构建。在分析扶贫路径构建的目标及影响因素的基础上，基于多维贫困的视角，构建扶贫路径多维发力，解决个体的贫困问题。重点以特色产业扶贫解决贫困个体的收入和就业问题；运用教育扶贫来提升贫困个体的人力资本水平；利用健康扶贫减

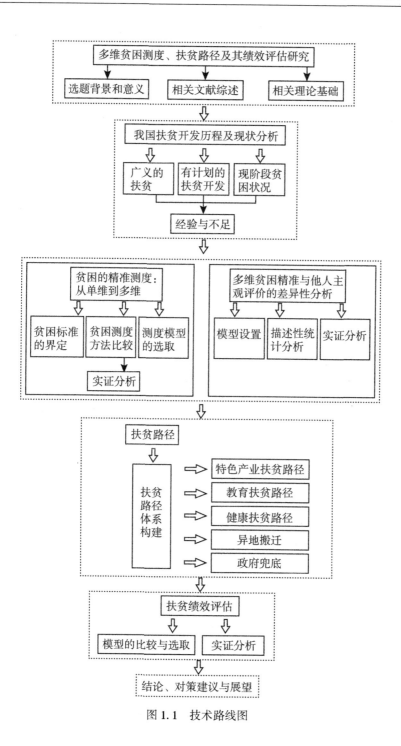

图 1.1 技术路线图

小健康冲击的不确定性；通过易地搬迁来改善其生存环境，提高其机会获取的能力；实施政府兜底为特殊贫困人群提供基本生活保障。

第七章为扶贫绩效评估。构建基于因子分析法的扶贫绩效评估指标体系，并运用 2016 年对 A 市精准扶贫第三方评估调研的数据进行实证分析。

第八章为结论、对策建议与展望。在前文分析的基础上，阐述本书研究所得出的主要结论；分别针对做好贫困测度、扶贫路径环境营造、改进扶贫绩效评估提出对策建议；同时指出本书研究的不足之处和今后的努力方向。

技术路线如图 1.1 所示。

1.5　创　新　点

近年来，扶贫问题在国内外一直是研究的热点，随着我国国情的变化，经济结构调整的不断深入，处在经济社会发展的新时代，实现贫困人口的脱贫，不仅具有重大的现实意义，而且还具有影响深远的重要战略意义。

创新点具体体现在以下几个方面：

一是构建了改进的 A-F 模型和多维贫困测度指标体系，有利于做到对贫困的精准识别。本书在吸收前人研究成果的基础之上，遵循 A-F 模型多维测度的方法和原则，结合第一手资料数据，依据现阶段贫困的特征，构建了 5 个维度涵盖 15 项指标的测度体系。克服了长期以来以收入为单一测度指标的弊端，体现了贫困精准识别的科学性、有效性和可操作性。

二是通过运用多项 probit 模型进行估值回归和边际效应回归研究分析多维贫困测度与他人主观评价的差异性；并以人均年收入为因变量进行 OLS 回归和多位数回归分析，以检验差异性分析的稳健性，以进一步分析致贫的"贫根"所在。

三是基于多维贫困的视角，制定有针对性的扶贫路径，并试图从多维发力，以此增强贫困个体内生动力和可持续发展能力，从根源上解决贫困问题。以基于区域的特色产业扶贫提高贫困个体的收入水平；运用教育扶贫来提升贫困个体的人力资本水平；利用健康扶贫减小健康冲击的不确定性；通过易地搬迁来改贫困人口的生存环境，提高其机会获取的能力；实施政府兜底为特殊贫困人群提供基本生活保障等。

四是构建了基于因子分析法的扶贫绩效评估指标体系，并通过实证分析验证了指标体系的有效性，丰富了扶贫绩效评估理论研究体系。

2 理 论 基 础

长期以来人类为满足自我生存和发展的需要，努力摆脱贫困状态，追求生活的富足，在反贫困过程中形成了一系列的理论成果和实践经验。本章从探讨共同富裕理论、国外主要反贫困的理论、路径理论、绩效理论入手，凝练其关于反贫困的核心思想，为"多维贫困测度、扶贫路径及其绩效评价研究"这一命题的研究打基础，作为研究的理论支撑。

2.1 共同富裕理论

与富裕对立的是不富裕或者贫困，共同富裕理论不管是在理论上，还是在实践中，是一个国家或一个地区在一定的时期内，通过一定的路径，消除不富裕、消除贫困，实现的全体民众的富裕的过程。该理论兼有经济学和政治学概念，在实践中有着重要的经济和政治意义。下面从马克思恩格斯政治经济学、社会主义市场经济理论和习近平的共同富裕观点这三个方面进行阐述。

2.1.1 共同富裕的经济学理论分析：马克思恩格斯政治经济学理论

马克思和恩格斯一直将自己的理论研究、革命实践同无产阶级的解放紧密联系在一起。在哲学上通过研究思辨，形成螺旋式上升，特别是在1843年3月至9月，对最能系统全面代表德国国家哲学及法哲学的黑格尔的哲学进行了批判，通过《〈黑格尔法哲学批判〉导言》的研究撰写，得出了法的关系来源于物质的生活关系，完成了唯心主义向唯物主义的转变。通过政治经济学的研究，在分析生产、消费、分配、交换这一过程发现了剩余价值的存在；而唯物主义历史观和剩余价值理论使社会主义由空想变成了科学，而科学社会主义正是无产阶级认识世界和改造世界的重要理论武器。

马克思的政治经济学的基本观点基本上包含在其重要著作《资本论》里，其在深入学习研究当时资本主义经济学理论的基础上，发现了资本主义经济理论存在的弊病，在研讨资产阶级与无产阶级的对抗的社会现实中，不管是致力于"清洗经济关系上的封建污垢、提高生产力、使工商业获得新的发展"的宿命学派；抑或以饱食者的姿态，漠不关心地蔑视通过劳动创造财富的无产阶级的浪漫派；或是关注改善当时坏的生产关系的人道学派；还是否认对抗有必然性，并通过理论与实践将一切人都变成资产者的博爱学派。其都在致力于满足被压迫阶级的某种需要而提出的理论，在某种程度上是对资产阶级无情压榨工人阶级和无产阶级的一种维护。在得出这一结论的同时，马克思、恩格斯在《资本论》里通过论述商品与货币、交换过程、货币或商品流通、货币转化为资本、劳动过程和价值增值过程、不变资本和可变资本、剩余价值率、相对剩余价值的生产等，来揭示资本主义生产中，通过对工人阶级和无产阶级的残酷压榨和剥削，使剩余价值转化为资本，来完成资本的积累的实质。在这一过程中，"扩大的生产在现今的社会制度下引起生产过剩，并且是产生贫困的极重要的原因"，不可避免地造成"相对过剩人口的最底层陷于需要救济的赤贫的境地"，致使贫困周期性地一批又一批地产生。

同时，马克思一直致力于研究并实践通过革命的手段，建立新的社会，实现共产主义。共产主义的本质要求就是消灭剥削，实现共同富裕。恩格斯在《共产主义原理》中指出"到那个时候，这种生产就会显得十分不够，还必须大大扩大。超出社会当前需要的生产过剩不但不会引起贫困，而且将保证满足所有人的需要"，"所有人共同享受大家创造出来的福利，通过城乡的融合，使社会全体成员的才能得到全面发展"。这实际上就是科学社会主义对共同富裕实现条件和实践路径的一种科学论证。

马克思政治经济学诞生至今，中国共产党始终坚持马克思主义，并以马克思政治经济学为中华人民共和国经济建设的基础理论。改革开放以来，更是在实践中不断发展和创中华人民共和国马克思主义，在新的实践中总结新的规律，推进共同富裕的建设。

2.1.2 社会主义市场经济理论

1. 我国社会主义市场经济体制的建立

中华人民共和国成立以后，我国基于苏联成型的计划经济理论和计划经济思想指导下的计划经济模式，在很长一段时间内照搬苏联模式，实行计划经济。在认识上形成了计划经济和市场经济分别是社会主义和资本主义的经济形式，把两者对立起来看待，一定程度地上陷入了认识和实践误区。

党的十一届三中全会到 1992 年，我国针对计划经济和市场经济的认识和实践是一个不断发展的过程，是我国经济体制改革不断深化创新的过程。社会主义市场经济理论从提出到明确，大致经历了四个阶段：

第一阶段：1978—1983 年，学术界、理论界和党内越来越多的人认识到社会主义经济中的商品货币也是存在的，价值规律在流通和生产两大领域都发挥着作用，需要在计划经济内引入市场机制。党的十二大正式将"计划经济为主、市场调节为辅"确立为经济体制改革的指导思想。

第二阶段：1984—1987 年，其间提出有计划的商品经济的理论。1984 年 10 月，《中共中央关于经济体制改革的决定》明确指出，我国的社会主义经济是"公有制基础上的有计划的商品经济"。以此为理论指导，对我国的经济改革进行了部署安排，将改革的重心从农村转移到城市，着重从发展具有中国特色的社会主义商品经济、增强企业活力、政企分开、重视经济杠杆、按劳分配等方面作了部署。

第三阶段：1987—1992 年，提出并不断完善了社会主义商品经济的理论。1990 年年底，邓小平指出：资本主义与社会主义的区分并不在于是计划经济还是市场经济，计划和市场都需要。

党的十三大报告中，"社会主义商品经济"共出现十四次，指出了不适应"社会主义商品经济"的几个方面，并就发展"社会主义商品经济"做了部署安排，并确定了当时我国的经济体制是计划与市场内在统一的体制。

第四阶段：1992 年以后，提出建立社会主义市场经济的目标。邓小平在 1992 年指出："计划多一点还是市场多一点，不是社会主义和资本主义的本质区别。计划和市场都是经济手段。"该精辟论断从根本上解除了当时我国对于计划经济和市场经济这两种经济模式认识上的束缚，厘清了经济模式和社会制度没有本质的必然的联系，其只属于一种富国强民的经济手段，为下一步我国的经济体制改革卸下了思想包袱，实现了认识上的重大突破。

江泽民在党的十四大报告中指出："我国经济体制改革的目标是建立社会主义市场经济体制。"自此以后，我国将市场经济体制的建立确定为目标，以适应当前生产力的发展，经济社会建设进入了新的快车道。

2. 共同富裕是社会主义的本质要求

邓小平指出社会主义的建设最终要达到共同富裕；并且，在经济体制改革上，其一直致力于使我国从计划经济转变为市场经济，以求更好地解放生产力，发展生产力，使生产关系和上层建筑适应我国生产力的变化，以使大部分地区摆脱贫困状态，实现全体人民的共同富裕。

贫穷不是社会主义，贫穷更不是共产主义，社会主义要逐步消灭贫穷。共同富裕不是一起富裕，也不是均富，是有先后的。社会主义市场经济就是以市场在资源配置中起到决定性作用，通过价值规律、供求规律、竞争规律在市场中发挥作用，提高市场经济的效率，以调整我国的经济结构、理顺分配关系、提高农民的收入、破解资源压力大的难题、提高经济的整体竞争力、提高综合国力，最终全面建成小康社会，实现人民的共同富裕。

2.1.3 习近平的精准扶贫思想

习近平在 1992 年出版的专著《摆脱贫困》中，结合其在宁德扶贫的实践，提出了"弱鸟先飞""滴水穿石"的精神，以及增强少数民族地区的"造血功能""扶贫先要扶志""意识和思路的贫困""真扶贫，扶真贫"等论述。2012 年 11 月 15 日，习近平在同中外记者见面时指出要坚定不移走共同富裕的道路；11 月 17 日，习近平在主持十八届中央政治局第一次集体学习的讲话中指出"继续改善人民生活、增进人民福祉"。

2013 年 11 月 3 日，习近平到湘西花垣县排碧乡十八洞村考察，在此次考察过程中，首次提出"精准扶贫"的论断。2015 年 11 月 25 日，《关于打赢脱贫攻坚战的决定》明确指出"我国扶贫开发已进入啃硬骨头、攻坚拔寨的冲刺期""到 2020 年确保我国现行标准下的农村贫困人口实现脱贫""把精准扶贫、精准脱贫作为基本方略"等；"精准扶贫"一词全文共出现 13 次。在 2015 年 11 月，习近平在中央扶贫开发工作会议上提出"六个精准"与"五个一批"的扶贫思想。以此为标志，习近平的精准扶贫思想成为我国反贫困的主要指导思想，随后中共中央办公厅、国务院办公厅先后印发《中国农村扶贫开发纲要（2011—2020 年）》《关于加大脱贫攻坚力度支持革命老区开发建设的指导意见》《省级党委和政府扶贫开发工作成效考核办法》《关于建立贫困退出机制的意见》等一系列贯彻执行精准扶贫战略部署的文件；与此同时，各级政府也制定了相应的实施精准扶贫的办法，并在各地区扎实落实精准扶贫战略。2016 年 4 月 24 日，习近平到安徽金寨县考察时指出："扶贫机制要进一步完善兜底措施。"

十八大以来，习近平提出了精准扶贫的战略构想，启动并强力推进了在 2020 年全面建成小康社会的同时让现行标准下农村贫困人口全部脱贫的民生工程。许多国家认为精准扶贫是"中国式扶贫"，是中国超常规的反贫困举措，彰显了社会主义制度的优越性，也是习近平精准扶贫思想的具体体现。

2.2 主要反贫困理论

2.2.1 抑制人口增长理论

1. 人口原理提出的基础公理

马尔萨斯提出的人口学理论基于的两个公理是：食物是人类生活的必需品；两性之间的情欲是必然的且几乎会一直维持现在（马尔萨斯著书的时代）的状况。在接受这两大法则的情况下，他认为人类的繁殖能力无限大于土地能够为人类生产生活资料的能力。在这种情况下，永远不会实现所谓的平等，实现人与人之间生活资料的均等，这就必然会造成一部分人陷入贫困状态。

2. 人口原理的论证分析

马尔萨斯以美国为例，通过计算，美国每 25 年人口增加一倍，而生活资料的增长每 25 年按最初的产量增加总产量已经是远远超出土地的实际承载能力。依此增长率计算，人口的增长是以 1、2、4、8、16、32、64、128、256、512 几何倍数增长，而生活资料是以 1、2、3、4、5、6、7、8、9、10 直线型算数增长趋势增长，这是马尔萨斯在最初发表的论著里的表述。其指出，人口会无限制地增加，而食物等生活资料的供给是有极限的，这二者之间的矛盾从需求与供给的质量与数量上来说是不可调解的。

马尔萨斯对处于原始状态的族群进行了分析，比如原始社会处于狩猎的野蛮状态的部落人群、处于未开化状态的北美印第安人人口的生殖繁衍情况与生活资料之间的关系。贫穷抑制了人口的增长，如果生活资料增加，人口就会增加较快。而处于畜牧和农耕时代的较为文明的时期，通过分析欧洲一些国度人口增长情况和生活资料的增加情况，特别是以当时欧洲最兴旺发达的英国为例，得出经历一定时间人口增长缓慢的原因是其对

33

未来忧虑的预防性抑制和社会下层人民因为贫穷和罪恶受到的积极抑制。另外，马尔萨斯对孔多赛人类理智的论述、人体机能的完善及人类寿命的无限延长的推测和葛德文的平等制度进行了辩驳，指出了他们理论的局限性，为自身理论对当下及未来的适应性做论据。

3. 马尔萨斯人口原理的结论及其局限性

通过马尔萨斯结合各方面的论证分析，其《人口原理》的基本结论是：人口多少是由生活资料多寡限制的；生活资料增长必然会引起人口的增加，除非受到有力的诸如罪恶等因素的抑制和阻止；对生活资料和人口与数量保持同一水平的抑制力量主要是道德、贫困和罪恶。从某种意义上他阐述贫困是由人口增长造成的，这是自然规律；通过政府颁布实施的救济制度、社会相关改革措施不能从根本上改变贫穷的存在，有效的解决途径是通过一定的方式方法抑制人口的增长。

马尔萨斯的人口原理有着其自身的局限性：一是其人口和生活资料随时间增加的级数理论是没有经过严密科学的计算而凭空设想出来的，与实际不符，比如现在距离该书出版（1798 年）已有 220 多年的时间，而世界人口并没呈几何倍数增加。二是人口的增长和贫困的关系在理论界和学术界是一直在探讨的，如凯恩斯的"有效需求理论"认为人口的增长有助于经济的发展，经济的增长可以减少绝对贫困。三是运用"看不见的手"和"看得见的手"，通过一定的制度和措施，贫困是可以消除的，这一点也是本书论证的一个方面。

2.2.2 收入再分配理论

1. 古典、新古典收入分配理论

古典经济学收入分配理论主要以亚当·斯密和大卫·李嘉图为主要代表，其理论基础是劳动价值论。斯密认为自然工资是由劳动生产物构成的，在土地和资本尚未成为私有财产的原始状态，劳动者拥有全部的劳动生产物；在土地私有和资本积累完成之后，劳动者独自拥有全部劳动生产物的状态就结束了，地租和利润就成为地主要在劳动生产物中扣除的项目。斯密指出，是国民不断增加的财富使劳动工资提高，而不是现有的庞大的国民财富，所以最高的劳动工资不是在最为富有的国度或地区出现，而是在经济增加最快的国家出现。

斯密的局限性在于其以阶级的眼光区别人群，并在某种程度上否定收入分配的平等性和公平性。在《国富论》中，其始终以维护雇主、地主等上层阶级的利益为出发点，把普通民众只是视为生产的机器，尽可能少地允许其分享一部分劳动生产物，对其贫困与因贫穷带来的生活的苦难较为冷漠。

同样作为古典经济学代表人物的李嘉图在吸收前人理论的基础上，对斯密把劳动量和劳动价值混同的错误试图纠正，但是由于其没有真正区别劳动和劳动力，他也以为劳动者的劳动是有价值的，劳动者价值是由在当时社会情况下劳动者所需要的必要的生活资料决定的。这就决定了他的价值决定论又回到了斯密的循环论证上了。但是李嘉图再分配理论上的重要贡献是其明确了劳动者在生产活动中创造的价值才是一切收入所得的唯一源泉，这实际上是承认了地主和资本家的所得是由劳动者创造的，进一步揭示了地主、资本家、劳动者三者之间是剥削与被剥削的关系。

李嘉图的局限性在于其认为工人的工资等于工人的必要的生活资料；否认工人阶级的生活经常处于绝对贫困和相对贫困之间；对工人失业和贫困的冷漠，将其归结为社会进步不可避免的暂时的现象。

新古典主义是在古典经济学即将遭遇危机之时，人们开始注意到以前只关注成本和生产，忽视了效用和需求。其以萨伊和马歇尔为代表。萨伊在继承斯密著作中庸俗的部分的基础上，把政治经济学分为财富生产、财富分配和财富消费三个部分，并用效用理论引申出了生产的三要素：劳动一般、生产资料和自然力（主要指土地）。在此基础上，依据生产三要素得出了分配理论的三部分：工资、利润、地租。马歇尔在萨伊的基础上，将三要素扩充为四要素，增加了组织，即企业家才能，并形成了均衡价格理论。其局限性在于该分配理论掩盖了工人被剥削的关系，将利润等同于企业家的工资，为资本主义社会制度辩护。

2. 现代主流经济学理论不支持收入再分配

伴随着近年来我国经济的持续高速增长，我国的经济总量已经位居全球第二，仅次于美国，但是我国的人均收入却位居 57 名。社会结构发生变化的同时，我国居民收入差距不断拉大，具体反映在城乡之间、地区之间以及行业之间。正如邓小平同志所讲："共同致富，我们从改革一开始就讲，将来总有一天要成为中心课题（1990 年）"，"中国发展到一定程度后，一定要考虑分配问题（1992 年）"。如何做好当下我国的收入分配问题，是亟须解决的问题；反对以累进制税收、转移支付等手段的再分配制度的以遵循边际生产力理论的"现代主流经济学却难以为之提供理论支持"（朱富强，2014），其认为市场收入等于其贡献，而私有财产又是神圣不可侵犯的，进而实行收入再分配是不正义的；而社会贫困问题的解决、经济改革目标的实现必须要有与之相符的理论支撑和指导，否则治标不治本。

2.2.3　福利经济学理论

1. 旧福利经济学

第一次世界大战使英国的贫富差距变得悬殊，阶级矛盾、经济矛盾和社会问题更是复杂地交织在一起，进而使研究趋向于以社会福利的建立为目标。1920 年，阿瑟·塞西尔·庇古的《福利经济学》的出版标志着福利经济学的产生，其在吸收效用价值理论的基础上，以功利主义为哲学基础，建立了较为完整的福利概念和评价体系，并被称为"福利经济学之父"。庇古在书中曾指出"正是由于经济福利是可以直接或间接地与货币量相联系起来的那部分总福利……因此经济福利和国民收入是对等的两个概念……"认为经济福利和国民所得是"客观的配对物"，并将其福利研究仅限于经济福利。

庇古主要观点有：一是认为经济学研究的目的是增进一个国家或全世界的社会福利；一个国家的总福利等于个人福利之和；国民收入的总量越大，经济福利越大。二是提出了"效用可度量性"，即个人的效用可以用基数来衡量；"效用在人与人之间的可比较性"，效用可以用物质福利来表示。三是货币边际效用是递减的。一个国家如果要增加其经济福利，可以通过增加国民收入，但是不能减少穷人所占的绝对份额；还可以在国民收入不减少的情况下，增加穷人所占有的绝对份额。

庇古反对通过实施最低工资法来增加工资的措施，认为这样会增加弱势群体诸如老人、无技术人员的失业率，不能给多数劳动者群体以生活收入保证，他认为通过贫困人口的减少和提高劳动者的市场效率是有效途径，亦反对富人生下来就比穷人拥有更多享受满足能力的观点。他把弱势群体作为关怀重点，在一定程度上强调分配的均等化。

庇古提出通过富人自愿兴办教育等自愿手段和国家征税等强制性手段实现财产在富人和穷人之间转移，富人和穷人边际效用相等时，可以实现国家福利的最大化。这既是收入分配的理论，也是当时反贫困的重要理论，在某种程度上也是共同富裕理论的缩影之一，对我国当下的反贫困事业有着重要的指导意义。

2. 新福利经济学

旧福利经济学所宣扬的效用可以用基数来衡量和货币边际效用递减的观点，在 19 世纪 30 年代的经济学界展开了大讨论。当时西方资本主义社会的经济学家认为：基数在很大程度上有主观性，人与人之间的效用是不可比的；关于财富从富人向贫困人群转移，这是其维护的资产阶级的利益为根本的当时的主流经济学界所不能接受的。经过大讨论，福利经济学发生了较大的转折，以庇古为主要代表的福利经济学被称为旧福利经济学，同时形成了以维弗雷多·帕累托、保罗·萨缪尔森以及随后的阿玛蒂亚·森等人为代表的新福利经济学。新福利经济学开始采用序数效用论编造社会福利函数以及无差别曲线解决旧福利经济学存在的一些问题。

帕累托最优是指在分配过程中,在没有使任何人境况变坏的前提下,至少使一个人变得更好的一种状态。按照这一准则,任何一种改变,只要其能够提升一个人或一部分人的福利,而不损害其他人的福利,这种改变就是有利的;但是如果改变导致了一部分福利增加而其他任何人福利的减少,或者所有人的福利都减少了,这种改变就是不利的。帕累托最优实际上强调的是通过提高经济效率来实现社会福利的增加,通过资源配置的不断调整达到福利最大的社会状态。其对现行经济制度、分配制度有着较强的借鉴指导意义。

萨缪尔森强调实现最大福利的充分条件是合理的分配,在其著作《经济学》中,体现出效率与公平的思想,主张政府在缩小贫富差距中发挥收入再分配的职能。

阿玛蒂亚·森指出了帕累托最优没有考虑收入分配的问题。在帕累托最优的情况下,收入再分配会降低一部分人的收入,而使其福利减少,所以任何一种收入的再分配都是在破坏这种最优状态。不管贫富差距有多么大,将富人的收入向贫困人群转移从而致使贫困人群的福利增加,但是同时富人的境况会变坏就必定会违反帕累托最优的原则。故此,他对当时的新福利经济学的主流观点提出了批判,并结合阿罗的研究得出结论:新福利经济学代替旧福利经济学需要重新认识。因为其采用的序数效用存在的缺陷是不可克服的,然后福利经济学开始向效用主义以及基数效用理论回归。

2.3 相关路径理论

关于路径的研究,在生物学、经济学、社会学、管理学等诸多学科交叉研究中形成了丰硕的理论成果,本书结合研究需要,从路径依赖理论、路径目标理论以及路径选择理论这三个方面进行阐述。

2.3.1 路径依赖理论

路径依赖理论（Path Dependence）起源于生物学界的研究，1957 年 Waddington 在研究物种进化分叉及物种等级次序的过程中发现，物种的进化取决于基因演变的随机性和外部环境的影响，另外还受基因自身的等级序列所控制。物种在进化过程中，偶然性的随机因素启动序列控制机制，导致其在进化中产生各种路径，而这些路径各行其道、互不影响。这是路径依赖理论的本意起源。随后生物学家古尔德（Gould，1974，1999）提出了"物种以某种方式影响未来""生物进化的路径及机制可能不是最优的"理念，从而进一步明晰了路径依赖的概念。

Paul A. David（1975）通过路径依赖的思想分析技术变迁，首次将路径依赖的思想引入经济学领域。David 解释 QWERTY 键盘能够占据市场支配地位的原因不是因为其最好，而是因为其最早，并将其称为"路径依赖"现象。随着研究的深入，Vergne & Durand 将路径依赖研究分为三个层面：宏观层面是运用路径依赖理论来解释制度的可持续性；中观层面是运用路径依赖理论来解释智力的次优选择或次优的技术结果；微观层面是指路径依赖导致组织僵化并对组织竞争力造成的影响。David（1987）指出导致技术变迁的路径依赖原因分别是：技术的相关性、投资的不可逆性、规模的报酬递增。Page（2006）认为关注报酬递增和正外部性的同时，还要关注其负的外部性，并提出了路径依赖的成因有四种：报酬递增、自我强化、正反馈锁定。

经济学家道格拉斯·诺斯（Douglass North，1990）在制度变迁的研究中将技术变迁研究中的路径依赖问题引入其中，从而逐步建立了制度变迁的路径依赖理论框架。North 指出，今天制度的形成的过程是相关的，其限制并影响着未来的选择。随着 North 的研究远离技术性路径依赖，深入研究制度变迁中的路径依赖问题，其指出：制度的路径依赖不仅仅是由历史上的偶然事件或者小事件导致的，更是由人们当时的有限理性、历史局限以及较高的制度转换的交易成本决定的，同时受文化、经济、政治等诸多因素制约，所以，制度变迁较技术变迁更为复杂。

总体来讲，路径依赖指现在的结果是以前结果进化的路径依存，其取决于以前的历史小事件；进而，现在的政策制定、技术选择受以前影响的同时，它很有可能会对以后的相关的路径产生影响。就反贫困问题来说，我国当前以及历史上各个时期的顶层制度设计，具体落实过程中的路径对于制度及民众心理上形成的路径依赖，对于当下的精准扶贫战略的实施是有着深刻的影响的，我们在研究该方面的问题时是必须要正视且重视的。

2.3.2　路径-目标理论

1964 年，心理学家和行为科学家维克托·弗鲁姆（Victor H. Vroom）在《工作与激励》一书中提出了较为完备的期望理论模型，其随后也被誉为期望理论的奠基人。弗鲁姆指出：人们之所以从事某项工作并依据组织的意图实现组织目标，是由于在完成这些工作及实现组织目标的同时能够实现自己的目标，能够满足自己的一些需要，并建立模型如下：

$$M = V \times E \tag{2-1}$$

式中，M 为激励力量，即采取某种行动的动力；V 为目标效价，即实现组织目标后对于自身目标或需要满足的程度；E 为期望值，即实现组织目标后自身目标实现的概率。

路径-目标理论是源于期待学说的，是权变理论的一种。最早由多伦多大学的罗伯特·豪斯（Robert House，1971）在文章《有关领导效率的目标-途径理论》中提出；随后，豪斯与华盛顿大学的特伦斯·米切尔（Terence R. Mitchell）合作发表了《关于领导方式的目标-途径理论》，进一步完善了路径-目标理论。该理论的主体是领导和下属，客体是目标的实现，目标又可分为组织目标与个人目标，即领导者运用结构、支持和报酬充分调动下属及整个团队的激励力量，建立和改善实现组织设定的目标的路径，实现组织目标的同时能够较好地满足下属的个体目标。这一过程主要包括目标设定、领导过程、路径完善。

该理论区别于其他领导理论的一大特点是其以下属为主要立足点，目标设置时要考虑到组织及个体的需要，设置合适的目标，让组织在现有的领导和资源拥有的情况下通过努力可以实现。豪斯界定了四种领导行为：指导型、支持型、参与型和成就取向型。无论哪种类型，下属的接受程度是衡量的主要标准之一，其中蕴含着"变"的思想，因为下属是千差万别且不断在变的，所以领导者要体现出路径-目标理论权变的特性。

依据路径-目标理论，其对于实现贫困的精准测度、帮扶路径精准是有着很重要的指导作用的。2020年实现现行贫困标准下农村贫困人口全部脱贫是国家及各级政府设置的目标，进而需要在实现目标的过程中唤起参与其中的各级政府工作人员、社会力量及贫困人口对目标实现的需要和期望；通过绩效评价对于较好完成的人员予以增加报酬；同时提高相关人员的工作能力与水平，帮助其找寻有效实现目标的路径，对于运行过程中的障碍与困难要有力地排除等。

2.3.3 路径选择理论

关于路径选择理论，不同的专家学者结合实践需要，从不同的角度予以阐述，并建立了相对应的模型。诸如从国家战略考虑实现经济的持续快速增长，经济制度的选择、政府与市场关系的选择、军事安全与人民生活水平谁优先的选择，都是一种路径选择的具体诠释。以效率为出发点，考虑如何投入成本最小，产出最大；成本包括物质成本、时间成本等，产出包括质量、数量等。在计算机领域路径可以被称为路由，即通过互联的网络将信息从端传播到源的过程，决定端到端的路径网络范围。传送期间，如果设定的路线无法使用，便需要决定另一个传送信息到目的地的路径。通常有连线状态算法和距离向量算法两种算法。

在组织和个人设置目标后，以目标为导向，结合实际情况，对任务进行分解，会设计和规划不同的行进路径，最终实现目标。这期间会涉及为了实现目标如何选定路径及优化路径的问题。现如今，国内关于如何实现贫困户的脱贫目标，在宏观、中观、微观层面设置了不同的脱贫路径，其中如何实现最优的路径设置与选择，是当下在理论层面与实践过程要予以研究的问题。

2.4 绩效评估理论

2.4.1 绩效

绩效从字面上分为"绩"和"效"两个部分。所谓的"绩"，有成绩、业绩、目标实现程度之意；从"绩"的实现对象上说，分为组织和个体两个群体。对于"效"，有效率、效果、效益之意；从管理上讲，效率是指活动的方式，是正确的做事，通常用投入与产出的比例来衡量；效果是活动的结果，是做正确的事，通常以组织或个体目标的完成情况来衡量；效益是指一个组织在运营后产生的实际效果和利益，包括经济效益、社会效益等。无论在理论上，抑或实践中，效率、效果、效益对于一个组织或者个人的"效"的实现是相辅相成、互为补充且密不可分的。绩效是指组织或个体期望或者实际运营的结果，在实现目标过程中的不同环节或者整体过程中的有效输出。

1. 绩效的起源

据本书考证，"绩效"一词在中国古籍中较早出现在晋朝袁宏编著的《后汉纪》孝献皇帝纪卷第三十，书中"……原其绩效，足享高爵……"；而后在刘昫《旧唐书》卷一百五十二·列传第一百二"少事汾阳王子仪为牙将，从征边朔，绩效居多"出现；在南北朝魏收所著的《魏书》卷六十七·列传第五十五"故绩效能官"；随后至唐、宋及其以后，"绩效"一词多次出现，其意多为个人在国家、地方事务中的成效、功绩。

在英语词汇中用 performance 表达绩效的意思，同时，performance 还有性能、表现、操作、作业、运转之意。

2. 绩效的定义

绩效的主体可以是组织、个体、运转过程等不同的层面或者是其综合体，依据聚焦的焦点不同而有异同。Bates 和 Holton（1995）认为绩效是由多维建构而成，测度的因素不同，相应结果也不同。所以，在研究过程中对于绩效的定义侧重点就不同。

（1）绩效是行为。Murphy（1990）认为绩效是"一套与组织或组织单位的目标相互关联的行为，而组织或组织单位则构成了个人工作的环境"。Campbell（1990）指出：绩效本身就是行为，主要是指在个体控制下的与目标相关的一系列行为。张德（2004）指出绩效是人们所做的与组织目标相关的、可被观测的、有可评价要素的行为。C. 默尔·约翰逊等人在2006 年运用选择偶然模式的行为分析，阐述了个体行为、群体的文化实践以及组织文化对于正式组织团体绩效的影响及贡献，从行为分析的角度解释个体绩效、群体绩效产生的原因及对组织绩效的支持。

（2）绩效是结果。Bemadin（1984）指出：绩效是工作的结果，是特定的时间内，特定的工作职能产生的结果。Kane（1996）指出绩效是个体留下来的东西，且该东西与目标相对独立存在。

（3）绩效是行为和结果的结合体。Brumbrach（1988）指出绩效是行为和结果，行为是工作中人的所作所为，通过行为将工作的任务实现。仲理峰和时勘（2002）认为，应该给予绩效一个宽泛的概念，其应该包含行为和结果两个方面，行为是实现结果的条件之一。曹娜娜（2009）认为绩效是为了有效实现目标而正确地做正确的事。

3. 绩效的分类

绩效在研究和实践过程中可以依据不同的标准进行分类。

依据绩效的完成主体分为个人绩效和组织绩效。个人可以是企业中的不同层面的员工或管理者，也可以是各级政府的各级官员；组织绩效可以是不同类型的企业绩效，也可以是一个国家（地区）或者各级政府的绩效。

依据绩效中的行为结构分类，绩效可以分为关系绩效和任务绩效。关系绩效又称为周边绩效、关联绩效、非任务绩效、公民绩效等，是指在一个组织中不同个体在工作、生活、学习过程中的情感（喜爱、排斥、赞同、支持）、自律、对秩序的认同与维护、合作、竞争、责任感等因素对于个体或者组织的绩效的影响程度。任务绩效是指与结果直接相关的，能够对结果产生直接影响的或与具体的职务工作密切相关的因素的绩效指标，诸如个体的能力、对任务的熟练程度等。

依据实施的效果，绩效可以分为负绩效和正绩效。负绩效是指一项工作或者任务运转之后，其效果和效益较之前有减低或引发其他不良反应，对运行主客体造成不同程度的损害，且在该种情况下其没有显现出好的效益、效果，或者显现出的好的效果、效益可以忽略不计。正绩效指的是一项工作或者任务按照预计的方向和目标完成，并对于个人或组织产生出好的效果、效益的行为。

2.4.2 政府绩效

由于本书的研究重点是针对当前我国贫困的识别、帮扶以及扶贫的绩效评估，而在一系列行为精准的实施过程中，各级地方政府是顶层设计、政策制定、力量整合、过程实施、监控督导等的主导者。本部分重点阐述政府绩效。

1. 政府绩效的起源

西方国家对政府绩效的研究起步早，20 世纪 80 年代，英国就开始了雷纳评审、财务管理创新运动、公民宪章运动等改革。1992 年，戴维·奥斯本与特德·盖布勒在《改革政府——企业精神如何改革着公营部门》一书中，基于 20 世纪 80 年代西方国家遭遇的经济停滞、失业率居高、民众对于政府的公信力降低等棘手问题列举了十大政府再造原则。以此为标志，以英国、新西兰等为首的西方国家开始借助私有企业管理方式来改进政府的管理，目标在于如何使政府的工作更有效率和效益，做得更好。进而绩效一词由企业引入政府。在该思想影响下，克林顿于 1993 年上台伊始，就颁布了《政府绩效和结果法案》，以实现其早期提出的缩减政府规模，构建工作更好、成本更低的政府的竞选诺言，进而改变不注重效果的"传统的公共行政模式"。

我国对于政府绩效问题自古以来尤为重视，中华人民共和国成立以来，也逐渐重视行政效率的问题。改革开放以后，邓小平（1980）同志在《党和国家领导制度的改革》中严肃尖锐地指出官僚主义、权力过分集中、家长制作风对于党和国家的事业的危害。以此为契机，我国随后逐渐开展了一系列关于政府绩效的探索与实践，总体来说，还有些滞后。胡锦涛（2005）指出："……建立体现科学发展观和正确政绩观要求的干部实绩考核制度。"党的十八大报告中提出"创新行政管理方式，提高政府公信力和执行力"，从而对政府的绩效进行管理。2014 年在《国务院关于深化预算管理制度改革的决定》（国发〔2014〕45 号）中提出"财政结转结余资金规模较大，预算资金使用绩效不高。……创新管理方式，提高管理绩效"。

2. 政府绩效的内涵

政府绩效在西方被称为"国家生产力""政府业绩""公共组织绩效"等。臧乃康（2002）认为，政府绩效除政绩外，还包括政府的成本、效率、社会稳定、政治稳定、社会进步等。总体来说，政府绩效包括以下三方面内容。

（1）经济绩效。它是政府绩效中较为核心的内容，表现为人口、经济、社会三者互为推动良性发展的宏观经济政策的能力与水平。它是各级政府在国家或者地方经济发展上的根本体现，通常由一个国家或地区的经济发展水平、经济总量、经济增长率、可持续发展能力、失业率、汇率、通货膨胀率等指标来衡量。

（2）政治绩效。它是政府在运转过程中对自身执政地位的巩固，提高公信力及支持率的集中体现。其通过制度安排及制度的不断优化创新来实现执行思想，落实国家意志，并充分代表人民的意愿的过程。通过制度设计、监督监管实现政府官员的清廉高效，克服官僚主义和机构臃肿等。

（3）社会绩效。它是指能够较为全面地推进社会的发展和进步。其包含的维度较多，诸如，人民生活水平和生活质量持续不断提高；在发展过程中遵循科学发展的理念；公共产品的提供能够惠及广大人民；对贫困者能够有效识别、帮扶救助，并逐步使其摆脱贫困；构建和谐社会，保持社会的稳定与文化的繁荣等。

2.4.3　绩效管理

1. 绩效管理的理论基础

绩效管理的思想源于绩效的考评、考核，自 20 世纪 70 年代绩效管理被提出，在实践中对于其不断地探索、完善，其间，不断吸纳大量的现代管理理论和系统控制理论的思想。

（1）目标管理理论。彼得·德鲁克（1954）在《管理实践》中提出"目标管理"理论，该理论提出后，在美国、日本和西欧诸国迅速传开并相互效仿借鉴。目标管理的实施主要包括四个步骤：制定目标、实施目标、信息的反馈处理、核查结果及奖惩。其优点在于通过引导员工参与，各层面人员均参与目标的制定，有利于下级对于目标的理解、支持；参与的过程，是员工个人意愿表达且向目标融合的过程，其个人受到了尊重，有利于发挥其主动性与积极性。目标在部门和个人间逐层分解，有利于明晰各自的权责，划清关系，避免推诿扯皮。突破传统管理模式，以结果为导向遵循，针对考核的结果运用激励理论进行奖惩，有助于组织整体效益的提高。

（2）全面质量管理理论。20 世纪 50 年代末，美国的费根堡姆（AV. Feigenbaum）和朱兰（Joseph H. Juran）提出全面质量管理的概念，随后经过了实践中的总结与提高，充实与发展；我国 1978 年开始推行全面质量管理。国际标准 ISO8402—1994 对其的定义为："一个组织以质量为中心和全员参与为基础，实现让客户满意、本组织全体成员满意及社会受益而长期达到成功的管理途径。"全面质量管理是一项系统的工程，需要重视人的因素、有一个有效的质量体系、注重效益与效率的问题。其工作方法主要有 PDCA 循环法（计划、实施、检查、处理）、分层法、排列图法、因果分析图法、相关图法、直方图法等。随着该思想的内涵不断延伸，其服务的领域得到不断的拓展，从企业到政府，从产品到公务服务，绩效管理理论也不断将全面质量管理的理念、方法融会贯通，为己所用，从而更系统、更有效。

（3）控制论与系统理论。法国物理学家安培（1834）提出了管理国家的科学为"控制论"，意指国家管理、社会控制。美国数学家诺伯特·维纳（1948）发表了《控制论——关于在动物和机器中控制和通讯的科学》，其认为控制论是研究生命社会中关于控制和通讯的规律的科学，是研究在不断变化的动态环境中如何维持平衡或者稳定状态的科学。控制理论从传统控制发展到现代控制理论，再从计算机控制理论到智能控制理论，随后又发展到人机控制、自主控制理论。其理论不断地发展无不体现一个核心思想就是修正系统的行为及性能，使其更好地达到预期目标。绩效管理方法及指标设立无不体现控制论的身影。

美籍奥地利生物学家贝塔朗菲（1937）提出了一般系统论的初步框架，其 1955 年发表的《一般系统论》，成为系统论的奠基性作品。系统论思想被不断运用到生物学、计算机方法和数学模型，随后绩效管理体系构建也引入了系统论的思想。系统论的基本思想是将研究对象看作系统的整体，研究分析其整体与部分、系统与环境间的相互联系和作用，以使整体效益最优。绩效管理运用系统论将目标提出、实施过程、评价反馈作为一个整体系统对待，运用绩效指标测度结果，运用结果监测过程。

除了上述理论的分析之外，绩效管理理论还依据其现实需要，吸纳融入了信息论、组织行为学、成本收益理论、激励理论、权变理论等理论的思想，逐渐形成了较为完善、综合、多学科交叉渗透的理论体系，并厘清了"为何管、为谁管、谁来管、管什么、怎么管"等一系列问题。

2. 绩效管理的内涵

绩效管理的核心思想在于以全体成员为中心开展有效干预活动,通过干预开发出每个成员的资源而使每个成员的绩效得以提高,进而提高组织的整体绩效。绩效管理的内容主要包括绩效计划、管理绩效、绩效考核和奖励绩效四个部分。这几个环节是互为支撑的,并且不断往复循环、螺旋式上升的一个不停止的过程。绩效计划是在全员参与的情况下,相互研讨制定组织的总目标,并分解至全体成员形成其工作目标和发展目标,厘清每个成员的期望绩效并得到其认可与支持。管理绩效则是在前提计划制定基础上,通过辅导、咨询、进程回顾、自我监控等形式帮助成员掌握实现目标的技能、提高其能力水平、克服预期绩效实现过程中的障碍与困难,并通过定期的进程回顾来厘清进程每一阶段的现状和后期运转形成共识等。绩效考核则是运用一些方法自上而下对部门和成员个人的目标完成情况、工作行为等进行评价。奖励绩效是指针对达到或完成绩效的成员用加薪、奖金、晋升、表扬等手段予以肯定。

2.4.4 扶贫绩效评估

绩效评估是保障组织或个人实现组织目标的有效的措施保障,是多年来经得起实践考验的科学的评价、监督、反馈、运营机制。对于扶贫开发战略的实施,各国在反贫困的进程中的不同阶段建立并采取了符合其实际的绩效评估机制与方法。具体而言,其评估的对象有针对具体扶贫项目的,如旅游扶贫、文化扶贫、教育扶贫、贫困识别等;或者针对专项扶贫资金的使用绩效进行的评估;也有对地区整体扶贫绩效进行评估的,其涵盖了扶贫开发的全过程,从贫困户的精准识别、帮扶措施的制定与落实,到贫困户(贫困村、贫困地区)的脱贫成效、扶贫资金的使用效果与效率等。国内关于扶贫绩效评估的系统性研究成果尚不多见,多是就上述的某种具体对象进行的绩效评估研究。

1. 我国官方的扶贫开发成效考核要求

2016 年，中共中央办公厅和国务院联合印发了《省级党委和政府扶贫开发工作成效考核办法》，其明确了中西部 22 个省（自治区、直辖市）在精准扶贫中就其工作成效考核的原则、内容及方式。考核的原则是围绕精准扶贫战略，立足实际，针对于重点工作、主要目标设置考核指标；在客观公正的基础上，运用规范的方式和程序进行考核，充分发挥社会监督的作用；以结果为导向进行奖惩。评估的内容主要包括减贫成效、精准识别、精准帮扶、扶贫资金四个方面。在评估的方式中，除了政府上对下的直接考核外，还提出利用好第三方评估，即委托相关的科研机构或者社会组织，通过抽样调查、实地核查的形式，对某些指标进行评估。

2. 新公共管理理论

20 世纪中期以来，西方国家普遍运用凯恩斯主义来指导国家经济社会的运转，以政府"有形的手"来弥补市场失灵引起的不良反应，但是至 20 世纪 70 年代末期，该政策未能有效地实现西方国家经济的增长和提高民众对社会的满意度。面对经济停滞不前、通货膨胀居高不下、政府公共服务效率低下等一系列社会问题，英国 1980 年开始推行更好发挥市场化作用的"财政管理创新"改革；加拿大于 1989 年成立了"管理发展中心"以推进政府改革；美国在 1993 年成立指导政府改革的"国家绩效评估委员会"。在不同层面将企业管理理论的成本理论、竞争机制等引入政府管理之中，经过一系列的探索与实践，形成了不同方向的新公共管理理论。例如弗里德曼（Friedman）和哈耶克（Hayek）的小政府理论；迈克尔·哈默（Michael Hammer）和钱皮（James Champy）的流程再造理论；马克·霍哲（Marc Holzer）以政府绩效为切入点，运用绩效评估作为工具提高政府效率与效能；奥斯本（Osborne）和盖布勒（Gaebler）提出了重塑政府理论等。该理论开始更加重视服务的质量和客户的满意度，并强调在服务中降低成本，以绩效评估为核心，倡导的经济、效率、效益、公平被称为

"4E"政府绩效评价标准。扶贫绩效评估正是在该理论基础的指导下进行探索和实践。

3. 交易费用理论

1937年，罗纳德·科斯（Ronald Coase）在《企业的性质》中指出价格机制的使用是有代价的，并进一步在《社会成本问题》中指出在设计社会经济制度时需要考虑总成本和总效果；另外针对国家和市场的关系，提出国家应该有所作为，不能仅依靠市场的变化等。这些论述中虽然未曾提到"交易费用"一词，但是其思想是如此。交易费用是阿罗在研究保险市场的逆向选择与市场效率时首次提出的。

交易费用在随后的研究过程中，诸多知名学者陆续提出了交易分工说、交易合约说、交易维度说、制度成本说及交易行为说，科斯、德尔曼、威廉姆森、张五常和诺斯是该几种界定的主要代表人物。诺斯指出正的交易成本会导致交易存在摩擦，从而影响到其经济绩效；制度的好坏、效率的高低直接影响社会协调成本和监督成本。就扶贫开发这一民生工程的实施来看，其系统性的运转过程中各方利益相关者，不管是各级政府组织、公务人员个体，抑或社会力量、贫困者和非贫困者相互之间一直在发生着摩擦，并不断产生总体为正的交易费用。

3 中华人民共和国成立后扶贫开发 历程及现状分析

贫困问题是困扰全世界各个国家的民生问题，自 1949 年中华人民共和国成立至 1985 年，在不同的时期，结合当时国情先后制定了一系列的政策救助、帮扶贫困人群，本书将这一时期针对贫困人口的救扶称为广义的扶贫；1986 年我国成立了专门的扶贫开发机构，开始了有计划有针对性的扶贫开发工作，致力于使全体人民过上衣食富足、生活幸福的生活；本部分将 1986 年之后的扶贫称为有计划的扶贫开发。

3.1 广义的扶贫

中华人民共和国成立后，为了经济社会的发展，为了国富民强和社会的安定团结，一直在同贫困做斗争，通过各种体制改革，制定实施各项政策，解决贫困问题，努力提高人民的生活水平。

3.1.1 土地制度创新缓解贫困（1949—1977 年）

1. 贫困状况

据统计，抗日战争和解放战争导致 3800 万人员死伤，其中很大一部分是农村青壮年劳动力，进而致使农村大面积的土地荒芜，无人耕种。1946 年水淹耕地 600 多万亩，19 省受灾，1947 年受水害灾害计 15 省，1948 年又有 3 省发生大水灾。至 1949 年，全国 810. 4 万公顷农田受灾，直接导致灾民共计 4000 万人①。

2. 通过土地改革等措施缓解了贫困

1949 年至 1953 年年底，在新解放区实施了有计划的土地制度改革，为约 2. 64 亿农村人口分配了土地。1950 年 6 月，中央颁布的《中华人民共和国土地改革法》，制定了依靠贫农、团结中农、中立富农，有步骤地消灭封建的剥削制度的政策，从而发展农业的生产，实现废除封建剥削的土地所有制，将其改变为农民的土地所有制的目的。

截止到 1953 年，全国 5. 06 亿的农村人口中有 4. 55 亿人完成了土地改革，其中约 3 亿以前无地或者少地的农民分得了共计 7 亿亩的土地，免去了中华人民共和国成立前每年须向地主缴纳的超重地租 700 亿斤粮食。土地制度改革的实行并完成从根本上解决了农村贫困人民的温饱问题。例如，1952 年全国粮食产量为 16392 万吨，是 1949 年的 1. 44 倍②，人均净货币收入从 1949 年的 14. 9 元增长到 1952 年的 26. 8 元③；解放了农村生产力的同时，使农民的生活得到了明显改善。1956 年 6 月，《高级农村生产合作社示范章程》将救济对象分为临时救济和定期救济两类，定期的是五保户；临时的是家庭人口多、劳动力少或者因突发事故或其他原因造成生活困难的对象；并规定对于缺乏劳动力或完全丧失劳动力，生活上没有依靠的老、弱、孤、寡、残疾人员，在生产、生活上给予适当照顾，保证其吃、穿和柴火的供应，保证年幼的接受教育，年老的死后能够安葬。

随后，在国家经济建设过程中，"左"倾思想得到了进一步发展，致

---

① 中国人民大学政治经济学系编. 中国近代经济史（下册）[M]. 北京：人民出版社，1978：193-195.

② 国家统计局编. 光辉的三十五年 [M]. 北京：中国统计出版社，1994：53-60.

③ 董志凯. 1949—1952 年中国经济分析 [M]. 北京：中国科学出版社，1996：319.

使 1958—1960 年发生了"大跃进运动",其内容主要表现在农业产量的高指标及工业的大炼钢铁。农业生产上的"大跃进",其高指标、浮夸风致使农民的生产积极性受挫,再加上自然灾害的原因,1959 年粮食减产 1000 万～1500 万吨,1960 年粮食减产 1500 万～2000 万吨①;但是因"共产风"和高征收,导致了农民自留粮食不足,加重了农民生活困苦程度。后经过 1961 年和 1962 年的国民经济调整,农业得到了恢复,城乡人民生活水平开始回升;至 1965 年,广大人民的生活水平有了进一步的提升。

3."文革"期间农村经济跌宕起伏,增长缓慢,农民收入增长很小

1966 年"文化大革命"在城市进行的时候,对农村整体冲击不大。当年农业总产值达到 910 亿元,较上年增长 9.2%;粮食总产量达 21400 万吨,较上年增长 10%②。1966 年 12 月 15 日,中央又下发了《关于农村无产阶级文化大革命的指示(草案)》,标志着将"文化大革命"整个扩展到农村的各个生产领域,在"左"倾思想指导下,把一些调动村民积极性的措施作为资本主义对象加以批判,致使平均主义盛行,农村经济衰退,人民收入下降,生产积极性降低。至 1969 年,粮食总产量下降 1.4%,人均粮食总产量下降 8.9%③,因为 1967—1969 年人口增长率分别为:25.53%、27.38%、26.08%④。

在认识到"左"倾错误在农村的危害后,1970 年下半年开始,中央开始调整措施稳定农村经济。1970—1973 年,农业总产值年增长率为 5.6%;1974 年的"批林批孔"使农村的生产秩序又遭到破坏;1975 年国务院决

---

① 董辅礽.中华人民共和国经济史(上册)[M].北京:经济科学出版社,1999:379.

② 董辅礽.中华人民共和国经济史(上册)[M].北京:经济科学出版社,1999:463.

③ 依据《中国统计年鉴(1984)》,中国统计出版社 1984 年版,第 132、145、146、167 页数据计算。

④ 中国统计年鉴(1984)[M].北京:中国统计出版社,1984:83.

定对农业进行整顿，实施了落实农村干部政策和经济政策的措施，农业生产有所上升，1975 年、1976 年农业生产总值分别较上年增长 4.6%、2.5%①。

整体来说，这个期间，我国农业生产总值随着政策、国内形势的跌宕起伏，有升有降。整体增长缓慢，农民生产积极性不高，生产秩序不稳定，收入提高很小，广大农民在生存线徘徊，没有摆脱食物不足的威胁，处于贫困状态。

3.1.2 经济体制改革解决大面积贫困问题（1978—1985 年）

1. 贫困特点

在经历了"文化大革命"的十年动乱后，国家经济千疮百孔，由于"经济遭到了严重损害"，农村的落后、农业发展的停滞以及农民生活的贫困互相交织，加上 1977 年、1978 年各地持续的旱灾进一步加剧农民生活的恶化，使其陷入困顿。1978 年全国财政收入仅 400 亿元，国民经济几乎处于崩溃的边缘，人民的生活水平在一定时期内停滞不前。此时的贫困是大面积的，近 8 亿农民中有 2.5 亿处于不能解决温饱问题的贫困状态。

2. 进行经济体制改革，试行并施行家庭联产承包责任制，提高广大农民收入水平，制定政策扶助重点贫困人群

1978 年 12 月召开的十一届三中全会，会议明确了把党的工作重心转移到社会主义现代化建设；要集中精力把农业搞上去，要提高广大劳动人民的生产积极性，从而"提高全国人民的生活水平"；同意将《中共中央关于加快农业发展若干问题的决定（草案）》下发至各省、市、自治区讨论试行。同时，我国开始了"真理大讨论"的思想大讨论，经济学界一些专家围绕正确认识政治经济学开始了大讨论，如吴敬琏、萧灼基提出了按

---

① 依据《中国统计年鉴（1984）》，中国统计出版社 1984 年版，第 27 页数据计算。

劳分配的观点；卫兴华、孙冶方等人提出了政治和经济的关系以及价值规律需要重新认识的问题；董辅礽认为人民公社效率低下，需要进行土地经营方式的改革。

土地资源的重要生产作用在"文革"期间没有很好地发挥，而历史性的事件是 1978 年 11 月安徽凤阳小岗村瞒上不瞒下的"分田到户"，并获得大丰收。1980 年 5 月，邓小平同志公开肯定小岗村"大包干"做法；1982 年 1 月的《全国农村工作会议纪要》明确了"包产到户、包干到户"是社会主义集体经济的生产责任制。

在施行家庭联产承包责任制的同时，国家没有改变对于供养五保户的集体福利性质。民政部于 1981 年 10 月下发《关于检查对五保户生活安排情况的通知》，以加强对于贫困人群的供给救济工作。1982 年，民政部等部门联合下发的《关于认真做好扶助农村贫困户的通知》进一步强化针对贫困人群的扶助救济是完善农村生产责任制的一部分，是社会主义优越性的具体体现。1984 年 9 月，党中央、国务院下发《关于帮助贫困地区尽快改变面貌的通知》，通过减轻负担、放宽政策、增加智力投入等手段解决农村贫困人口的温饱问题。

3. 通过改革，贫困大规模的减少

家庭联产责任制的实施，使土地所有权与经营权得到了分离，激发了广大农民生产的积极性，解放了生产力，在较短的时间内有效地解决了农村的温饱问题。1978—1985 年全国粮食总产量见图 3.1。

全国粮食总产量从 1978 年的 30477 万吨增长到 1985 年的 37911 万吨，年均增长率为 3.48%，其中 1979 年、1982 年、1983 年的增长率分别为 8.23%、8.32%、8.46%；人均粮食也从 1978 年的 316.6 公斤增长到 1985 年的 358.2 公斤。1985 年粮食总产量较 1984 年减少 7.44%，是由于从 1980 年开始，全国的耕地面积每年减少 1000 多万亩，前几年粮食丰产致使部分人认为粮食过剩，使一部分农民认为种粮没有前途，生产参积极性降低等多方面原因。

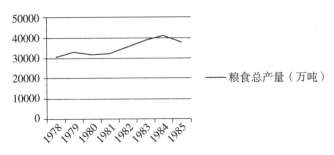

图 3.1　1978—1985 年全国粮食总产量

数据来源：国家统计局编，《中国统计年鉴（1993）》，

1993 年版；《中国统计年鉴（1996）》，1996 年版；中国统

计出版社。

这一时期粮食总产量的逐年增加，得益于农村政策的全面调整，实施了家庭联产承包责任制为核心的农村改革，同时采取了提高农产品价格、缩小农产品统购派购范围、开放城乡农贸市场以及鼓励农村多种经营的具体举措。通过一系列政策的施行、自上而下的经济体制改革，提高了广大农民的收入水平，在全国较大范围内解放了巨大的生产力，解决了很大一部分农民的温饱问题。同时，一些生产能力丧失的或因特殊原因陷入贫困状态的人群，主要依靠民政部门予以适当的生活救济。

通过经济体制改革以及相关扶贫政策的制定实施，按照 1978—1985 年的农村贫困标准，农村的贫困人口数量从 1978 年的 2.5 亿下降到 1985 年的 1.25 亿，农村贫困发生率从 30.7% 下降到 14.8%；农村居民的人均纯收入从 133.57 元增长到 397.6 元，年均增长率为 28.24%；使 1.25 亿贫困人口摆脱贫困。

3.2　有计划的扶贫开发

在 1986 年，我国成立了专门的反贫困机构，组织实施帮助贫困地区、贫困人群、贫困户摆脱贫困的工作。自此之后，结合不同时期的实际情况，制定并实施了有针对性的扶贫开发战略。

3.2.1　实施开发式扶贫策略（1986—1993 年）

1. 贫困特点

经过前期经济的发展，以及扶贫工作的开展落实，农民的生活有了明显的改善，但是各地区之间发展不平衡，一些少数民族地区、革命老区、边远山区以及水库移民区社会发展缓慢，生产条件差，部分人民的温饱问题没有得到解决。农民的收入水平增长速度下降比较厉害，与此相对应的是，城镇收入有了较大的提高，城乡收入差距较大。

表 3-1　　**1986—1992 年农民人均纯收入与城镇职工平均工资一览表**

年份	农民人均纯收入（元）	职工人均工资（元）	差距（元）	职工人均工资/农村人均纯收入
1986	423.76	1329	905.24	3.136
1987	462.55	1459	996.45	3.154
1988	544.94	1747	1202.06	3.206
1989	601.51	1935	1333.49	3.217
1990	686.31	2140	1453.69	3.118
1991	708.55	2340	1631.45	3.303
1992	783.99	2711	1927.01	3.458

数据来源：（1）农民人均纯收入来源于国家统计局编，《中国统计年鉴（1991）》，第 295 页；《中国统计年鉴（1993）》，中国统计出版社，第 312 页；（2）职工人均工资来源于国家统计局编，《中国统计年鉴（1994）》，中国统计出版社，1994 年版，第 121 页。

从表 3-1 可以看出，整体上来讲，我国农民的收入从 1986 年的 423.76

元增长到 1992 年的 783.99 元，年均增长 14.17%，扣除物价等因素之外，实际的增长率只有 1.8%；城镇职工人均工资从 1986 年的 1329 元增长到 1992 年的 2711 元，年均增长率为 17.33%，扣除物价等因素之外，实际的增长率为 3.6%；城镇职工的人均纯收入一直是农民人均纯收入的 3.1 倍以上。而 1978—1985 年人均纯收入的增长率为 12.2%，与纵向的农村经济发展相比较，该阶段农村经济的发展速度是非常缓慢的。我国于 1986 年制定的贫困线是 206 元，当时据有关机构统计，大约 1.02 亿人口收入在 200 元以下，占全国人口的 12.2%，大约 3643 万人的收入在 150 元以下，占人口的 4.36%，而整体人均纯收入较低，可知我国在农民整体生活水平不高的情况下，贫困问题是当时的一个较为严重的社会问题。

2. 中央到地方陆续成立专门的反贫困机构，实施扶贫开发策略

为了适应扶贫工作的需要，1986 年 5 月 16 日我国成立了国务院贫困地区经济开发领导小组，组成部门有原国家计委、民政部、原农业部、中国人民银行等。这一机构的成立标志着我国的反贫困工作由以往的道义援助转向制度性扶贫，也意味着扶贫由救济性转向开发式。各省、自治区、市县及相关部门陆续成立了专门的扶贫机构。1990 年 2 月，成立了全国贫困地区干部培训中心。1993 年 12 月 8 日国务院贫困地区经济开发领导小组更名为国务院扶贫开发领导小组，并沿用至今。机构成立是为了制定更加有效的扶贫开发方针、政策和规划等，也为了更好地协调参与扶贫开发的各个部门的关系，监督政策的落实。

针对农村的扶贫工作，在具体的实践过程中，主要体现在两个方面：一方面是针对五保户等特殊人群的救济式扶贫，民政部为主要负责部门；另一方面是贫困地区、贫困县依据其自身资源优势、贫困状况实施有效的开发式扶贫策略，从而提高其自身的内生动力与经济活力，从根本上解决该地区的贫困问题，由"输血式"变为"造血式"。该种扶贫策略的实施主要依托国务院贫困地区经济开发领导小组协调整合各种资源进行。

在此期间，国家第一次开始有组织、有计划地实施农村区域瞄准的扶

贫开发工作。在 1982 年确定的 28 个国家重点扶持贫困县基础上，1986 年又确定了 273 个，1988 年，国务院又确定了 28 个国家重点扶持贫困县，到 1993 年全国有 592 个国家级贫困县。各省、自治区也依据自身实际情况认定了一些省级贫困县。当时国家级贫困县确定的标准主要是：农村的人均纯收入低于 150 元；少数民族县、革命老区县或牧区县的认定标准为 200 元；而其中对于革命贡献特别大的可以将此标准放宽到 300 元，如井冈山、延安等地。当时国家级贫困县的认定除了考虑经济因素之外，其他因素如政治因素也是较为重要的因素。针对这些区域，国家级贫困县主要由国家拨付资金或予以政策利好助其脱贫，省级贫困县则由省里解决。当时主要的投资计划有：一是以中国农业银行为主的贴息贷款计划；二是以发改委为主实施的以工代赈计划，即贫困地区提供劳动力参与政府的一些工程项目，政府给予其食物或者劳务费用；三是以财政部为主的拨付财政发展资金用于基础设施的建设等。在此基础上，国家还要求地方配套相应的资金助力扶贫开发，由不同的部门负责不同的扶贫活动。1989 年以后国家支持发展劳动密集型产业，鼓励贫困地区的贫困人口参与此中，并减少了对地区间农民迁徙的限制，对于随后的减贫工作有正向的助推作用。

其间，以区域瞄准为主实施扶贫开发，整体效果较好，同时也存在如下问题：一是在开发范围之内，存在扶贫资金挪用现象，或者地域开发以基础设施为主而对于贫困人群扶持不准确，致使扶贫资金到贫困户的数量有限。二是不在这些贫困区域的贫困人口没有覆盖在内，无法享受到政策与资金扶持的利好。三是国家宏观的经济政策是优先发展沿海地区，对于农业投资的减少也不利于扶贫工作的开展。四是 1988—1989 年的通货膨胀和政治风波等因素导致 1989 年贫困人口从 1988 年的 9600 万人增加到 10200 万人①。

---

① 董辅礽. 中华人民共和国经济史（下册）[M]. 北京：经济科学出版社，1999：296，307，308. 国家统计局住户调查办公室. 2011 中国农村贫困监测报告 [M]. 北京：中国统计出版社，2011.

3. 扶贫成效

通过这一时期自上而下的有计划的开发式扶贫，贫困人口数量基本呈递减趋势下降，从 1986 年的 13100 万人减少到 1993 年的 8000 万；贫困发生率从 1986 年的 15.5% 下降到 1993 年的 8.8%①。从数量上看，5100 万人口脱贫，减贫的成效是较为显著的。

3.2.2 实施《国家八七扶贫攻坚计划》(1994—2000 年)

1. 贫困特点

在前时期实施了有计划的大规模的开发式扶贫之后，我国贫困人群主要集中于革命老区、少数民族自治区、陆地的边境县、欠发达县以及自然条件恶劣的西部地区。这些地区群众生活较为困难，受制于产业结构单一和基础设施落后，经济社会发展水平远远低于我国的东部地区，也低于全国的平均发展水平。如 1988 年西部地区贫困人口数量不到全国的一半，至1996 年，贫困人口数量占全国的 2/3，该现象一直持续到 21 世纪初。592个国家级贫困县，其中西部地区有 366 个，占全国的 62%。

2. 多维度发力实施《国家八七扶贫攻坚计划》

1994 年 3 月，国务院制定和颁布《国家八七扶贫攻坚计划》，决定自1994 年起，用 7 年的时间，集中人力、物力、财力及社会各方面的力量解决农村 8000 万贫困人口的温饱问题，实现邓小平提出的"社会主义要消灭贫穷"。为实现这一目标，国家又设定了一系列具体的目标，如：绝大部分贫困户人均纯收入达到 500 元以上、户均一项养殖业或其他副业、户均一亩林果园或一亩经济作物等；并制定了一系列有针对性的措施，如帮

---

① 国家统计局住户调查办公室. 2012 中国农村贫困监测报告 [M]. 北京：中国统计出版社，2012.

助贫困人群进行土地改良、大多数乡镇通路通电、普及义务教育、加强扶贫资金管理等。

（1）制定配套政策，出台一系列文件建立城乡统一的劳动力市场。

1994—2000 年，中共中央办公厅、国务院办公厅先后下发《关于加强流动人口管理的规定》《关于小城镇户籍管理制度改革试点方案》《关于进一步做好组织民工有序流动工作的意见》《关于切实做好国有企业下岗职工基本生活保障和再就业工作的通知》《关于做好灾区农村劳动力就地安置和组织民工有序流动工作意见的通知》《关于农业和农村工作若干重大问题决定》；劳动部先后下发了《关于促进劳动力市场发育，完善就业服务体系建设的实施计划》《关于农村劳动力就业的暂行规定》《关于做好农村富余劳动力流动就业的意见》等一系列文件，尽管地方政府在执行过程中，有采取不利于农民工流动的情况，但是总体上是在规范有序的基础上，鼓励农村劳动力流动，使农村劳动力的转移进入高峰期。2000 年 7 月，劳动部和国务院研究发展中心联合下发的《关于进一步开展农村劳动力开发就业试点工作的通知》，标志着对农民进城务工的不合理限制取消。

城乡之间劳动力的逐步有序流动，对于增强贫困地区增长内生动力，贫困人群收入水平的提高，进而摆脱贫困，有着直接且显著的作用。

（2）加强东西协作助力扶贫。

据国家统计局 2000 年统计，1996—1999 年，东部地区的 13 个地区的政府和社会力量累计向西部地区捐款捐物 10 亿多元，签订各种合作协议 2600 多个，投资金额达 40 多亿元，带动贫困地区输出劳动力 25 万人，有效地解决一部分贫困人群的温饱问题。

（3）深化其他扶贫政策和措施。

对于以前长期实施的政策措施，进一步深化完善，使其发挥更好的作用。如进一步促进乡镇企业发展，促进劳动力就业；逐步完善了扶贫资金的投向和分配政策，确定了"资金到省、权利到省、任务到省、责任到省"的原则，七年间中央政府累计投入 1240 亿元用于扶贫开发，相当于当时年度财政支出的 5%~7%；在监督监测的基础上，充分发挥党政机关、民间力量与国家扶贫组织的力量。

3. 脱贫成效

至 2000 年，以 1978 年的贫困标准，农村贫困人口从 1994 年的 7000 万减少到 3209 万，贫困发生率从 7.7% 减少到 3.5%；贫困人群占农村总人口数量的比重从 30.7% 降到 8.7%①；国家级贫困县在农业生产以及农民人均纯收入方面的增长超过了全国平均水平；贫困地区的生活、生产条件得到了较大改善，贫困状况有了进一步较大程度的缓解。

3.2.3 实施《中国农村扶贫开发纲要》（2001—2011 年）

1. 贫困特点

这一时期，虽然政府把较多的扶贫资源投向了西部地区，但贫困人口在分布上依然是西部地区较中东部地区更为集中。在《纲要》实施之初，山区和丘陵地区的贫困人口占农村贫困人口的 49% 和 20%。贫困人口显现出低龄老龄化、家庭人口规模大、劳动力素质差、文盲率高；就业上表现为主要从事农业生产，外出就业机会偏低。虽然我国一直对贫困地区的基础设施、公共实施重点进行了修建完善，但是整体水平与全国平均水平有着一定的差距；另外一个特点是短期贫困人数比例高，呈现脱贫易、返贫快的特点。

2. 政策与措施

进入 21 世纪，我国面对的一个主要问题是收入差距日益扩大、城乡之间的差距、农村内部分化严重等问题。另外，贫困不仅仅是收入贫困，还有相对贫困等问题，这成为我国经济社会发展的新的挑战。在这样的宏观

---

① 国家统计局住户调查办公室 . 2016 中国农村贫困监测报告［M］. 北京：中国统计出版社，2016：182.

背景下，为了更好地解决我国的贫困问题，巩固前一阶段的温饱成果，进一步加强贫困地区的基础设施建设，为达到小康水平创造条件，2001 年 6 月 13 日，国务院印发了《中国农村扶贫开发纲要（2001—2010 年）》。

（1）推出整村推进扶贫战略。

《纲要》明确指出，扶贫的对象仍然是贫困人口，扶贫开发的重点仍是老、少、边、穷地区，推出了扶贫开发以"贫困村"为基本单位进行的新理念，新思路，改变了以往一直以贫困县为对象的扶贫模式。对于扶贫资金的适用范围瞄准更加具体，对于农村基础设施建设和贫困人群生活条件的改善更具针对性，对于各级政府扶贫工作的实施对象更为明确。

随后，运用亚洲开发银行专家的参与式贫困指数（主要包括生活状况、生活生产条件、卫生教育状况这三个维度的 8 项指标）进行了贫困村的确定工作，截至 2002 年，共确定了贫困村 148051 个，详见表 3-2。

表 3-2　　　**2002 年我国贫困村在各地区的分布及占比情况一览表**

地　区	行政村（个）	贫困村（个）	贫困村占全国贫困村的比例（%）	贫困村占本省行政村的比例（%）
贵　州	26007	13973	9.43	53.73
云　南	13374	11344	7.66	84.82
陕　西	32561	10700	7.22	32.86
山　西	32363	10510	7.10	32.48
河　南	48275	10449	7.05	21.64
四　川	55970	10000	6.75	17.87
甘　肃	17750	8790	5.93	49.52
湖　北	33341	7519	5.08	22.55
河　北	50214	7102	4.79	14.14
湖　南	48576	5472	3.69	11.26

续表

地　区	行政村（个）	贫困村（个）	贫困村占全国贫困村的比例（%）	贫困村占本省行政村的比例（%）
安　徽	31031	5000	3.38	16.11
江　西	20899	5000	3.38	23.92
内蒙古	14153	5000	3.38	35.33
山　东	88619	4576	3.09	5.16
广　东	23618	4086	2.76	17.30
广　西	14962	4060	2.74	27.14
吉　林	10366	3800	2.57	36.66
新　疆	8927	3606	2.43	40.39
重　庆	21728	3270	2.21	15.05
黑龙江	14918	3052	2.06	20.46
浙　江	44463	2982	2.01	6.71
青　海	4109	2453	1.66	59.70
辽　宁	16297	2330	1.57	14.30
宁　夏	2633	1105	0.75	41.97
江　苏	37231	1025	0.69	2.75
海　南	2655	720	0.49	27.12
福　建	15087	207	0.14	1.37
西　藏	7198	0	0.00	0.00
北　京	4156	0	0.00	0.00
天　津	3872	0	0.00	0.00
上　海	2967	0	0.00	0.00
全　国	748320	148131	100.00	19.80

数据来源：汪三贵. 整村推进的实施方式和扶贫效果评估报告. ［R］//刘坚. 新阶段扶贫开发的成就与挑战——《中国农村扶贫开发纲要（2001—2010 年）》中期评估报告. 北京：中国财政经济出版社，2006：114-115.

从表3-2可以看出，贫困村数量10000个以上（含10000）的有6个地区，分别是贵州、云南、陕西、山西、河南、四川，该6个地区贫困村占全国贫困村的比例也是较高的，分别为9.43%、7.66%、7.22%、7.1%、7.05%和6.75%；贫困村数量在1000个以下的有5个地区，其中海南和福建分别为720个和207个，北京、上海、天津这3个地区没有贫困村。

贫困村占本地区行政村的比例超过全国平均值的有18个地区，超过40%的有7个地区，分别是：云南、青海、贵州、甘肃、宁夏、新疆、吉林；而云南、青海、贵州3个地区超过了50%，分别为84.82%、59.7%和53.73%。

针对148131个贫困村，在确定后的一段时间内分别制定了村级的扶贫规划，在扶贫具体措施实施上，发生的变化在于贫困户选择参与哪种脱贫方式有了一定的自主权，改变了以前以上级为主导的局面。

（2）农村社会保障制度和惠农政策。

从表3-3可以看出，自1994年民政部开始实施的农村最低生活保障制度以来，其整体进展比较缓慢，至2004年，农村最低生活保障只涵盖我国8个地区，至2007年才覆盖到我国全部省市、自治区。

表3-3　　　　**2004—2010年我国农村最低生活保障覆盖地区情况**

年份	2004	2005	2006	2007	2008	2009	2010
覆盖地区数量	8	13	23	31	31	31	31

从图3.2中可以看出，截至2001年年底，我国农村享受低保的人数有304.6万；2002—2003年农村低保人数有所下降，下降将近10%。随着农村最低生活保障制度在全国各地区的陆续实施，2003—2007年，农村最低生活保障人数呈快速增长趋势，年增长率分别为：32.9%、69.1%、93.1%和123.9%；至2007年享受最低生活保障的农村人口已达3566.3万人。2008—2010年，我国低保人口的数量仍呈增长趋势，年增长率分别为20.7%、10.6%和9.5%。一定程度上说明，最低生活保障制度自2007年

在全国实现全覆盖以来，各地区较大程度上将符合政策要求的贫困人口纳入其中，予以救助帮扶。

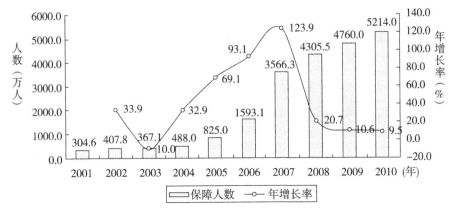

图 3.2　2001—2010 年我国农村最低生活保障情况

来源：民政部门户网站

同时，中央陆续实施了一系列惠农政策。2001 年 3 月 24 日，国务院印发了《关于进一步做好农村税费改革试点工作的通知》，主要内容包括"四个取消""两个调整"和"一项改革"，各地区有选择地进行试点。2005 年 7 月，国务院又印发了《关于 2005 年深化农村税费改革试点工作的通知》。2006 年 1 月 1 日起我国废止《农业税条例》。

在此基础上，实施了对粮食直补、良种补贴、农机补贴等政策，体现了工业反哺农业、对农业"多予少取"的政策方针。

（3）加大政府扶贫资金的投入，拓展其他扶贫资金的来源。

从表 3-4 可以看出，2002—2010 年，中央、地方以及其他扶贫资金的总额从 250.2 亿元增长到 606.2 亿元，10 年间累计投入 3109.3 亿元。中央财政扶贫资金呈上升趋势，中央扶贫贴息贷款的数额呈下降趋势；以工代赈金额变化不大；中央退耕还林补助呈上升趋势；其他资金明显呈上升趋势，从 2002 年的 17.6 亿元增长到 2010 年的 141.0 亿元。

表 3-4   **2002—2010 年重点县得到的扶贫资金（亿元）**

年份	中央扶贫贴息贷款	中央财政扶贫资金	以工代赈	中央退耕还林工程补助	省财政安排扶贫资金	利用外资	其他资金	合计
2002	102.5	35.8	39.9	22.6	9.9	17.6	22	250.2
2003	87.5	39.6	41.8	37.4	10.4	31.5	29.4	277
2004	79.2	45.9	47.5	45.2	11.6	34.5	28	292
2005	58.4	47.9	43.3	44	9.9	29	31.8	264
2006	55.6	54	38.5	46.1	10.8	30.9	42.5	279.2
2007	70.5	60.3	35.4	63.2	14.2	19.1	54	316.8
2008	84	78.5	39.3	51.5	18.9	14.1	81.4	367.2
2009	108.7	99.5	39.3	64.2	23.4	21.3	100.2	456.7
2010	116.1	119.9	40.4	52.1	25.4	20.1	141	606.2

数据来源：2003—2011 年中国农村贫困监测报告。

（4）贫困标准的逐渐提高。

我国的绝对贫困线 1978 年为 206 元，随后逐渐提高，但是提高的幅度一直不大，至 2000 年为 625 元。从 2000 年起，同时设立了低收入线，为 865 元；2001 年的绝对贫困线为 630 元，低收入线为 872 元，随后仍是有小幅提升，至 2006 年，绝对贫困线和低收入线分别为 693 元和 958 元，年均提高率分别为 2% 和 1.97%。基于与国际抑或其他同等发展水平的国家相比，贫困标准偏低，该标准一直受国内外学术界的批评。2008 年，我国又提高了贫困标准。自 2009 年起不再设绝对贫困线，只设立低收入线。绝对贫困线的取消，对于我国扶贫开发是有力的助推，有利于更多的贫困人口享受到国家及社会的救扶。

3. 脱贫成效

从图 3.3 可以看出，依据 1978 年的贫困标准，我国的贫困人口从

2001 年的 2927 万人减少到 2007 年的 1479 万人，减少了 1448 万人，年均减少率为 8.24%；贫困发生率从 3.2% 降低到 1.6%。依据 2008 年的标准，从图 3.4 可知，我国的贫困人口从 2001 年的 9029 万减少到 2010 年的 2688 万，减少了 6341 万人，年均减少率为 7.80%；贫困发生率从 9.8% 降低到 2.8%。无论是用 1978 年的标准，还是 2008 年的标准，可以看出，我国的扶贫开发工作的成绩是显著的，贫困人口数量和贫困发生率均有较大的下降。

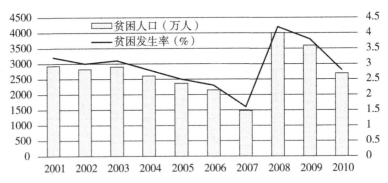

图 3.3　2001—2010 年我国贫困人口及贫困发生率（1978 年标准）

数据来源：2003—2011 年中国农村贫困监测报告

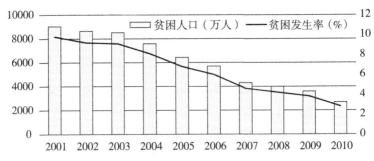

图 3.4　2001—2010 年我国贫困人口及贫困发生率（2008 年标准）

数据来源：2003—2011 年中国农村贫困监测报告

3.3　现阶段贫困状况分析（2012—2016 年）

　　针对缺乏机会、不缺能力，缺乏资金、不缺资源，缺乏技术、不缺劳动力等因客观制约而致贫的人群，通过前期大面积的区域性的扶贫开发，以刺激地区经济增长的地方的路径得到了很好的解决。进入 2012 年以来，我国的贫困对象主要是脱贫较难、返贫较易的依靠常规扶贫手段无法解决其贫困问题的人群。依照 2010 年的贫困标准，我国仍有 9899 万人处于贫困状态，总体特点是贫困人数众多，但呈碎片化散落在广袤的中国大地的角角落落，传统的扶贫手段被习近平总书记称为"手榴弹炸跳蚤"，事倍功半。

　　基于此，习近平总书记提出了精准扶贫的战略思想，并自上而下强力推进。

3.3.1　精准扶贫战略的制定与实施

1. 外部环境和我国的经济状况要求转变扶贫工作的理念

　　十八大以来，我国的经济状况发生了很大的变化。处于新常态下的经济的增长从以前的高速增长（2002—2011 年除了 2002 年、2008 年、2009 年、2011 年，每一年的增长率均为 10%以上）转变为中低速增长（2012—2016 年分别为 7.8%、7.7%、7.4%、6.9%、6.7%）。经济的结构调整时不我待、刻不容缓，需求结构、城乡结构、产业结构、区域结构需要进行主动、有力的调整，而调整的背后直接影响是就业问题，劳动力的培训升级再就业问题，以及因调整阵痛引起的贫困或返贫问题。自 2008 年世界经济危机爆发以来，我国施行的"一揽子"的刺激计划，对当时的经济保持平稳较快发展起到了很大的支撑作用，但是随着时间的推移，投资依赖症造成产能过剩、新的局部过热、通货膨胀等后遗症也逐渐显现出来。

　　针对国家提出的供给侧结构性改革、"一带一路"倡议、"长江经济带"战略等,需要一定时间落地生根,取得实效,发挥功效,提振经济持续较快增长,扶贫开发面临新课题。

2. 逐级逐层坚决落实精准扶贫战略部署

(1)制定精准扶贫顶层设计。依据国情,为更好地应对新变化,针对前期大规模区域性"大水漫灌"式扶贫开发中存在的资金监管不到位,扶贫资金被挪用、挤用甚至贪污等问题,习近平总书记通过调研审时度势,敏锐地指出病症关键所在,提出了精准扶贫战略,构建了理论体系、制度体系、政策体系、责任体系、工作体系、社会动员体系等,充分落实"中央统筹、省负总责、地方抓落实"的管理体制。中央各部门出台了一系列的制度措施,第二章已经做过阐述,不再赘述。

(2)各级政府制定配套措施,全面落实中央部署。依据中央部署,各地各级政府认真贯彻落实精准扶贫战略,以河南省为例,依据《中国农村扶贫开发纲要(2011—2020年)》《关于加大脱贫攻坚力度支持革命老区开发建设的指导意见》《省级党委和政府扶贫开发工作成效考核办法》《关于创新机制扎实推进农村扶贫开发工作的意见》等文件为遵循。据不完全统计,截至2017年7月其先后下发省级部门规范性文件有《2012年河南省扶贫到户小额贷款发放、贴息工作实施意见》《河南省扶贫办2014年工作要点》《河南省2014年度扶贫开发整村推进项目投资指南》《河南省2014年产业扶贫贷款贴息项目指南》《河南省扶贫办2015年工作要点》《河南省财政专项扶贫资金绩效考评办法(试行)》《河南省扶贫开发领导小组关于下达2016年度第二批中央财政专项扶贫资金(发展资金)计划的通知》《河南省扶贫资金管理办法》《河南省财政专项扶贫资金项目管理费管理办法》《河南省财政专项扶贫资金管理办法》《河南省"十三五"脱贫攻坚规划》《河南省贫困县率先脱贫省级奖励资金办法》等30多个,要求各省辖市、县区遵照执行。

(3)执行标准严格、监督问责严厉、推进力度大。以各级政府为主体,整合社会力量落实精准扶贫部署过程中,从贫困识别、建档立卡、精准帮扶、脱贫核对，各地依据自身实际，制定了相应的程序性很强的工作规范，并尽可能使压力层层传导，责任级级压实，并严格执行。在推进的过程中，通过抽查、"回头看"、"再回头"等专项检查，落实扶贫工作的监督问责机制，针对强占掠夺、优亲厚友、虚报冒领、贪污挪用等腐败情况坚决查处。以 2016 年为例，仅中纪委通过滚动式重点督办，发现涉及扶贫领域的问题线索共计 110 多件，网站两次通报的给予党政纪处分的有 70 多人，为脱贫工作提供坚强的纪律保障。

（4）精准扶贫作为一项政治工程和民生工程。例如，2015 年，31 个省、市、直辖市的党委主要负责人均带头学习习近平总书记关于扶贫工作的系列讲话精神，并均在公开场合做出表态及部署安排，将其作为"一把手"工程。按照"四个切实""六个精准""五个一批"的要求，通过有力的措施和有效的行动，全力推进精准扶贫工作，虽然局部存在一些问题，但是整体进展效果良好。

3.3.2 脱贫状况

1. 整体脱贫情况

以精准为核心，以脱贫为目标，经过各级政府及相关社会力量的共同努力，我国在反贫困工作中取得了重大进展。

从图 3.5 可以看出，以 2010 年价格水平，测算制定的 2300 元贫困标准，贫困人口从 2012 年的 9899 万人降到 2016 年的 4335 万人，贫困发生率从 10.2%降到 4.5%，平均每年减贫 1391 万人，累计减贫 5564 万人。

2. 东中西地区脱贫情况

从图 3.6 可以看出，2012 年东部农村贫困人口数量为 1367 万，2016 年为 490 万，数量上减少 877 万，减贫幅度为 64.2%；2012 年中部农村贫困人口数量为 3446 万，2016 年为 1594 万，数量上减少 1852 万，减贫幅度为 53.7%；2012 年西部农村贫困人口数量为 5086 万，2016 年为 2251 万，数量上减少 2835 万, 减贫幅度为 55.7%。东、中、西三个地区贫困人口减少幅度均高于 50%。

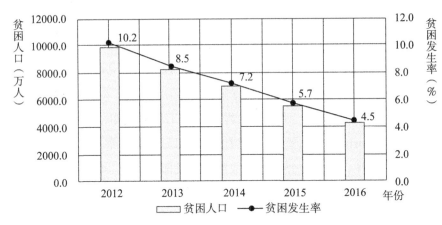

图 3.5   2012—2016 年我国农村贫困人口变化趋势

数据来源：国家统计局网站资料。

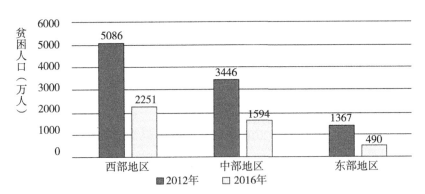

图 3.6   2012 年和 2016 年东部、中部、西部地区农村贫困状况比较①

数据来源：国家统计局网站资料。

---

① 东部地区：北京、天津、河北、辽宁、上海、江苏、浙江、福建、山东、广东、海南；中部地区：山西、吉林、黑龙江、安徽、江西、河南、湖北、湖南；西部地区：内蒙古、广西、重庆、四川、贵州、云南、西藏、陕西、甘肃、青海、宁夏、新疆。

3. 各省、自治区、直辖市脱贫情况

在此期间，各地依据中央部署安排，纷纷出台相关政策，精准发力，取得了显著成效，详见表 3-5。

表 3-5　　　**2012—2016 年我国各地贫困人口规模及贫困发生率**

地区	2012 年		2013 年		2014 年		2015 年		2016 年	
	贫困人口（万人）	贫困发生率（%）	贫困人口（万人）	贫困发生率（%）	贫困人口（万人）	贫困发生率（%）	贫困人口（万人）	贫困发生率（%）	贫困人口（万人）	贫困发生率（%）
全国	9899	10.2	8249	8.5	7017	7.2	5575	5.7	4335	4.5
上海	0	0	0	0	0	0	—	—	—	—
北京	1	0.2	0	0	0	0	—	—	—	—
天津	1	0.2	0	0	0	0	—	—	—	—
宁夏	60	14.2	51	12.5	45	10.8	37	8.9	30	7.1
海南	65	11.4	60	10.3	50	8.5	41	6.9	32	5.5
青海	82	21.6	63	16.4	52	13.4	42	10.9	31	8.1
浙江	83	2.2	72	1.9	45	1.1	—	—	—	—
西藏	85	35.2	72	28.8	61	23.7	48	18.6	34	13.2
福建	87	3.2	73	2.6	50	1.8	36	1.3	23	0.8
吉林	103	7	89	5.9	81	5.4	69	4.6	57	3.8
江苏	106	2.1	95	2	61	1.3	—	—	—	—
广东	128	1.9	115	1.7	82	1.2	47	0.7	—	—
黑龙江	130	6.9	111	5.9	96	5.1	86	4.6	69	3.7
内蒙古	139	10.6	114	8.5	98	7.3	76	5.6	53	3.9
辽宁	146	6.3	126	5.4	117	5.1	86	3.8	59	2.6
重庆	162	6.8	139	6	119	5.3	88	3.9	45	2
新疆	273	25.4	222	19.8	212	18.6	180	15.8	147	12.8
山东	313	4.4	264	3.7	231	3.2	172	2.4	140	1.9
山西	359	15	299	12.4	269	11.1	223	9.2	186	7.7

续表

地区	2012 年		2013 年		2014 年		2015 年		2016 年	
	贫困人口（万人）	贫困发生率（%）	贫困人口（万人）	贫困发生率（%）	贫困人口（万人）	贫困发生率（%）	贫困人口（万人）	贫困发生率（%）	贫困人口（万人）	贫困发生率（%）
江西	385	11.1	328	9.2	276	7.7	208	5.8	155	4.3
湖北	395	9.8	323	8	271	6.6	216	5.3	176	4.3
河北	437	7.8	366	6.5	320	5.6	241	4.3	188	3.3
陕西	483	17.5	410	15.1	350	13	288	10.7	226	8.4
安徽	543	10.1	440	8.2	371	6.9	309	5.8	237	4.4
甘肃	596	28.5	496	23.8	417	20.1	325	15.7	262	12.6
四川	724	10.3	602	8.6	509	7.3	400	5.7	306	4.4
广西	755	18	634	14.9	540	12.6	452	10.5	341	7.9
河南	764	9.4	639	7.9	565	7	463	5.8	371	4.6
湖南	767	13.5	640	11.2	532	9.3	434	7.6	343	6
云南	804	21.7	661	17.8	574	15.5	471	12.7	373	10.1
贵州	923	26.8	745	21.3	623	18	507	14.7	402	11.6

数据来源：2013—2017 年中国农村贫困监测报告。

通过表 3-5 可以看出，上海地区贫困人数为 0；北京、天津地区 2012 年贫困人口数量均为 1 万人，到 2013 年，这两个地区贫困人口全部脱贫，且至 2016 年，均无返贫现象发生；浙江与江苏两地至 2015 年，贫困人口全部脱贫；2016 年，广东也全部脱贫。在此期间，甘肃、贵州、青海、新疆、云南、广西这 6 个地区贫困发生率均降低 10 个百分点以上，分别下降 15.9%、15.2%、13.5%、12.6%、11.6%、10.1%。从脱贫数量上来讲，脱贫 300 万以上的 6 个地区是：贵州、云南、湖南、四川、广西、河南、甘肃和安徽，脱贫数量分别为：521 万、431 万、424 万、418 万、414 万、393 万、334 万和 306 万。

3.3.3　我国农村 2016 年底静态贫困状况

上文以时间为序列，纵向分析阐述了我国不同历史时期的贫困状况及扶贫政策、扶贫效果等，本部分主要以静态的时间点为截面，总结分析我国 2016 年底、2017 年初的贫困状况。下面就整体贫困人群的分布情况、连片特困地区的贫困状况做如下分析。

1. 群体分布

本部分从性别、受教育程度和年龄对贫困的发生率做相关统计分析，该部分数据来源于国家统计局对于住户收支与生活状况调查。

（1）性别。经调查统计，2015 年农村女性群体和男性群体贫困发生率均为 5.7%，在性别上没有明显的差异；2016 年二者也没有明显差异。

（2）教育状况。基于户主在一个家庭中的地位与作用比较大，仅对户主的教育情况做统计分析。户主为文盲的贫困发生率为 9.9%，户主为小学的贫困发生率为 6.7%，户主为初中的贫困发生率为 3.5%，户主为高中或高中以上学历的贫困发生率为 2.1%，如图 3.7 所示，可知户主的学历的高低与贫困发生率高低在一定程度上呈反比。

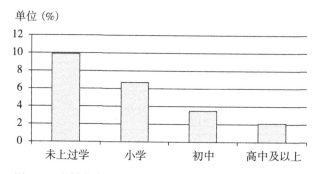

图 3.7　农村家庭户主受教育程度的对应群体贫困发生率

数据来源：2017 年中国农村贫困监测报告。

（3）年龄。从年龄上分析，以 20 岁为一个节点，20 岁以下、21～40 岁、41～60 岁、61～80 岁和 80 岁以上的人群中贫困发生率分别为：5.3%、4.7%、2.9%、5.7% 和 6.4%。本书认为，年龄处于 41～60 岁的人群贫困发生率较低，为 2.9%；80 岁以上劳动能力基本丧失的人群贫困发生率较高，为 6.4%；其他各个年龄段的人群贫困发生率总体上差别不大。

2. 连片特困地区的贫困情况

（1）连片特困地区的基本情况。《中国农村扶贫开发纲要（2011—2020 年）》将我国的六盘山区、秦巴山区、乌蒙山区、武陵山区、滇桂黔石漠化区、大兴安岭南麓山区、滇西边境山区、燕山—太行山区、大别山区、吕梁山区、罗霄山区等区域和之前已经明确的实施特殊扶贫政策的西藏区、南疆三地州、四省藏区这 14 个区域称为连片特困地区。

该 14 个区域涵盖了我国 21 个省、自治区的 680 个县，面积约为 390 万平方千米，占我国行政区划面积的 40% 左右，户籍人口数量为 2.4287 亿人，为全国总人口的 17.7%。

（2）贫困人口数量和分布状况。连片特困地区农村贫困人口数量为 2184 万人，平均贫困发生率为 8.99%。各区域贫困人口数量和贫困发生率见表 3-6。

表 3-6　　　　连片特困地区各区域贫困人口数量和贫困发生率

区域	贫困人口数量 （万人）	贫困发生率 （%）	贫困人口占比 （%）
滇黔桂石漠化区	312	11.9	14.3
武陵山区	285	9.7	13
乌蒙山区	272	13.5	12.3
秦巴山区	256	9.1	11.7
大别山区	252	7.6	11.5
六盘山区	215	12.4	9.8

区域	贫困人口数量 （万人）	贫困发生率 （%）	贫困人口占比 （%）
滇西边境山区	152	12.2	7
燕山—太行山区	99	11	4.5
罗霄山区	73	7.5	3.3
南疆三地州	73	12.7	3.3
四省藏区	68	12.7	3.1
大兴安岭南麓山区	46	8.7	2.1
吕梁山区	47	13.4	2.2
西藏区	34	13.2	1.6
合计	2184	10.5	100

数据来源：2017 年中国农村贫困监测报告。

从表 3-6 可以看出，贫困人口数量超过 250 万的 5 个区域分别是：滇黔桂石漠化区、武陵山区、乌蒙山区、秦巴山区和大别山区；其贫困人口占 14 个区域贫困总人口的比率亦较高，分别是：14.3%、13%、12.3%、11.7% 和 11.5 %，占比合计为 62.8%；其中滇黔桂石漠化区贫困人口最多，为 312 万，贫困发生率为 11.9%；而乌蒙山区贫困发生率位居 14 个区域的第二位，为 9.7%。贫困人口数量较少的 6 个区域分别是：罗霄山区、南疆三地州、四省藏区、大兴安岭南麓山区、吕梁山区、西藏区；该 6 个区域的贫困人数虽少，合计为 341 万，占 14 个区域贫困人数的 15.61%，但其贫困发生率较高，分别为 7.5%、12.7%、12.7%、8.7%、13.4% 和 13.2%。

3.4 扶贫开发的经验与现阶段面临的问题

通过上文对我国扶贫开发历程纵向回顾可知，经过数十年坚持不懈的努力，贫困人口数量逐年实现显著性下降，贫困地区基础设施及贫困个体的生活状况得到了很大的改善。我国的扶贫工作取得了举世瞩目的成绩，在反贫困上形成了许多可借鉴、可复制的宝贵经验与措施，同时扶贫过程中还存在一些问题与不足。

3.4.1 扶贫开发取得的宝贵经验

1. 经济体制改革促进经济大发展是脱贫的关键因素

我国贫困人口大面积地快速减少，主要取决于土地制度的改革、家庭联产承包责任制的实施和市场经济体制的建立。通过一系列的改革解放了农村的生产力，并依靠市场对资源要素进行分配。农村生产力获得发展的同时，农民获得了土地等生产资料，进而对农村生产关系的调整起到了根本性的作用。由此，解决了很大一部分农村贫困人口的温饱问题，使其收入水平有了提高。同时，我国颁布了一系列的政策文件，对于贫困地区施行了有计划的帮扶，各级政府投入了大量的人力、物力、财力，对于贫困人口生产生活条件的改善和收入水平的提高起到了很大的促进作用。

2. 经济的快速发展产生了很好的涓滴效应

中华人民共和国成立前后，国内经济状况急需调整，通过一系列政策措施的实施，我国的经济得到了一定的发展。改革开放以后，经济得到了快速的发展，国内生产总值和人均 GDP 增速很快；地区经济的活力增强，经济结构得到了明显的改善和优化。经济的发展，带动了农村人口向城市的转移，人口转移过程中区域间、城乡间、个体间的财富涓滴效应得到了很好的发挥，使很大一批人先富裕起来，进而形成了先富带动后富的良好局面。

3. 扶贫路径的不断拓展是脱贫的重要举措

中华人民共和国成立初期，扶贫局限于对少数特困人群的临时救济等，随着经济的发展，综合国力的提升，对贫困认识的深化，我国扶贫的具体路径不断得到拓展，从物资财物上的救济，到生产生活基础设施和公共服务的改善,进一步在户籍制度、农民工流动、劳动力转移、东西协作、产业扶贫、政府兜底、异地搬迁、教育扶贫等方面路径拓展,并形成了有效经验。

4. 对扶贫对象的不断聚焦,提高了扶贫的精准度

我国的扶贫是从大水漫灌到精准扶贫的过程,也是从区域到个体不断聚焦的过程。在地域上从东部、中部、西部贫困的锁定,到连片特困地区明确,进而到国家级贫困县、省级贫困县的认定。2001年起,扶贫对象进一步聚焦到贫困村,并制定村级扶贫规划;现阶段,扶贫对象在微观层面进一步聚焦到贫困户、贫困个人,并在因村施策的基础上发展到因户施策、因人施策。

3.4.2 现阶段扶贫面临的主要问题

1. 区域经济发展的不均衡,有些地方贫困程度依然较深

由于地理位置、历史等原因,我国存在区域经济发展不平衡的状况,国家在采取并实施了一系列的宏观、中观的战略部署之后,很大程度上缩减了各区域间经济的不平衡情况。但是具体到各区域的农村地区,县域或乡镇经济发展不平衡的情况表现得更为突出,在客观上减弱了经济发展对贫困的涓滴效应;同时,一个地区财力的强弱对于扶贫开发的进程和效果有着直接的正向影响。另外,各地区间经济发展水平不平衡,其物价水平、消费能力必然存在差异,全国统一的收入贫困线可能对于发达地区来说制定得过低,对于经济落后地区来说又可能过高,从而客观上会造成各地区对贫困个体的识别与测度不准确。

截至2016年,全国尚有4335万贫困人口未能脱贫①,依据国家的目

① 国家统计局住户调查办公室. 中国农村贫困监测报告 2017 [M]. 北京:中国统计出版社,2018:347.

标，要在 2020 年之前完成现行标准下农村贫困人口全部脱贫的任务，时间紧，任务重，其工作量和工作难度相当大。该部分贫困人群地域分布上，所处的生存环境多是生态脆弱、环境恶劣、自然资源匮乏、基础设施薄弱，常规扶贫路径短期内难以奏效；在群体结构上多是因病残缺乏劳动能力、脱贫意识严重不足而内生动力不强、文化素质低、缺乏技能等，进而导致陷入贫困的代际传递怪圈。总体而言，剩余的贫困人口综合贫困程度深，致贫原因复杂，脱贫任务依旧非常艰巨。

2. 基础条件差和生产要素缺乏仍是致贫的基础性因素

农村贫困家庭存在缺乏劳动力、土地、灌溉条件或资金等生产资料的现象。鳏寡孤独者多是缺乏劳动力；或者由于地处偏远，客观环境造成的土地不足或贫瘠；另外，地处山区、高寒等地区的农村贫困人口农田灌溉设施匮乏；劳动力、土地等生产资料的进一步匮乏必然导致低收入的发生，进而会造成其不能很好应对外在环境的变化对自己造成的冲击，形成贫困脆弱性。

3. 灾害、健康冲击的防范缺失是致贫返贫的颠覆性因素

由于外部的不确定性，个体在日常生活中会因为自然灾害（洪涝、雨雪、地震、山体滑坡）造成家庭经济财产的巨大损失或生命、健康的负冲击，或者由于宏观经济的动荡造成失业或者债台高筑等，或者由于意外伤害事故导致劳动能力受损等健康缺失。贫困个体缺乏承受外部环境不确定性造成的负的冲击的能力。对此，社会构筑的防范机制尚不完善。

4. 仅将收入作为贫困认定标准，缺乏对于致贫原因的系统性认知

1985 年之前，主要是将五保户以及基层政府主观认定的生活非常困难的家庭作为救助帮扶的对象；1985 年开始，国家设立了绝对贫困线，将收入的多寡作为识别贫困人口的重要标准。以收入为标准，对于处于贫困线附近的人群的识别来说，在实操层面存在一定的弹性空间，导致会出现人情扶贫、关系扶贫现象。对于基层政府工作人员来讲，依据上级制定的收入标准对贫困户进行认定，由于双方信息的不对称，在收集数据时极易出现家庭收支情况掌握不精准的情况，致使出现贫困户漏报或错报的现象。

贫困的发生有可能是外部环境造成的，更主要的是自身主观原因造成的，比如自身能力的不足致使外在的就业机会抓不住，就业岗位不能适应；或者健康问题导致的家庭医疗费用支出较高，从而消耗了家庭的收入并降低了家庭的基本生活水平，从而导致家庭收入低于贫困线。所以，仅将收入作为认定贫困个体的标准，会导致致贫原因挖掘不够深入，不利于扶贫工作精准的开展。

5. 扶贫路径选设与实施多以增收为导向，扶贫路径急需精准选设

国家在贫困个体的认定上以收入多少作为主要的标准，高于贫困线的个体被认为是脱贫的，低于的是需要给予帮扶和救助的。现阶段，国家、各级政府都在数量上规划了年度脱贫任务，直接导致在扶贫开发过程中，基层政府和帮扶责任人将工作目标锁定在如何短期内有效地提高贫困个体的收入水平，使其高于政府制定的贫困线，从而完成既定的脱贫任务。扶贫的认知局限于此，进而选设的扶贫路径必然要求能够快速发挥提高收入的作用，起到立竿见影的效果。该工作理念层层传导，其效应也必然是国家和社会投入的巨大人力、物力、财力，在短期内解决了贫困人口的收入贫困问题。但是一旦因为收入提高而脱贫，国家和社会不再对其进行帮扶，而这时贫困个体的自身能力没有得到有效的提升，能力贫困问题没有得到根本解决，脱贫者有很大的可能性重新陷入贫困的状态。

针对 2020 年实现现行贫困人口的全部脱贫，各地区有的计划提前 1 年、有的计划提前 2 年完成，虽然做到了自我加压，但是没有科学地安排时间进度，存在冒进、跟风、攀比、蛮干的心理；忽视了贫困存在的客观性和顽固性，扶贫路径的构建与实施缺乏科学性与长效性。另外，许多贫

困地区虽然在实践中形成了许多有研究和推广价值的实践模式，但是仍需结合我国现阶段贫困特点、致贫原因进一步查找不足，发现问题，在测度清晰致贫的主要原因和次要原因的基础上，针对致贫原因构建并实施较为有效的扶贫路径，充分做到精准发力，精准施策，从而起到事半功倍的效果。

所以，扶贫路径选设与实施过程中，不能将贫困个体脱贫的标准仅局限在收入上，还要从加强贫困个体自身人力资本建设上下功夫，通过路径实施过程中的管理培训，提升其内生动力，使其有较强的抵御外部风险和适应社会变化的能力。

6. 扶贫开展社会力量参与不够，需构建大社会扶贫格局

从上文分析可以看出，各级政府是我国的扶贫工作的主要力量，每年人、财、物自上而下的投入是巨大的，成效也是很显著的，但是可以发现社会力量的参与度是不够的。政府在扶贫过程中，必须要作为主体，这是责任担当的具体体现，但是政府在此过程中又必须是有限政府的角色方能有效，主要原因是基层乡镇政府工作人员的数量、能力和资源均有限，所以必须落实先富带动后富的发展理念，发挥社会力量的主观能动性，让社会团体、公益性组织以及社会服务机构参与到扶贫开发中来，构建大社会的扶贫格局，以较大的力度给予贫困个体救助与帮扶，从而形成强大的扶贫合力和凝聚力。

7. 扶贫绩效评估需进一步科学化

从上文分析可以看出，国家组建了庞大的扶贫工作队伍，投入了巨额的资金，在措施上多维发力，并取得了很好的效果。基于扶贫工作开展过程层级多、参与人群类别多、资金投入大，脱贫任务艰巨而紧迫、地方政府工作压力大等特点，不可避免在扶贫过程中存在资金被闲置、挤用、挪用、贪污等现象，在任务落实上存在责任不明晰、作风不扎实、路径不精准等现象，甚至出现数字脱贫、虚假脱贫等现象。所以，要建立科学有效

的防范机制，从体制机制上加强监管；从贫困的精准识别，到扶贫路径的构建实施，进而到贫困个体的生活境况的改善及对于扶贫的满意度，提高贫困个体参与度，建立科学的绩效评估制度。

综上所述，我国在反贫困实践过程中形成了许多很好的经验，但是存在一些问题与不足。本书基于扶贫过程中现存的问题与不足，着力构建多个维度的贫困测度指标体系，在有效识别贫困个体的同时，能够多方位立体地发掘贫困个体的致贫原因；针对致贫原因，构建能够在短期内提高贫困个体收入且能够在长期内提升贫困个体人力资本的扶贫路径，为贫困个体的脱贫提供坚实保障；另外，通过构建扶贫绩效评估指标体系，对前期扶贫工作的开展进行验收与督查。

4　贫困的精准测度：从单维到多维

基于前面章节的分析可知，随着扶贫工作的深入开展，我国贫困状况与前期有了很大的变化，整体贫困状况有很大改善。新的形势下，如何精准识别贫困个体，找出综合的致贫原因，进而对症下药是需要破解的难题。本章在借鉴前人研究的基础上，从贫困标准界定、贫困测度模型的比较、贫困各个维度指标的选定构建贫困精准测度模型，并运用 A 市的相关数据检验构建的测度指标体系的适用性和合理性。

4.1　贫困标准的界定

各国不同时期的贫困标准不一样，理论界对贫困的认识也是不断发展的，总体来说是依据国情、社情和贫困状况等多种因素确定的。随着福利经济学的发展，由早期的考虑雇工的基本生活需求，到才开始考虑到人发展及生活质量改善的多个方面，再到 1990 年《人类发展报告》强调的福祉比金钱重要的人类发展理念，先后对其从不同层面进行了界定。下面就世界银行确定的贫困线、我国的贫困标准以及其他部分国家的贫困标准做比较分析。

4.1.1　世界银行的贫困线

1990 年，世界银行依据当时选取的一组最为贫穷的国家的贫困线，通过 1985 年的购买力平价计算，将其换算为美元，将当时的贫困线设为人日

1.01 美元。1993 年调整为 1.08 美元①。2008 年，世界银行通过大规模收集国际可比性价格数据，依据当时购买力平价数据以及 15 个最为贫困的国家（马拉维、埃塞俄比亚、乌干达、卢旺达、几内亚比绍、莫桑比克、尼日尔、加纳、乍得、冈比亚、塞拉利昂、马里、坦桑尼亚、塔吉克斯坦和尼泊尔）的贫困线的均值，将国际贫困线（即"基本温饱"极端贫困线）调整至人日 1.25 美元；同时，依据其他发展中国家贫困标准的中位数，将"稳定温饱"的高贫困线设定为人日 2 美元。2015 年，世界银行为了应对全球价格的上涨，参照当下最为贫困的国家的通货膨胀均值，依据最新的购买力平价再次上调国际贫困线（即"基本温饱"极端贫困线）至人日 1.9 美元；"稳定温饱"的高贫困线确定在人日 3 美元左右，而此次调整为自 1990 年以来的 25 年间调整幅度最大的一次。

4.1.2　我国的贫困标准

1. 我国贫困标准的计算办法

1985 年我国的贫困标准 206 元是国家统计局在农户基本调查的基础上，依据当时农村收入最低的农户的食品消费清单和食物价格推算出来的。按照"达到人体最低营养需要的最低标准"，将 2100 千卡的热量摄入为最低值②，我国沿用热量推算法计算贫困线至 1996 年。自 1997 年起，我国开始采用世界银行推荐的马丁法，因为马丁法能够克服热量推算法的难以运用经验或主观臆断来确定"合理的食品支出占生活消费支出的比例"的缺陷。马丁法可以计算出高低两条贫困线，基于我国在当时的贫困人群大、财力有限的国情，当时运用食品消费支出函数的回归模型法，较为客观地计算收入低的人群的非食物消费支出，依此确定的是低贫困线，

---

① 国家统计局住户调查办公室. 中国农村贫困监测报告 2015 [M]. 北京：中国统计出版社，2015：99-100.

② 国家统计局住户调查办公室. 中国农村贫困监测报告 2016 [M]. 北京：中国统计出版社，2016：176-177.

并将此标准定为国家的贫困线。

2. 我国贫困标准的纵向比较

国家统计局在 1985 年、1990 年、1994 年、1997 年依据国内农村住户调查的分户资料测定得出当时我国的贫困线标准；1985—1999 年这一时期的贫困线实际上指的是国际上熟知的"极端贫困线"。为了和世界接轨，便于监测满足基本温饱的贫困人群的动态变化，在国际上进行贫困比较。自 2000 年开始采用两个贫困标准——绝对贫困线和低收入线；绝对贫困线是指"极端贫困线"，低收入线是指能够满足人们基本温饱的"高贫困线"。2007 年胡锦涛在十七大报告中提出"着力提高低收入者收入，逐步提高扶贫标准和最低工资标准"；2008 年开始把低收入线作为扶贫的标准；2009 年开始，我国将绝对贫困线和低收入线合二为一，只使用依据马丁法计算的高贫困线，并将其作为我国的贫困标准沿用至今。

从表 4-1 和图 4.1 可以看出，总体上我国的贫困标准随着社会经济的发展呈递增趋势，从 1985 年的 206 元，增加到 2015 年的 2800 元，年平均增长率为 4.19%。在 20 世纪 80 年代平均增长率为 6.43%，而这一期间我国 GDP 从 9016.04 亿元增长到 16992.32 亿元，年平均增长率为 22.12%。20 世纪 90 年代贫困线从 1990 年的 300 元增长到 1999 年的 625 元，年平均增长率为 12.03%，其间经济发展速度快，GDP 从 18667.82 亿元，增长到 89677.05 亿元，年平均增长率为 42.26%。进入 21 世纪，绝对贫困线从 2000 年的 625 元增长到 2008 年的 895 元，年平均增长率为 5.4%；低收入线从 2000 年的 865 元增长到 2009 年的 1196 元，年平均增长率为 4.25%；其间 GDP 从 99214.55 亿元增加到 340902.81 亿元，年平均增长率为 27.06%。进入 21 世纪 20 年代，低收入线从 2010 年的 1274 元增加到 2015 年的 2800 元，年平均增长率为 23.95%；GDP 从 2010 年的 401512.80 亿元增加到 2015 年的 689052 亿元，年平均增长率为 14.32%。其中需要说明的是自 2011 年起 2300 元的标准是在"两不愁三保障"的基础之上的。

表 4-1   我国 1985—2015 年的贫困标准

年份	绝对贫困线（元）	低收入线（元）	人均 GDP（元）	绝对贫困线/人均 GDP（%）	低收入线/人均 GDP（%）
1985	206	—	866	0.2379	—
1986	213	—	973	0.2189	—
1987	227	—	1123	0.2021	—
1988	236	—	1378	0.1713	—
1989	259	—	1536	0.1686	—
1990	300	—	1663	0.1804	—
1991	304	—	1912	0.159	—
1992	317	—	2334	0.1358	—
1994	440	—	4081	0.1078	—
1995	530	—	5091	0.1041	—
1997	640	—	6481	0.0988	—
1998	635	—	6860	0.0926	—
1999	625	—	7229	0.0865	—
2000	625	865	7942	0.0787	0.1089
2001	630	872	8717	0.0723	0.1
2002	627	869	9506	0.066	0.0914
2003	637	882	10666	0.0597	0.0827
2004	668	924	12487	0.0535	0.074
2005	683	944	14368	0.0475	0.0657
2006	693	958	16738	0.0414	0.0572
2007	785	1067	20505	0.0383	0.052
2008	895	1196	24121	0.0371	0.0496
2009	—	1196	26222	—	0.0456
2010	—	1274	30876	—	0.0413
2011	—	2300	36403	—	0.0632
2012	—	2300	40007	—	0.0575

续表

年份	绝对贫困线（元）	低收入线（元）	人均GDP（元）	绝对贫困线/人均GDP（%）	低收入线/人均GDP（%）
2013	—	2300	43852	—	0.0524
2014	—	2800	47203	—	0.0593
2015	—	2800	50251	—	0.0557

数据来源：国家统计局编，《中国农村贫困监测报告》各年版，北京：中国统计出版社。其中，1993年和1996年的贫困标准未公布。人均GDP数据来源于国家统计局官方网站数据查询一栏。

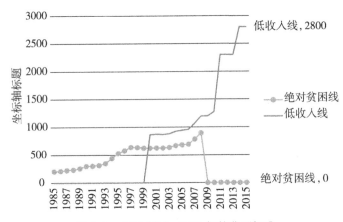

图4.1　中国1985—2015年的贫困标准

数据来源：国家统计局编，《中国农村贫困监测报告》各年版，北京：中国统计出版社。其中1993年和1996年的贫困标准未公布。

自1985年以来，贫困线增长最快的是在21世纪20年代，其次是20世纪90年代，再次是20世纪80年代，然后是21世纪的第一个十年。在此期间国家GDP的平均增长率排名从高到低却依次是20世纪90年代、21世纪的第一个十年、20世纪80年代、21世纪20年代的。GDP的平均增长率远高于贫困线平均增长率，差距最大时GDP的增速是贫困线的提高速度的5倍多，说明在经济社会高速发展过程中，国家和社会对于贫困的在制度上、政策上、具体帮扶措施上重视程度不够，底层民众生活水平的提升尚有较大空间可为。

从表 4-1 和图 4.2 可知，绝对贫困线占比人均 GDP 从 1985 年的 23.78%下降到 2008 年的 3.71%，低收入线占比人均 GDP 从 2000 年的 7.87%下降到 2015 年的 5.57%。两条曲线基本上呈递减趋势，并且下降速度比较快。人均 GDP 是衡量经济发展的重要的宏观经济指标，也是测度一个国家和地区人民生活水平的标准之一，其本身一定程度上具有社会公平与平等的含义。从图 4.1 和图 4.2 可以看出，尽管我国绝对贫困线和低收入线近年来呈现出较快速度的增长，但是贫困线相对人均 GDP 占比的逐渐降低说明了贫困人群在经济社会发展过程中处于劣势地位，有诸多因素制约其经济收入水平的提高，无法比肩社会其他人群收入水平的增速。

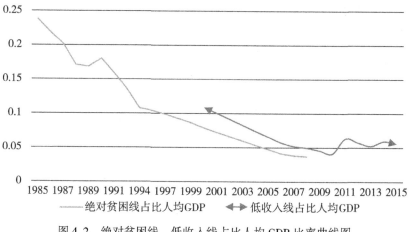

图 4.2　绝对贫困线、低收入线占比人均 GDP 比率曲线图

纵向分析对比之后，需要明确的是：自 2010 年开始制订的 2300 元的标准是考虑了食品的质量的，即食物不仅满足 2100 大卡的热量，还满足每人每天所需的 60 克左右的蛋白质；同时满足恩格尔系数的要求，保障食物支出占比 60%。2010 年之前制定贫困标准时，没有考虑这两点。

另外，2014 年制订的 2800 元的贫困标准是依据农村居民生活消费价格指数进行回溯推算得出的，如果按照 1985 年的价格水平，该标准为 482元。2014 年的恩格尔系数为 53.5%，相当于每人每日支出 4.1 元用于食物消费，再根据农村买卖产品的综合平均价格计算，1 斤菜、1 斤面、1 两肉的开支仅需 3.92 元（详见表 4-2）；该水平是可以满足农村个人生存所需的热量和蛋白质。按照折算后的 1985 年的 482 元，其食品支出为 44.6%，即需要每天支付约 0.59 元用于基本食品消费，依据 1985 年的农村综合平价计算，0.56 元即可某买 1 斤菜、1 斤面、1 两肉。从这个角度讲，现行的标准虽然在不同年份数值不同，但基本上都满足了"两不愁"的温饱生活水平所需。

表 4-2　1985 年和 2014 年食物综合均价和基本食品消费支出一览表

项　　　目		单位	1985 年	2014 年
综合平均价①	蛋类	元/公斤	2.52	9.53
	蔬菜	元/公斤	0.2	2.96
	猪肉	元/公斤	3.44	18.39
	粮食（原粮）	元/公斤	0.43	2.48
所需基本食品消费	每天半个鸡蛋	元	0.088	0.334
	每天 1 斤蔬菜	元	0.098	1.478
	每天半两肉	元	0.086	0.46
	每天 1 斤商品粮	元	0.288	1.653
	合计	元	0.561	3.924

数据来源：国家统计局住户调查办公室. 中国农村贫困监测报告 2015 [M]. 北京：中国统计出版社，2015：96-97.

① 综合平均价农村住户调查中农户出售和购买价格的简单平均。原粮对商品量的折算系数是 0.75。一两肉或一个鸡蛋消费支出按半两肉加半个鸡蛋的消费支出计算。一个鸡蛋按 1.4 两计算。

4.1.3 其他国家或地区的贫困标准

各个国家制定贫困标准时，首先要遵循本国信奉的反贫困理念；其次，还要考虑自身经济基础、经济发展速度、贫困人口分布等因素，从而致使贫困标准存在很大差别。

1. 美国的贫困线

1959—1975 年，美国针对农业人口和非农业人口分别制定有贫困线；1976 年开始，设统一的贫困标准，不再区分农业人口和非农业人口。但是一直以来，美国在制定贫困标准时会参考每户人口的多少、家庭成员年龄的构成等。通过表 4-3 可以看出，单人家庭充分考虑到年龄的因素，以 65 岁为界，65 岁以下的是一个标准，65 岁及以上的又是一个标准。二人及二人以上家庭，考虑到家庭成员年龄构成的不同而制定不同的标准；同时考虑到是否有 18 岁以下的未成年人及其数量，依据未成年人的数量调整贫困线。比如 65 岁以上的 1 人家庭，贫困线定为 10991 美元；65 岁以下的 4 人含 1 个未成年人的家庭贫困线定为 22570 美元。

表 4-3　　　　　　　　美国 2008 年的贫困标准（美元）

家庭单位	加权平均值	与 18 岁以下儿童					
		0	1	2	3	4	5
1 人	10991						
65 岁以下	11201	11201					
65 岁及以上	10326	10326					
2	14051						
65 岁以下	14489	14417	14840				
65 岁及以上	13030	13014	14784				
3	17163	16841	17330	17346			
4	22025	22207	22570	21834	21910		

续表

家庭单位	加权平均值	与 18 岁以下儿童					
		0	1	2	3	4	5
5	26049	26781	27170	26338	25694	25301	
6	29456	30803	30925	30288	29677	28769	28230
7	33529	35442	35664	34901	34369	33379	32223
8	37220	39640	39990	39270	38639	37744	36608
9 或以上	44346	47684	47915	47278	46743	45864	44656

数据来源：U. S. CensusBureau.

由于阿拉斯加和夏威夷两个州地理位置上的特殊性，这两个州各自设有自己的标准，美国其他州的标准是统一的。2015 年美国为不同家庭设立的贫困标准如表 4-4 所示。为了便于分析，接下来美国贫困标准分析不再讨论这两个州的贫困标准。

表 4-4 **2015 年美国的贫困线（美元）**

家庭人口	美国的 48 个州和哥伦比亚	阿拉斯加	夏威夷
1	11770	14720	13550
2	15930	19920	18330
3	20090	25120	23110
4	24250	30320	27890
5	28410	35520	32670
6	32570	40720	37450
7	36730	45920	42230
8	40890	51120	47010
超过 8 人每人多加	4160	5200	4780

数据来源：美国健康与人类服务部 2015 年发布的数据。

为了更好地明晰美国贫困标准的变化情况，本书接下来选取美国 4 人且含有 1 个未成年人的家庭作为分析对象，该类型家庭 2005—2015 年的贫困线和家庭人均贫困线如表 4-5 所示。

表 4-5　　美国 4 人家庭（含 1 个未成年人）2005—2015 年贫困线

年份	贫困线（美元）	人均贫困线（美元）
2005	19350	4837.5
2006	20000	5000
2007	20650	5162.5
2008	21200	5300
2009	22050	5512.5
2010	22050	5512.5
2011	22350	5587.5
2012	23050	5762.5
2013	23550	5887.5
2014	23850	5962.5
2015	24250	6062.5

数据来源：美国健康与人类服务部历年发布的数据。

通过表 4-5 可以看出，美国 2009 年和 2010 年的发布的贫困标准是一样的，没有发生变化；4 人（含 1 未成年人）家庭 11 年来贫困线平均增长率是 2.53%，增长的速度是比较低的；而同期美国 GDP 从 2005 年的 130954 亿美元增长到 2015 年的 180366 亿美元，增长速度为 3.77%。

2. 其他国家或地区的贫困标准

通过查阅资料发现，欧盟成员国多是以收入中位线的 50% 或 60% 为贫困线；新加坡则没有设定固定的贫困线，而是将收入最低的 20% 人群界定为贫困者；日本则是参照国际标准来设定贫困线。英国、欧盟成员国、爱尔兰、新加坡、日本的贫困线设立情况如表4-6所示。

表 4-6 　　　　　　　　　　　其他国家或地区的贫困标准

国家/地区	贫困标准
英国	家庭可支配收入中位数的 60%
欧盟成员国	收入中位数的 50% 或 60%。
爱尔兰	收入低于收入中位数的 60%，及在总数 11 个项目中，缺乏两项或以上的
新加坡	收入最低的 20% 住户
日本	一个 4 口之家最低贫困线为 2.2 万美元

4.1.4　我国的贫困标准和世界银行标准、美国标准的比较

鉴于国情不同，在不同时间点国与国之间进行横向比较会存在较大困难。单纯通过某个时点汇率换算进行对比会存在较大偏差。基于购买力平价（PPP）适合于不同国别进行个人收入比较的特性，我国的贫困标准和国际银行及美国比较时，要依据购买力平价进行计算，然后再进行比较。但也要清楚地看到，国际比较项目（ICP）测算的各国货币的购买力平价（PPP）基于其抽样误差、分级误差、测量误差的影响，其只能在一定程度上反映不同经济体的差异性，测度经济体之间的真实购买力有可能存在较大误差。就我国来说，世界银行在推算我国的数据时存在估低政府消费支出项目、建筑品价格等现象。所以，2005 年之前公布的我国 PPP数据因基础数据不完整、推算时间过长等原因，数据已经严重失真。基于购买力平价法进行横向比较时，采用学界相对较为认可的 2005 年和2014 年经济合作与发展组织（OECD）公布的数据作对比，通过购买力评价折算后，2005 年 3.45 元人民币相当于 1 美元，而居民在生活消费方面的购买力评价指数为 4.09 元等于 1 美元；2014 年 3.506 元人民币相当于 1 美元。

通过表4-1、表4-6、表4-7可以看出，2005—2014年我国的绝对贫困线及低收入线均远远低于美国的贫困标准。美国制定贫困标准的方法较为精细和科学，在因户制宜和因人制宜上执行得更为具体，这一点是我国需要借鉴和学习的。

表4-7　　依据当年 PPP 折算后的中、美、世界银行贫困线比较

	2005	PPP 折算后（按 3.45 元折算）	PPP 折算后（按 4.09 元折算）	2014	PPP 折算后
中国贫困线	683/944（元）	683/944（元）	683/944（元）	2800 元	2800 元
美国贫困线	4837.5 美元	16689 元	19785 元	5962.5 美元	20904 元
世界银行贫困线	456.25 美元	1574 元	1865 元	693.5 美元	2432 元

我国和世界银行的贫困线进行比较，可以发现 2005 年低于其 67%，2014 年我国农村贫困标准高出世行标准的 15.13%。另外，我国的贫困标准是在确保"两不愁三保障"基础上的收入标准；我国公布的农村贫困人口数量高于世界银行公布的我国的极端贫困人口数量。从这几个方面可以看出，我国的贫困标准制定是科学合理且符合我国国情民意的。

综上所述，通过纵向回顾我国在不同时期以收入为尺度制定的贫困标准，将我国的标准与世界银行制定的标准、美国等其他国家制定的标准进行比较，总体认为，我国的贫困标准符合我国不同历史时期的国情社情。

基于贫困的多样性，对于贫困的测度，笔者认为单一以收入作为衡量标准，显得过于单薄和单一，无法很好地综合反映贫困个体的贫困状况。所以，笔者认为，需要构建多个维度的贫困测度指标体系，并运用科学实用的模型进行贫困的有效测度。

4.2 单维贫困测度方法

4.2.1 贫困人口比率度量

研究贫困的首要问题是谁应该成为关注焦点？是穷人、穷人的利益、富人的利益、国体国民的福利，还是穷人与富人之间财富的转移？在不同的时期，不同的研究者的立场不一。比如，有些并不是研究穷人所承受的贫困苦难，而是去关注国家整体的相对富裕程度。贫困的概念关注的重点还是穷人的状况，基于此，传统的贫困研究只是简单地进行贫困人口比率度量（head-count measure），即测度穷人人口相对于社会总人口的比率。

$$H = \frac{q}{n} \tag{4-1}$$

其中，H 为贫困人口比率，q 为社会中认定的贫困人口的数量，n 为社会总人口。

时至今日，作为一个国家或地区的贫困测度，该方法仍被广泛运用，并且是贫困统计的主要指标之一，但是其不能作为衡量贫困的可信指标。因为该方法存在较为严重的缺陷。一方面是其无法反映贫困人群的贫困程度，即其收入水平与贫困线的差距的大小；假设富人收入不受影响，全体贫困者收入的整体减低也不会影响其对贫困人口比率的度量。另一方面是其对贫困者之间的收入分配不敏感。假设一个贫困者的收入向富人转移，在贫困人口比率的度量上仍得不到体现。

4.2.2 恩格尔系数

19 世纪中期，德国统计学家恩格尔发现了经济收入较低的家庭，其食物购置的支出所占比例较大的规律。1957 年，恩格尔在一份报告中指出，一个家庭或一个国家的食品支出随着收入的提高，所占的比重逐步降低，称为恩格尔定律。恩格尔系数是从恩格尔定律中得出的，其公式可以表示为：

$$恩格尔系数 = \frac{食物支出金额}{生活支出总金额} \times 100\% \tag{4-2}$$

基于恩格尔系数能够很好地从宏观层面反映一个国家或地区的富裕程度以及从微观层面反映一个家庭的消费结构的特性，世界银行、联合国及许多国家将其作为衡量一个国家或地区富裕程度的主要指标，也将其作为衡量一个家庭生活水平高低的重要指标。当恩格尔系数小于 0.3 时，称为最富裕；在 0.3 ~ 0.39 时，称为富裕；在 0.4 ~ 0.49 时，称为小康；在 0.5 ~ 0.59 时，称为温饱；大于等于 0.6 时，称为贫困。

恩格尔系数具备自身优点的同时，也存在一些缺陷，比如不能够很好地反映出个体间的收入差距，对于生活水平的差异性表现也不明显；这就导致其在衡量个体或群体贫困程度时出现"失效"现象。

4.2.3 贫困缺口

为了弥补贫困人口比率度量法的不足，一个较为流行的测度方法是贫困缺口（poverty gap），即全体贫困者的收入与制定的贫困线的差距的总和。这一测度法被公式化为收入缺口比率（income-gap ratio），将其记为 I。关于 I 如何计算，有一个推导过程如下：

首先假设一个社会有 n 个人，贫困线为 π，收入水平低于或等于 π 的被认为是贫困者，其中有 q 个贫困者，S 代表社会中所有人构成的集合，贫困者构成的集合记为 $T \subseteq S$；T 中第 i 个贫困者的序号记为 $r(i)$，表示该贫困者是所有贫困者中第 $r(i)$ 个最富的贫困者。另外，收入相等的贫困者的顺序是可以指定的，指定之后，$r(i)$ 就成为一个严格的排序。

T 中第 i 个贫困者的收入缺口为 g_i，可知：

$$g_i = \pi - y_i \tag{4-3}$$

所有贫困者的总收入缺口记为 g，可知：

$$g = \sum_{i \in T} g_i \tag{4-4}$$

进一步可知，收入缺口比率 I 可以表示为：

$$I = \frac{g}{q\pi} \tag{4-5}$$

通过进一步的论证可知，收入缺口比率 I 满足单调性公理、弱传递性公理和核心公理。单调性公理是指贫困者收入的降低，即意味着贫困度量质的增加。弱传递性公理是指收入从一个富人转移至一个贫困者，并且转移后二者的收入都不跨越贫困线，此刻会发现贫困的度量值即贫困的缺口会减小。核心公理主要是指贫困的度量是穷人的事情，与社会中的富人没有关系。

通过研究发现，收入缺口比率在具备上述贫困测度的优势的同时，阿马蒂亚·森指出其自身亦存在无法克服的缺陷，主要体现在其对于不跨越贫困线的收入转移是不敏感的，其关注的主要对象是总的收入差距，而对于贫困线以下贫困者的数量及比例不关注，对于收入的如何分配和在多少人之间分配亦不关注。

4.2.4 阿马蒂亚·森的贫困度量 P 和能力方法

基于贫困人口比率度量和贫困缺口比率各自存在的缺陷，阿马蒂亚·森研究如何在二者基础上构建一个能够弥补其不足的贫困度量方法。在研究过程中，克服了传统功利主义模型的应用，把相对贫困的概念考虑进去，同时应用了"排序的相对贫困"（Ranked Relative Deprivation Axiom）和"标准化的绝对贫困"（Normalized Absolute Deprivation Axiom）两个公理，通过收入缺口的加权求和构建了一个更一般的贫困度量 P，并将 P 表示为：

$$P = H\{1 + (1 - I)\,G\} \tag{4-6}$$

其中，G 是贫困者收入分配的基尼系数（Gini coefficient）；需要说明的是，P 满足弱传递性公理、单调性公理和核心公理。当所有贫困者的收入相同时，G 等于 0，在此情形下，$P = HI$。P 的优势在于其是由公理逐步推理出来的，在推导过程中的相应变化形式亦可对贫困的概念给出一般性解释；同时其对于贫困的不同特征具有敏感性，比如贫困者内部的收入分配。

但是 P 的缺陷是不满足于子群分解。随着研究的深入，基于贫困者自身的脆弱性及贫困状态的持久性，人们逐渐认识到单纯以收入为贫困评定的标准过于单一和片面。尽管不少学者辩护称贫困者的其他维度的贫困都可以通过某种价格方法将其转化为收入；但是这种思想是基于基本需要（basic needs）市场存在为前提的，而现实中基本需要市场是不完善的，并且由于商品的异质性及个体对于公共品的需求不同造成难以找到合适的定价机制。在此情形下，阿马蒂亚·森指出，能力是个人获得收入的手段，收入反映个体被剥夺的情况过于单薄，现实中能够反映个体能力剥夺的因素有许多，所以应该用能力方法来衡量贫困者被剥夺的状况，进而衡量贫困者的贫困程度。

4.2.5 FGT 指数法

福斯特（Foster）、格利尔（Greer）和索尔贝克（Thorbecke）共同设计了具有较强经济含义的贫困测度指数（可以简称为 FGT 指数），其应用也是非常广泛的。该指数可以分为连续形式和离散形式两种。其连续形式可以表示为：

$$\text{FGT}(\alpha) = \int_{-\infty}^{z} \left[\frac{z-t}{z} \right]^{\alpha} f(t)\,\mathrm{d}t = \int_{-\infty}^{z} \left[\frac{z-t}{z} \right]^{\alpha} \mathrm{d}F(t) \tag{4-7}$$

其中，FGT（α）为贫困指数，其值属于区间 [0, 1]；$\alpha > 0$ 时，z 为设定的贫困线，$f(x)$ 是收入密度函数。$\alpha \geq 0$ 来测度不同的贫困人群对指数值的敏感性，α 越大，较为贫困者的收入对于指数取值影响越大。当 $\alpha = 0$ 时，贫困指数 FGT（0）表示的就是贫困发生率，是测量贫困广度的指标；当 $\alpha = 1$ 时，FGT（1）表示的是反映贫困深度的贫困缺口率，其离散形式可以表示为：

$$PG = \frac{1}{n} \sum_{i=1}^{q} \left[\frac{z - y_i}{z} \right] \tag{4-8}$$

当 $\alpha = 2$ 时，FGT（2）表示的是平方贫困距，即平均每个贫困者的收入与贫困线差距的平方和，这种情况下，越是贫困的人，其所占的权重越大；其值越大，表明贫困群体中有越多的人的收入距离贫困线越远，贫困状况越严重。贫困强度率，其离散形式可以表示为：

$$FGT = \frac{1}{n} \sum_{i=1}^{q} \left[\frac{z - y_i}{z} \right]^2 \qquad (4\text{-}9)$$

另外，FGT 指数亦满足焦点公理。当 $\alpha \geq 1$ 时满足连续性公理，当 $\alpha > 1$ 时满足转移公理以及在 $\alpha > 2$ 时满足转移敏感型公理。

4.2.6 单维贫困测度的优点及缺陷

通过上文分析可知，诸多学者针对单维贫困测度进行研究与探讨，在争鸣中该方法逐渐趋于完善和科学。其优点在于：一方面是简单直观，易于接受。该类型的方法测算方法简单，但又具有很强的科学性，能够较为直观地反映出贫困的数量和发生率，清晰直观地反映出一个地区或家庭的富裕程度或贫困程度；能够很好地被政府接受和使用。另一方面是具有一定的可靠性和有效性。该类型的方法对于一个国家或地区贫困的初步、浅层次的测度是有效的，能够反映出其贫困的基本情况。另外，扶贫工作的开展，更多地是对于一个国家经济发展水平和国家综合实力的考验，基于其自身实力在宏观层面决定投入人力、物力、财力的多寡。对于不发达国家和发展中国家来说，由于其自身经济状况、综合国力较弱，其扶贫开展的广度与深度会受到制约。所以，该类型的贫困测度的方法对于不发达国家和发展中国家贫困状况的测度与衡量是有效的。

各种单维测度方法的具体缺陷在上文的论述中已经分别予以阐述，其存在共性的缺陷表现在以下几点。一方面是测度维度过于单一，该类型测度方法多以单一的维度进行贫困与否或贫困程度的测度。比如收入为标准进行贫困的衡量，但是现存在贫困是多样化的，收入只是其贫困的外在表现之一；所以其不能很好地识别出贫困个体，同时不能很好地反映贫困个体的深层次致贫原因。另一方面是测度方法不够精准。在许多国家或地区的反贫困过程中，是由"大水漫灌"向精准发力过渡的，单维的测度方法对于精准识别贫困个体、立体识别贫困个体存在先天的设计缺陷，不适合于实施精准扶贫战略的国家或地区。

4.3　多维贫困测度法

4.3.1　A-F 多维贫困测度法

2007 年，牛津大学在森的发起下，成立了牛津大学贫困与人类发展中心，由 Alkire 任中心主任，该中心致力于多维贫困测度研究。Alkire、Foster（2007）构建了多维贫困测度一般模型，被称为 Alkire-Foster（A-F）模型。A-F 模型从多维贫困的测度、多维贫困的加总及分解建立了系统的方法，其可以依据不同的维度、地区进行分解，较早期的多维贫困模型更为准确和细致。

2010 年，联合国开发计划署在《2010 年人类发展报告》中发布了其授权和支持的 Alkire 团队测算界定的 104 个发展中国家的绝对贫困者的多维贫困指数（Multidimensional Poverty Index，MPI），MPI 包括三个维度：教育、健康、生活条件，三个维度可以分解为十项指标。该指标能够很好地反映贫困者或者贫困户同时存在的多个维度的贫困优先状况，为其摆脱贫困找寻优先着力点；能够较为全面地测度贫困的致因。

A-F 方法也被称作双临界值法，其具体构建过程如下：

1. 贫困维度和指标的选择

依据一个国家或地区选择测度贫困的相关维度，各个维度设立其对应的指标。维度和指标的选立要能够很好地反映该国家或地区多维贫困状况，易于相互间比较。MPI 在教育维度上以家庭成员的受教育程度和有无儿童失学为指标，在健康维度上以是否营养不良和儿童是否有死亡为指标，在生活条件上以用电、卫生条件、饮用水、炊用燃料、家庭财产和住房条件为指标。而 Alkire 在《贫困的缺失维度》（2010）中指出，就业、主体性和赋权、体面出门的能力、人类安全、心理和主观福祉也是需要选设的维度，并且在之前的研究过程中是缺失的。

针对观测的样本 n 设立观测矩阵，设定指标为 d 项，则 $X^{n,\,d}$ 代表 $n \times d$ 维矩阵，则 x_{ij} 代表个体 i 在贫困维度 j 上的取值，其中 $i=1,\,2,\,3,\,\cdots,\,n$；$j=1,\,2,\,3,\,\cdots,\,d$；x_i 表示在第 i 个个体在所有指标上的取值情况；x_j 表示所有个体在第 j 个指标上的取值分布情况。

2. 确定每个维度的每项指标的临界值

对于选设的每个维度上的每项指标都设立临界值，即该项指标的贫困线 z_j，z_j 的大小、尺度非常关键，直接决定了贫困人口是否贫困及其贫困深度。

3. 贫困测度

（1）一维贫困的测度。依据每项指标的贫困线 z_j，针对观测样本进行衡量，测算其在该指标上是否处于贫困状态，具体测算公式如下：

$$x_{ij} = \begin{cases} 1, & x_{ij} < z_j \\ 0, & \text{其他} \end{cases} \tag{4-10}$$

通过对观测样本逐项指标赋值，获得剥夺矩阵：

$$\boldsymbol{G} = \begin{bmatrix} g_{11} & g_{12} & \cdots & g_{1d} \\ g_{21} & g_{22} & \cdots & g_{2d} \\ \vdots & \vdots & & \vdots \\ g_{n1} & g_{n2} & \cdots & g_{nd} \end{bmatrix} \tag{4-11}$$

同时，进一步根据如下公式：

$$g_{ij}^{(1)} = \begin{cases} \dfrac{z_j - x_{ij}}{z_j}, & x_{ij} < z_j \\ 0, & \text{其他} \end{cases} \tag{4-12}$$

$$g_{ij}^{(2)} = \begin{cases} \left(\dfrac{z_j - x_{ij}}{z_j}\right)^2, & x_{ij} < z_j \\ 0, & \text{其他} \end{cases} \tag{4-13}$$

获得贫困距矩阵和贫困距平方的矩阵 $\boldsymbol{G}^{(T)}$，以更好地反映贫困的敏感性。

$$\boldsymbol{G}^{(T)} = \begin{bmatrix} g_{11}^{(t)} & g_{12}^{(t)} & \cdots & g_{1d}^{(t)} \\ g_{21}^{(t)} & g_{22}^{(t)} & \cdots & g_{2d}^{(t)} \\ \vdots & \vdots & & \vdots \\ g_{n1}^{(t)} & g_{n2}^{(t)} & \cdots & g_{nd}^{(t)} \end{bmatrix} \quad (t = 1, 2) \qquad (4\text{-}14)$$

（2）多维贫困的测度。在该环节，针对所设立的 d 个贫困维度，考虑个体同时满足 k 个贫困维度时才将其定义为贫困者（$k=1$，2，$\cdots$，d）。假设 ρ_k 为满足 k 个贫困维度时贫困者测度的函数，c_i 为贫困剥夺矩阵 $\boldsymbol{G}$ 中一个列向量，即一个观测对象遭受的贫困的总维数。此时，当 $c_i \geqslant k$ 时，$\rho_k(x_i, z) = 1$，ρ_k 为贫困者；当 $c_i < k$ 时，$\rho_k(x_i, z) = 0$，ρ_k 不是贫困者。在这种情况下，ρ_k 受到每一维度设立的贫困临界值 z 和跨维度 c_i 的双重影响制约，所以 A-F 方法又称为双临界值法。当 $k=1$ 时，其和矩阵 $\boldsymbol{G}$ 表述的意义相同，即在一维上处于贫困便是贫困者，当 $k=d$ 时，其需满足所有维度方认定为贫困者，二者属于两个极端情况，更多时候，k 处于 1 与 d 取值的中间区间。

其用公式可以表述为：

$$c_{ij}^{(t)}(k) = \begin{cases} \displaystyle\sum_{j=1}^{d} g_{ij}^{(t)}, & \displaystyle\sum_{j=1}^{d} g_{ij}^{(t)} \geqslant k \\ 0, & \text{其他} \end{cases} \qquad (4\text{-}15)$$

其中，$c_{ij}^{(t)}(k)$ 为观测对象在 k 个或 k 个以上维度处于贫困线以下时贫困维度的总和。

$$q_{ij}^{(t)} = \begin{cases} 1, & c_{ij}^{(t)}(k) > 0 \\ 0, & \text{其他} \end{cases} \qquad (4\text{-}16)$$

再依据式（4-16），可得观测对象多维贫困矩阵。

4. 设立每个维度的权重，测算出加权贫困剥夺矩阵

针对每个维度赋予一定的权重 w_j，权重可以依据研究对象、研究对象所处地域等因素灵活设定，不同维度权重的大小会影响到贫困测度的结果和效果；权重亦可通过专家打分法、主成分分析等方法测算；且

$$\sum_{j=1}^{d} w_j = 1, \; j = 1, \; 2, \; \cdots, \; d \tag{4-17}$$

联合国在《人类发展报告》中运用 A-F 方法是等权的；国内许多学者在研究多维贫困问题时是运用等权方法的，如陈辉（2015）在研究粤北山区农村多维贫困时，王素霞（2013）在研究 2009 年我国 9 省多维贫困时。

5. 贫困的加总

在上述步骤的基础上，通过对多维贫困的加总，测算出多维贫困指数 M。

贫困发生率 H 的测算公式如下：

$$H(k) = \frac{\sum_{i=1}^{n} q_{ij}(k)}{n} \tag{4-18}$$

平均剥夺份额 A 的测算公式如下：

$$A(k) = \frac{\sum_{i=1}^{n} c_{ij}(k)}{\sum_{i=1}^{n} q_{ij}(k) \cdot d} \tag{4-19}$$

进一步可得多维贫困指数 M 的测算公式如下：

$$M(k) = H(k) \cdot A(k) \tag{4-20}$$

$M(k)$ 为 Alkire 和 Foster 在 2007 年调整修正的 FGT 的新的多维贫困测度方法，该方法克服了 FGT 对于贫困分布及贫困剥夺的深度不敏感的缺陷；其还可以根据实际需要通过平均贫困距或平均贫困深度来调整表达式。

6. 分解

多维贫困指数 M 可以按照维度、地区进行分解。

$$M = \sum_{j=1}^{d} (w_j/d) \cdot H_j \qquad (4-21)$$

例如，可以根据上式来计算不同的维度对于贫困的贡献率，从而清晰地掌握贫困个体致贫原因的优先级。通过研究实践发现，A-F 方法虽然是国内外研究贫困问题较好的且主流的方法；但是其依旧存在一些问题，如贫困临界值的确定问题、各维度之间的互补性与独立性问题、权重分配问题、贫困维度如何进一步量化的问题等。

4.3.2 人类贫困指数

联合国开发计划署于 1997 年在《人类发展报告》中提出了人类贫困指数（the Human Poverty Index）的概念，简称为 HPI。该指数是不同于世界银行的贫困标准的测度方法，它由三大类指标组成：预期寿命（longevity）、知识（knowledge）、体面的生活水平（a decent standard of living）。HPI 可以表示为两种形式，应用于发展中国家的 HPI-1 和应用于经济合作与发展组织（Organization for Economic Co-operation and Development）中的高收入国家的 HPI-2，通过 HPI-1 与 HPI-2 可以很好地反映出发展中国家与高收入国家之间社会经济的不同和贫困措施的不同。

HPI-1 用公式表示如下：

$$\text{HPI-1} = \left[\frac{1}{3}(p_1^\alpha + p_2^\alpha + p_3^\alpha) \right]^{\frac{1}{\alpha}} \qquad (4-22)$$

其中，p_1 为预期寿命不超过 40 岁的人口占总人口的比例；p_2 为知识指标，指成人文盲占总人口的比例；p_3 为生活水平，它包括有医疗服务的人占总人口的比例、有安全饮用水的人占总人口的比例及不足 5 岁的营养不良的婴幼儿占总人口的比例三个指标综合而成；α 取值为 3。

HPI-2 用公式表示如下：

$$\text{HPI-2} = \left[\frac{1}{4}(p_1^\alpha + p_2^\alpha + p_3^\alpha + p_4^\alpha) \right]^{\frac{1}{4}} \qquad (4-23)$$

其中，p_1 为预期寿命不超过 60 岁的人口占总人口的比例；p_2 为知识指标，指缺乏实用的读写能力的人口占总人口的比例；p_3 是指收入低于贫困线（该贫困线是家庭可支配收入的中位数的 50%）的人口比例；p_4 为长期失业人口的比例，这里的长期是指失业状态持续 12 个月或者 12 个月以上；这里的 α 取值为 4。

4.3.3 模糊集法

美国控制论专家 L. A. Zadeh 于 1965 年创立了模糊集理论，它能够很好地解决经典数学不易解决的大系统复杂问题，以及日常生活中难以解决的模糊性问题。1990 年，Cerioli 和 Zani 首次将模糊集方法用到贫困的测度上，用于解决传统测度时较为武断的确定贫困临界值的问题。其主要思想是基于一些学者在研究贫困测度时发现贫困有时无法用清晰的临界值来界定，而从模糊评价的角度则可将贫困划定为 0~1 的区间波动；同时设定绝对贫困和绝对富裕两个标准，并分别用 0 和 1 表示。

Cerioli 和 Zani 针对贫困测度构造了隶属函数，且是针对贫困变量属于连续性的特征构造的，用以测算各指标的隶属度，函数关系式如下：

$$\mu_{j(i)} = \begin{cases} 1 & if \quad x_{j(i)} \geqslant x_{j.\max} \\ \dfrac{x_{j(i)} - x_{j.\min}}{x_{j.\max} - x_{j.\min}} & if \quad x_{j.\min} < x_{j(i)} < x_{j.\max} \\ 0 & if \quad x_{j(i)} \leqslant x_{j.\min} \end{cases} \qquad (4\text{-}24)$$

$$\mu_{j(i)} = \begin{cases} 1 & if \quad x_{j(i)} \leqslant x_{j.\min} \\ \dfrac{x_{j.\max} - x_{j(i)}}{x_{j.\max} - x_{j.\min}} & if \quad x_{j.\min} < x_{j(i)} < x_{j.\max} \\ 0 & if \quad x_{j(i)} \geqslant x_{j.\max} \end{cases} \qquad (4\text{-}25)$$

式（4-24）表示的是正相关关系，$x_{j.\max}$ 的含义是指第 j 项指标在大于或者等于设定的数据时其功能状态是最好的，在贫困测度时即意味着绝对富裕；$x_{j.\min}$ 则表示第 j 项指标小于或者等于设定的数据时其功能状态是最差的，在贫困测度时即意味着绝对贫困。式（4-25）表示的是逆相关关系，$x_{j.\max}$ 和 $x_{j.\min}$ 的含义与式（4-24）所表示的是完全相反的。

在此基础上，为了更好地测度贫困，需要对各指标的隶属度加总求和，如果各指标权重相同，直接加总即可，但是实际上各指标所代表的权重往往是不同的，需要赋予其不同的权重值。1995 年，Cerioli 和 Zani 建立的权重测算公式如下：

$$\overline{\omega_j} = \ln\left(\frac{1}{\overline{\mu_j}}\right) \tag{4-26}$$

式中，$\overline{\mu_j}$ 可以表示为 $\frac{1}{n}\sum_{i=1}^{n}\mu_j(i)$，即第 n 个贫困户第 j 项指标的隶属平均值，$\overline{\omega_j}$ 为第 j 项指标的权重。

4.3.4　多维贫困测度的优点及影响因素

通过上文分析可知，基于自身特质，多维测度方法具有一些单维测度所不能比拟的优点，主要表现在以下两个方面：一方面是方法体系更为完善和科学。多维测度方法在体系构成上，能够很好地克服单维测算存在的缺陷，并充分考虑到各维度的加总问题，其指标体系的设计、临界值设定、权重的分配等，都有着较为严谨的方法支撑；能够系统、全面、准确地识别贫困个体及贫困地区，并反映贫困个体的贫困深度与强度等，从而找出贫困的原因所在。另一方面是具有较强的适用性。基于多维测度方法的科学性，该类型的方法已经成为研究贫困的主流方法。通过实践中的运用和理论上的探讨完善，充分表明多维测度方法具有较为广泛的适用性。

多维测度方法的精准度的影响因素主要有以下三个方面：首先是维度及指标的选取。依据测度对象以及研究的重点，需要构建相应的指标体系，而维度的选取和各维度指标的构成是关键点。所选取的维度要能够反映个体的贫困状态，即其要对个体的贫困有重要的影响。另外，各维度选设的指标要避免存在较严重的替代关系，同时，指标尽可能是通用指标，以便于数据的收集。其次是权重的分配问题。权重设置问题上经济学理论上一直是一个挑战，这中间存在着两个经典的问题，其一是"阿罗不可能定理"；其二是"休谟的断头台"。不同维度及指标权重的大小对多维贫困指数的高低有很大的影响作用；多维贫困测度方法在权重的分配上存在很大的不稳健性。最后是数据采集的真实性。数据采集的真实性、准确性及评价的客观性直接影响到贫困精准性。关键在于其收集的数据是否真实地反映农户的信息数据；农户对自我的评价是基于与周边人群比较、与政府制定的贫困标准综合比较的结果，较大程度上带有主观性，主观性的客观程度取决于有无蒙混、弄虚作假侵占国家扶贫资金的心理动机与实施条件，进一步归结于是否有正确的金钱观、价值观的问题和是否具备良好的人际关系。另外取决于评价方是否具有客观公正的心态对待农户数据，是否有"作弊"动机与"作弊"行为。

4.4　贫困测度模型的选取与改进

4.4.1　贫困测度模型的选取

通过上文分析可知，单维测度方法对于贫困的测度有一定的效果，但是整体上存在缺陷，对贫困反映不够立体。多维贫困测度是主流，特别是 A-F 模型运用较为广泛，其优点在于能够对于一个地区贫困状况进行定量测度，测算出多维贫困发生率和多维贫困指数，并对其分解到局部地区或个体；同时能够很好地反映出各维度以及各指标对于贫困的贡献率，以便于地方政府清晰地认识到一个地区或贫困个体在各维度上的贫困状况，为制定相关的扶贫策略和路径提供重要的依据。基于此，本部分对于贫困测度的研究选用 A-F 模型。

4.4.2　A-F 多维贫困测度模型的改进

各地在贫困测度上是探索、总结，有着不同的或者相近的做法，其中，多是将"两不愁三保障"基础之上的人均年收入作为贫困的衡量标准。从理论上、后期帮扶上、脱贫效果上看，该方法测度的维度比较单一，不能反映贫困个体的综合致贫原因，不易找到全部原因，不利于从根本上拔出"穷根"。

通过上文分析可知，A-F 模型在贫困的精准测度上具有相应的优势，能够在多个维度上反映贫困者的贫困状态，并找寻到一个地区或者一户人家致贫的综合原因。在多项致贫原因中又可分析出主要原因与次要原因，为精准扶贫战略工程的实施提供翔实准确的依据，能够很好地为帮扶找到精准的发力点和着力点，从而达到事半功倍的效果。

诸多学者在运用 A-F 模型研究贫困的过程中，结合不同时期不同地区的实际情况，已经形成了一套成型的且富有成效的测度指标体系。但是结合我国现有国情、扶贫开发的主体、客体以及前期实践效果来看，利用 A-F 模型进行多维贫困测度的指标体系尚需进一步完善。

1. 前期诸多学者利用 A-F 模型研究分析时的指标体系

（1）Alkire 和 Foster 2010 年开发的 MPI 指数的指标体系。

Alkire 和 Foster 在前期研究的基础上，在 2010 年合作开发了 MPI 指数，包括"健康、教育、生活条件"这三个维度，如表 4-8 所示。

表 4-8   **MPI 的指标**

维度	指标
健康	是否营养不良
	儿童是否有死亡
教育	受教育程度
	有无儿童失学
生活条件	用电
	卫生条件
	饮用水
	炊用燃料
	家庭财产
	住房条件

（2）国内学者利用 A-F 模型研究所用的指标体系。

王小林等人在研究中国多维贫困问题时，在 MPI 指数基础上，增加了"资产"这一维度，并用"一般资产"和"住房"这两项指标来测度；在教育维度上考虑了成年人的教育年限指标和儿童入学指标。邹薇、方迎风等人在运用 A-F 模型测度中国动态多维贫困时，构建了教育、收入、生活质量三个维度的多维测度指标体系。其中，将教育和收入各单独作为一个维度，而在生活质量这一维度上涵盖了卫生设施、饮用水、照明、做饭燃料、房屋、耐用品这六项指标。陈辉、张全红在研究多维贫困问题时认为 MPI 指数缺乏货币性指标，从而加入了收入作为一个单独的维度，以人均收入这一指标来衡量收入维度；而在教育这一维度上以"受教育年限"这一指标来衡量，弱化了家庭成年人的受教育程度；在健康维度上以"疾病"和"医疗保险"这两项指标来测度，较之 MPI 指数的"是否营养不良"和"儿童是否有死亡"能更好地测度我国现阶段的贫困；在生活水平这一维度上没有变化。潘云和张秀艳在运用 A-F 模型研究资源型区域农村贫困问题时，在维度上加入了"环境外部性"，主要是以测度对象的土地房屋是否处在采空塌陷区为指标。

2. 基于 A-F 模型的多维贫困测度指标体系构建

（1）维度和指标的设置。

基于前人的研究成果，结合我国经济社会发展实际情况，以及精准扶贫工作的推进，在借鉴前人关于多维贫困测度研究的基础上，结合调研过程发现及现实需要，特构建包括 5 个维度、15 项指标的指标体系，详见表 4-9。其中健康和教育两个维度的指标基本上遵循了前人研究的成果与经验，没有过多变化。在生活条件维度上，增加了家庭财产、互联网覆盖及使用情况和入户路类型三个指标。加入了就业与收入两个维度，这在前人研究过程中是较为少见的。这也是 Alkire 多维贫困测度思想的继承，其在《贫困的维度缺失》一书中指出了就业维度是需要在研究和实践中加以重视和运用的。本书在借鉴吸收其思想的基础上，结合我国农村实际加以应用，分别用就业情况和就业技能两个指标予以诠释；舍弃了正规就业、非正规就业、就业的安全性（职业病）、就业的强度和时间、就业的收入等指标，原因是其不符合我国农民工整体的就业情况。也许在不久的将来，随着我国经济社会的发展和劳动力素质的整体提升，以及国内用工制度更加规范有序，劳动法执行更加严格，执法的深度不断增进，在测度贫困时会加入该部分变量。将收入作为一个单独的维度来对待，这和我国实践过程中制定的贫困认定标准和脱贫标准有很大关系，因为国家以及各级政府在实践操作层面是严格以收入作为重要的标准测度。

表 4-9　　　　　　　　　　　各维度及其指标

维度	指标	剥夺临界值	指标等权权重	维度等权权重
健康	健康状况	家庭成员中至少一人有重大疾病（长期慢性病、大病、残疾）= 1；家庭成员均健康或疾病支出比例非常小 = 0	$\frac{1}{15}$	$\frac{1}{10}$
	医疗保险情况	家庭成员中至少有一人没有参加任何医疗保险 = 1；家庭成员均有一种或一种以上的医疗保险 = 0	$\frac{1}{15}$	$\frac{1}{10}$
教育	成年人受教育程度	18~30 周岁初中未毕业，31~45 周岁小学未毕业或未上过学 = 1；其他 = 0	$\frac{1}{15}$	$\frac{1}{10}$
	有无儿童失学	有失学的 = 1；无失学的 = 0	$\frac{1}{15}$	$\frac{1}{10}$
生活条件	用电	家中不通电 = 1；家中通电 = 0	$\frac{1}{15}$	$\frac{1}{40}$
	卫生设施	无冲水厕所 = 1；有室内、或室外冲水厕所 = 0	$\frac{1}{15}$	$\frac{1}{40}$
	饮用水	无自来水或小于五米的井水 = 1；有自来水或大于五米的井水 = 0	$\frac{1}{15}$	$\frac{1}{40}$

续表

维度	指标	剥夺临界值	指标等权权重	维度等权权重
生活条件	炊用燃料	不能使用天然气、液化气、电、煤 = 1，能使用的 = 0	$\frac{1}{15}$	$\frac{1}{40}$
	家庭财产	空调、冰箱、彩电、洗衣机、摩托车、汽车（轿车、卡车、面包车等），有汽车或其余家电有 3 项 = 1；其他 = 0	$\frac{1}{15}$	$\frac{1}{40}$
	住房条件	没有房屋、有危房、土坯房、草房，或人均居住面积小于 9 平方米 = 1；有不是危土坯房、草房的自住房且人均居住面积大于 9 平方米 = 0	$\frac{1}{15}$	$\frac{1}{40}$
	互联网覆盖及使用情况	无网络覆盖，或有网络覆盖但没有使用 = 1；有网络覆盖且使用互联网 = 0	$\frac{1}{15}$	$\frac{1}{40}$
	入户路类型	土路或无路 = 1；水泥或柏油路 = 0	$\frac{1}{15}$	$\frac{1}{40}$
就业	就业情况	其他 = 1；有 1 人以上就业（含 1 人），或者连续务工 6 个月以上 = 0	$\frac{1}{15}$	$\frac{1}{10}$
	就业技能	18～55 周岁丧失劳动能力或无劳动能力 = 1；普通劳动力或有技术劳动力 = 0	$\frac{1}{15}$	$\frac{1}{10}$
收入	人均净收入	人均净收入 ≤2800 = 1；人均净收入 >2800 = 0	$\frac{1}{15}$	$\frac{1}{5}$

（2）各指标临界值的描述。

在各指标的临界值设置问题上，本书参考了诸多关于多维贫困研究的文献资料，并做了归纳总结。针对健康、教育和生活条件维度的相关指标的临界值设置，和联合国、王小林、陈辉等人的设置有较高的一致性。其中教育维度中关于成年人受教育程度，设置为 18～30 周岁初中未毕业、31～45 周岁小学未毕业或未上过学为贫困，其他状况为不贫困。因为 1986 年 7 月 1 日起施行的《中华人民共和国义务教育法》规定适龄的"儿童和少年"必须接受 9 年的义务教育，本书分析的样本数据来自 2016 年，所以设定为 18~30 周岁的成年人须完成九年义务教育；另外，1976 年"文化大革命"结束，所以设定 31~45 周岁小学毕业为不贫困，符合我国的实际。

对于就业、收入维度的相应指标的设置是结合我国农村贫困实际情况以及各地区精准扶贫战略实施的目的、措施、进程等因素综合考虑的，同时也听取了参与扶贫工作的博士生导师、市县扶贫办工作人员及参与 A 市精准扶贫第三方评估的专家学者的意见与建议。指标体系构成详见表 4-9。

需要说明的是，在收入维度上，只设一项指标即年人均净收入，本书理解的国家的贫困线是在"两不愁三保障"之上的年人均收入 2800 元，该 2800 元是用来作为一日三餐的食品消费费用和其他可满足与健康生存同等重要的非食品消费需要的费用，是能够体现"吃饱、适当吃好"的最低食品消费支出和其他消费保障的。

关于就业这一维度，没有把阿尔基尔在《贫困的缺失维度》一书中所表述的正式就业与非正式就业、就业的相关权益、职业危害等问题作为指标，而是基于我国农村劳动力就业现状，多数贫困者或者农村的非贫困者（在此分析时，排除了农村外出务工人员进入企业签订劳动合同或就业协议，享受相应的保险及住房公积金等，因为该类家庭如果一人就业，基本上可以排除为非贫困家庭）的就业状况为临时性就业，是一种基于血缘、乡邻关系互托、结伴外出寻求工作的状态，其就业缺乏基本的健康与福利服务以及社会保护，部分就业单位也为非正式公司，且从事繁重体力劳动的居多。故此，在征求相关专家学者意见基础上将指标设置为就业情况和就业技能两项；而就业情况的临界值设置为没有工作或务工每年少于等于六个月为贫困，其他为非贫困。在就业技能上考虑到 18~55 周岁丧失劳动能力或无劳动能力为贫困；普通劳动力或有技术劳动力为非贫困。

（3）A-F 模型各维度、指标的权重设置。

在判断观测个体是否处于多维贫困时，权重的高低直接影响所得指数的大小；不同的权重，测算的结果是不同的。在以往研究实践过程中，针对各维度及指标权重的设置主要有规范法、数据推动法和混合的方法，以及运用频率、统计法、基于价格或专家意见法。无论是用何种方法设置，都是存在一定的缺陷的，权重分配的合理性尚没有达成较为一致的见解与意见，在学界还处于众说纷纭状态。

基于此，本书在研究过程中，参照联合国的人类贫困指数以及国内外相关学者的等权重法，等权重可以分为指标等权和维度等权。指标等权指的是各维度的指标相互间权重是相等的；维度等权指的是所有维度的权重是相等的，在各维度的相应指标再做等分。各维度及指标权重分配详见表4-9。

4.5 基于改进的 A-F 模型多维贫困测度实证分析——以 A 市为例

4.5.1 A 市贫困状况

1. A 市基本情况

A 市现辖 Aa 区、Ab 区这两个行政区，Ac 县、Ad 县、Ae 县、Af 县、Al 县、Aj 县、Ag 县、Am 县、Ah 县、Ai 县共 10 个县，Ak 区、An 区这两个开发区。

2. 贫困现状

A 市是集革命老区、重点移民区和传统农业区于一体的扶贫重点地区。依照 2015 年年底建档立卡情况，A 市下辖县区有国家级集中连片特殊困难县 4 个，分别是：Al 县、Ag 县、Aj 县、Ah 县；国家级扶贫开发重点县 2 个，分别是：Ai 县、Ae 县；省定扶贫开发工作重点县 Af 县；市定扶贫开发工作重点县 5 个，分别是：Ad 县、Ab 区、Aa 区、Am 县、Ac 县，涉及贫困人口 44.68 万，16.37 万户（截至 2016 年 6 月 30 日市扶贫办提供的数据）；扶贫及脱贫任务十分艰巨。

3. A 市及各县区的贫困发生率——以人均收入 2800 元为标准

截至 2016 年 6 月 30 日，各县区向 A 市扶贫办上报了各县区依照相关要求测度的人均收入低于 2800 元的贫困人口，假设其测度基本无误；A 市依据 2015 年 11 月 1 日 0 时为标准时点开展的人口抽样调查推算出了全市各县区 2015 年年末人口数据，得出了 A 市收入维度的贫困发生率及各县区收入维度的贫困发生率，如表 4-10 所示。

表 4-10　　A 市各县区的贫困发生率（%）——以人均收入 2800 元为标准

县区	常住人口①（万人）	比重（%）	贫困人数（万人）	贫困发生率（%）
Ae 县	38.01	0.0459	4.1451	0.1091
Ai 县	61.73	0.0746	6.6980	0.1085
Ah 县	66.16	0.0799	6.7591	0.1022
Al 县	48.32	0.0584	4.5404	0.0940
Aj 县	84.46	0.1020	6.2982	0.0746
Ag 县	55.53	0.0671	3.5226	0.0634
A 市	827.99	1.0000	42.4832	0.0513
Af 县	88.4	0.1068	3.4266	0.0388
Ab 区	59.07	0.0713	1.6715	0.0283
Am 县	43.7	0.0528	1.2292	0.0281
Ad 县	117.74	0.1422	2.6937	0.0229
Ac 县	61.01	0.0737	0.6318	0.0104
Ak 区	13.83	0.0167	0.1283	0.0093

① 依据 2015 年 11 月 1 日 0 时为标准时点开展的人口抽样调查推算 A 市 2015 年年末，全市总人口为 1005.7 万，常住人口 859.6 万。本表计算的 A 市总人口为 827.99 万，是扣除了常住人口 859.6 万中的示范区的 19.3 万和产业开发区的 12.31 万。

县区	常住人口①（万人）	比重（%）	贫困人数（万人）	贫困发生率（%）
Aa 区	83.52	0.1009	0.7320	0.0088
An 区	6.53	0.0079	0.0067	0.0010

通过表4-10可以看出，从单一收入维度来测度，A市的贫困发生率为5.13%，低于国家农村的贫困发生率5.7%。高于A市贫困发生率平均水平的县区从高到低依次是Ae县、Ai县、Ah县、Al县、Aj县和Ag县。其中Ae县贫困发生率为10.9%，是A市14个县区贫困发生率最高的县。低于A市贫困发生率平均水平的县区从高到低依次是Af县、Ab区、Am县、Ad县、Ac县、Ak区、Aa区和An区，其中Ak区、Aa区和An区分别是0.93%、0.88%、0.1%，均低于1个百分点。Ae县、Ai县是国家级扶贫开发重点县，Ah县、Al县、Aj县和Ag县则是国家级集中连片特殊困难县。

4.5.2　多维贫困测度的数据来源

A市依据国家战略部署、省扶贫工作的安排，推进了精准测度、精准帮扶、精准施策等一系列环环相扣的战略举措。本章多维贫困测度实证分析所用的数据来自2016年7月A市精准扶贫第三方评估采集的数据。

中共中央办公厅、国务院办公厅下发的文件《省级党委和政府扶贫开发工作成效考核办法》（厅字〔2016〕6号），要求在2016—2020年对我国中西部地区的22个省份扶贫开发工作成效进行年度评估，各级政府的扶贫开发部门可以委托第三方机构开展扶贫评估工作。为扎实高效精准推动A市脱贫攻坚工作顺利开展，确保精准扶贫工作的质量和效果，依据《省级党委和政府扶贫开发工作成效考核办法》（厅字〔2016〕6号）和《A市关于实施"五有"扶贫攻坚计划的意见》等文件精神，A市政府于2016年6月与G学院签订了《A市精准扶贫第三方合作框架协议》。2016年7月，G学院组织师生赴A市14个县区的50%以上的乡镇，共走访了133个乡镇，1017 个行政村，10268 户（其中系统内 4068 户、系统外 1785 户），走访村干部 1650 人。共采集第一手数据 170.4 万个，数据中的一小部分本书的分析没有使用，对本书来说相当于无效数据。

1. 数据采集的总样本的确定

评估方依据 A 市扶贫开发办公室的提议，在 A 市贫困户数抽样总体确定的前提下，抽样分布涵盖不低于全市 50% 的乡镇和评估精确度不低于 90% 的抽样总体目标，进行分层统计抽样。从 A 市统计局获得的贫困人口分布数据，经过初步统计发现，总体方差过大，个体间差异较大。考虑分层随机抽样的方法，减小方差，保证层内个体间差异小。分层随机抽样的样本容量确定公式为：

$$n = \frac{N t^2 \overline{\sigma}^2}{N \Delta^2 + t^2 \overline{\sigma}^2} \tag{4-27}$$

其中，其中 N 为样本总数，t 为检验量，当置信水平 $\alpha = 0.95$ 时，$t = 1.96$；当置信水平 $\alpha = 0.90$ 时，$t = 1.64$，Δ 为抽样误差。按照统计要求，抽样误差在 0.1 以内，则 $\Delta = 0.1$。$\overline{\sigma}^2$ 为层内平均方差，

$$\overline{\sigma}^2 = \frac{\sum n_i \sigma^2}{n} \tag{4-28}$$

其中，n_i 为每层样本单位数，n 为样本单位总数，σ^2 为层内方差。

在实际分层过程中，存在极端异常值，是方差过大的主要原因。通过绘制各村贫困人口数的直方图可以观察到，贫困人口分布近似服从正态分布，于是考虑利用 3σ 法则，先去掉极端异常值之后进行分层，于是得到贫困人数在（10，650）区间内的村包含总村数的 91.22%，达到了贫困人口合格率 ≥ 90% 的要求。利用统计软件 SPSS，采用聚类分析的方法，对贫困人数在（10，650）区间内的村按贫困人数进行聚类，采用 K-均值聚类的方法，利用马氏平方距离进行度量将各村分为 10 类。单因素方差分析结果 $P = 0.000$，拒绝原假设，表示分类效果显著。具体如表 4-11、表 4-12、表 4-13、表 4-14 所示。

表 4-11 最终聚类中心

	聚 类									
	1	2	3	4	5	6	7	8	9	10
V2	29.22	194.98	414.96	625.83	493.26	569.93	333.13	131.40	259.51	75.14

表 4-12 ANOVA

	聚 类		误 差		F	Sig
	均方	df	均方	df		
V2	5234601.99	9	235.7	3522	22208.69	0

注：F检测应仅用于描述性目的，因为选中的聚类将被用来最大化不同聚类中的案例间的差别。观测到的显著性水平并未据此进行更正，因此无法将其解释为对聚类均值相等这一假设的检验。

表 4-13 每个聚类中的案例数

聚类	1	1452
	2	269
	3	85
	4	18
	5	46
	6	28
	7	110
	8	489
	9	159
	10	876
	有效	3532
	缺失	451

表 4-14   描述统计量

		N	极小值	极大值	和	均差	方差
第一类	V2	1452	10	52	42426	29.21	140.45
	有效值 N	1452					
第二类	V2	269	166	230	52450	194.98	348.41
	有效值 N	269					
第三类	V2	85	377	454	35272	414.96	487.73
	有效值 N	85					
第四类	V2	18	602	647	11265	625.83	158.38
	有效值 N	18					
第五类	V2	46	456	531	22690	569.93	329.55
	有效值 N	46					
第六类	V2	28	533	590	15958	569.93	329.55
	有效值 N	28					
第七类	V2	110	299	374	36644	333.13	454.24
	有效值 N	110					
第八类	V2	489	105	165	64253	131.4	321.3
	有效值 N	489					
第九类	V2	159	231	298	41262	259.51	383.04
	有效值 N	159					
第十类	V2	876	53	104	65822	75.14	220.61
	有效值 N	876					

由于贫困人数小于 10 的村抽样代表性差，抽样时耗时耗力，所以在抽样过程中，笔者暂不考虑小于 10 的村。而贫困人数大于 650 的村大部分为贫困村，在抽样过程中，不仅不能忽略，更应着重考虑。于是，利用统计软件 SPSS，再次采用聚类分析的方法，对贫困人数大于 650 的村进行聚类，同样采用 K-均值聚类的方法，利用马氏平方距离进行度量将各村分为

4 类。单因素方差分析结果 p = 0.000，拒绝原假设，表示分类效果显著。具体如表 4-15、表 4-16、表 4-17 所示。

表 4-15 最终聚类中心

	聚 类			
	1	2	3	4
VAR00002	689.59	1256.5	1001.43	834

表 4-16 AVOVA

	聚 类		误 差		F	Sig
	均方	df	均方	df		
VAR00002	469320.258	3	1514.455	43	304.466	0

注：F 检测应仅用于描述性目的，因为选中的聚类将被用来最大化不同聚类中的案例间的差别。观测到的显著性水平并未据此进行更正，因此无法将其解释为对聚类均值相等这一假设的检验。

表 4-17 每个聚类中的案例数

聚类	1	17
	2	4
	3	14
	4	12
	有效	47
	缺失	3933

重新对每一类别求得其总人数和层内方差，计算结果如表 4-18 所示：

表 4-18　　　　　　　　　　　　　描述统计量

		N	极小值	极大值	和	均差	方差
第一类	VAR00002	17	651	745	11723	689.59	757.76
	有效值 N	17					
第二类	VAR00002	4	1205	1353	5026	1256.5	4742.33
	有效值 N	4					
第三类	VAR00002	14	929	1110	14020	1001.43	2177.96
	有效值 N	14					
第四类	VAR00002	12	787	889	10008	834	1056.18
	有效值 N	12					

依据样本最佳容量计算公式，利用软件 Matlab 求得最佳样本量为 12284 人，并将获得的样本容量分配到各县区。将各县区贫困人数除以 A 市总贫困人数，得到各县比例，用各县比例乘以总的最佳样本量，得到各县抽样的样本容量。

由于各县区中均含有贫困村和非贫困村，贫困村为着重考察对象。对各县区来说，贫困村贫困人口占县贫困人口比例为 a，非贫困村贫困人口 b。按比例算出贫困村需要的样本量，非贫困村需要的样本量。

2. 调研样本的抽取

因为我国关于贫困指标的统计表述多以家庭（户）为单位，即以贫困户数的方式加以表述；同时，依据上述分配公式可得到各县区总体上应当分配抽取的系统内贫困户数量，结合抽样方案关于系统内外样本确定的前述规定，可得 A 市样本抽取分布表 4-19。

需要说明的是，A 市第三方评估重点任务是核对对贫困户的测度是否精准和帮扶是否精准等问题，所以在实际抽样中，依据截至 2016 年 6 月 30 日的各县区在建档立卡系统内上报的一般贫困户和低保户，以及在系统外的低保户、残疾人户和贫困户的左邻右舍户，如表 4-19 所示。

表 4-19   **A 市样本抽取样本有效样本分布表**

县区	系统内户				系统外户		有效数据户数
	贫困村		面上村		低保户	残疾人户	
	一般贫困户	低保户	一般贫困户	低保户			
Aa 区	92	49	58	38	96	32	365
Ab 区	95	36	62	27	36	12	268
Ac 县	107	37	66	30	84	28	358
Ad 县	84	72	63	37	96	32	384
Ae 县	145	55	97	36	84	28	445
Af 县	275	126	190	72	96	32	791
Al 县	121	59	91	36	96	32	435
Aj 县	176	77	120	55	84	28	540
Ag 县	100	51	62	30	96	32	389
Am 县	72	43	52	27	84	28	306
Ah 县	210	90	160	50	84	28	611
Ai 县	200	67	127	45	96	32	567
Ak 区	0	0	14	10	12	4	40
An 区	0	0	0	0	10	4	14
合计	1658	755	1152	487	1054	352	5447

表 4-19 中所示的 14 个县区，其中从 Aa 区抽取了 11 个乡镇；从 Ab 区抽取了 7 个乡镇；从 Ac 县抽取了 12 个乡镇；从 Ad 县抽取 11 个乡镇；从 Ae 县抽取了 13 个乡镇；从 Af 县抽取了 11 个乡镇；从 Al 县抽取了 9 个乡镇；从 Aj 县抽取了 14 个乡镇；从 Ag 县抽取了 9 个乡镇；从 Am 县抽取了 12 个乡镇；从 Ah 县抽取了 10 个乡镇；从 Ai 县抽取了 10 个乡镇；从 Ak 区抽取了 3 个乡镇；从 An 区抽取了 1 个乡镇。具体各乡镇抽取的村的情况和各村抽取的各类别农户的户数情况这里不再详述。

3. 调研的方法和过程

本书研究的数据获得方法主要是走访法、问卷调查法和随机调研法相结合。2016 年 7 月，调研人员奔赴各县区的样本乡镇，逐户走访、实地调研。在各乡镇调研各类别人群总数量既定的情况下，乡镇的哪些村、具体哪些户作为调研样本，都是随机产生的。产生的办法是调研人员到乡镇时，要求该乡镇负责扶贫部门提供本乡镇全部贫困人员名册，然后随机抽取至少一半的村，先后在该部分村里面随机选取规定数量的贫困户作为调研对象。

调研人员在经过培训后，入村认真观察其村容村貌，村庄的基本设施、调研对象的农户的房屋结构特征、家用电器等，并拍照作为资料档案；采用问卷调查法，依据设计好的问卷逐项访谈，并全程做好录音；访谈过程中，为保持独立客观，村干部只负责领调研人员到户但不进院，即访谈过程中，只有调研工作人员与受访者进行"一对一"的谈询，获得第一手数据资料。

4. 调查问卷设计说明、数据整理情况

问卷的设计充分考虑到 A 市农村贫困的实际情况，经过专家的反复论证及 A 市扶贫办相关领导的审核；贫困测度所需的各维度各指标的信息都涵盖在内。需要说明的是部分样本对象的受教育程度和卫生设施和燃料数据来源于各县区 2016 年 6 月 30 日前向 A 市扶贫办上报的数据；所需其他数据均来自调研。

针对采集到的数据在规定时间内严格按照整理程序进行整理。

4.5.3 模型测度结果

本部分实证分析主要是对于 A 市的贫困户的多维贫困状况进行分析，通过运用 A-F 模型进行较为系统全面的分析，找出 A 市贫困人群致贫的深层次原因，以及解决致贫原因的优先级，同时为下一步 A 市的扶贫攻坚工

作以及我国的精准扶贫工作提供建议与对策。

另外，由于本书选取的数据来自对官方认定的贫困户的调研，所以运用 A-F 模型分析得出的结果在多维贫困发生率、多维贫困指数等结果会较高，但是这并不意味着是 A 市及各县区的整体贫困状况。许多学者在就某个地区贫困状况进行分析时，所运用的数据是随机选取样本进行调研的数据，即样本中间有一部分非贫困户，这与本书研究是有区别的。

接下来将重点分析 A 市及各县区的指标等权和维度等权情况下各维度单维贫困发生率和贫困贡献率、多维贫困发生率及各指标对贫困的贡献率。

1. 指标等权情况下 A 市及各县区多维贫困测度结果

本部分在运用 A-F 模型测算 A 市及各县区贫困发生率、平均剥夺份额以及多维贫困指数时，在各维度的权重设计上，没有依照维度等权，而是考虑到各维度的指标之间的相关性情况不明，在征求相关专家意见基础之上实行指标等权重法。

需要说明的是，本部分分析提到的农村家庭主要指 A 市各县区官方以收入标准认定的贫困户。

（1）A 市多维贫困测度结果分析。

如图 4.3 所示，从 A 市多维贫困测度结果可以看出，当临界值 k 取不同的值时，多维贫困发生率和多维贫困指数有很大的变化。当 $k=2$ 时，多维贫困发生率为 100%，多维贫困指数为 57.68%；当 $k=3$、4、5 时，多维贫困发生率没有较大变化，其值均大于 99%，而对应的多维贫困指数均大于 57.5%。当 $k=6$ 时，多维贫困发生率和多维贫困指数分别为 97.57% 和 56.92%，相对于 $k=5$ 有微小的下降。当 $k=7$ 时，多维贫困发生率和多维贫困指数分别为 92.37% 和 54.84%。当 $k=8$ 时，多维贫困发生率和多维贫困指数分别为 78.93% 和 48.57%，相对于 $k=7$，有较为明显的大幅度下降。当 $k=9$ 时，多维贫困发生率和多维贫困指数迅速下降，下降非常明显，分别为 55.56% 和 36.11%。当 $k=10$ 时，多维贫困发生率和多维贫困指数分别为 29.96% 和 20.75%，相对于 $k=9$，下降较为明显。当 $k=11$、12、13 时，多维贫困发生率分别为 9.95%、1.58% 和 0.08%，而多维贫困指数分别为 7.41%、1.27% 和 0.07%，数值非常低；说明在该维度上贫困的人数非常小。当 $k=14$、15 时，多维贫困发生率和多维贫困指数均为 0。由此可以看出，A 市农村贫困人口在 9 个维度上处于多维贫困状态的分布更为集中。

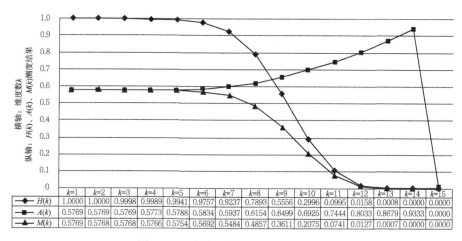

	$k=1$	$k=2$	$k=3$	$k=4$	$k=5$	$k=6$	$k=7$	$k=8$	$k=9$	$k=10$	$k=11$	$k=12$	$k=13$	$k=14$	$k=15$
$H(k)$	1.0000	1.0000	0.9998	0.9989	0.9941	0.9757	0.9237	0.7893	0.5556	0.2996	0.0995	0.0158	0.0008	0.0000	0.0000
$A(k)$	0.5769	0.5769	0.5769	0.5773	0.5788	0.5834	0.5937	0.6154	0.6499	0.6925	0.7444	0.8033	0.8679	0.9333	0.0000
$M(k)$	0.5769	0.5768	0.5768	0.5766	0.5754	0.5692	0.5484	0.4857	0.3611	0.2075	0.0741	0.0127	0.0007	0.0000	0.0000

图 4.3　A 市多维贫困测度结果（%）

（2）Aa 区多维贫困测度结果分析。

如图 4.4 所示，从 Aa 区多维贫困测度结果可以看出，当临界值 $k \leqslant 3$ 时，多维贫困发生率均为 100%，多维贫困指数也较高，均为 56.81%。当 $k=4$、5、6 时，多维贫困发生率依然较高，分别为 99.95%、99.57% 和 97.82%；而多维贫困指数仅有略微下降，分别为 56.80%、56.70% 和 56.11%。当 $k=7$ 时，多维贫困发生率和多维贫困指数分别为 92.53% 和 53.99%，相对于 $k=6$ 有较小的下降。当 $k=8$ 时，多维贫困发生率下降至 76.96%，多维贫困指数下降至 46.73%，下降较为明显。当 $k=9$ 时，多维贫困发生率迅速下降至 50.14%，多维贫困指数也迅速下降至 32.43%，下降非常明显。当 $k=10$ 时，多维贫困发生率和多维贫困指数均较低，分别为 25.31% 和 17.52%。当 $k=11$、12、13 时，多维贫困发生率分别为 8.09%、1.51% 和 0.19%，而多维贫困指数分别为 6.06%、1.22% 和 0.16%，数值非常低；说明在相应维度上贫困的人数非常少。当 k 取值为 14、15 时，二者均为 0。

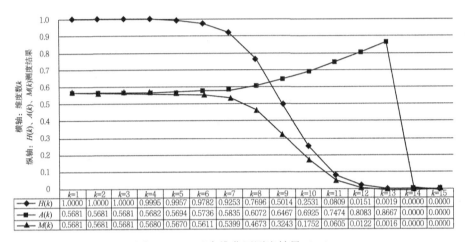

纵轴：$H(k)$、$A(k)$、$M(k)$ 测度结果　　横轴：维度数 k

	k=1	k=2	k=3	k=4	k=5	k=6	k=7	k=8	k=9	k=10	k=11	k=12	k=13	k=14	k=15
H(k)	1.0000	1.0000	1.0000	0.9995	0.9957	0.9782	0.9253	0.7696	0.5014	0.2531	0.0809	0.0151	0.0019	0.0000	0.0000
A(k)	0.5681	0.5681	0.5681	0.5682	0.5694	0.5736	0.5835	0.6072	0.6467	0.6925	0.7474	0.8083	0.8667	0.0000	0.0000
M(k)	0.5681	0.5681	0.5681	0.5680	0.5670	0.5611	0.5399	0.4673	0.3243	0.1752	0.0605	0.0122	0.0016	0.0000	0.0000

图 4.4　Aa 区多维贫困测度结果（%）

（3）Ab 区多维贫困测度结果分析。

如图 4.5 所示，从 Ab 区多维贫困测度结果可以看出，当临界值 $k \leqslant 4$ 时，多维贫困发生率均为 100%，多维贫困指数也较高，均为 57.97%。当 k 取值为 5、6、7 时，多维贫困发生率依然较高，分别为 99.57%、99.35% 和 94.91%；而多维贫困指数有微小的下降，分别下降至 57.96%、57.76% 和 55.98%。当 $k=8$ 时，多维贫困发生率和多维贫困指数下降幅度稍大，分别降至 81.41% 和 49.68%。当 $k=9$ 时，多维贫困发生率和多维贫困指数均有较大幅度的下降，分别下降 24.41 个百分点和 13.02 个百分点。当 $k=10$ 时，多维贫困发生率较低，为 27.93%，多维贫困指数为 19.22%。当临界值 k 的取值为 11、12 或者 13 时，多维贫困发生率和多维贫困指数比较低，意味着有非常少的人群在该维度上处于贫困状态。而当 $k=14$ 时，二者取值均为零，即没有人在 14 个维度上贫困。

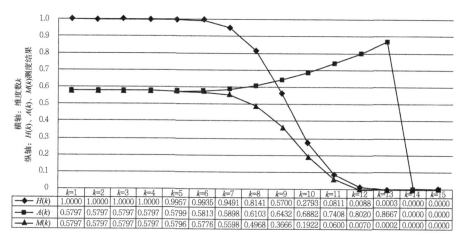

纵轴: H(k)、A(k)、M(k)测度结果　　横轴: 维度数k

	k=1	k=2	k=3	k=4	k=5	k=6	k=7	k=8	k=9	k=10	k=11	k=12	k=13	k=14	k=15
H(k)	1.0000	1.0000	1.0000	1.0000	0.9957	0.9935	0.9491	0.8141	0.5700	0.2793	0.0811	0.0088	0.0003	0.0000	0.0000
A(k)	0.5797	0.5797	0.5797	0.5797	0.5799	0.5813	0.5898	0.6103	0.6432	0.6882	0.7408	0.8020	0.8667	0.0000	0.0000
M(k)	0.5797	0.5797	0.5797	0.5797	0.5796	0.5776	0.5598	0.4968	0.3666	0.1922	0.0600	0.0070	0.0002	0.0000	0.0000

图 4.5　Ab 区多维贫困测度结果（%）

（4）Aj 县多维贫困测度结果分析。

如图 4.6 所示，从 Aj 县多维贫困测度结果可知，当临界值 $k \leqslant 6$ 时，多维贫困发生率非常高，均大于 98.44%，多维贫困指数介于 58.20% 与 58.32% 之间，变化非常小。当 $k=7$ 时，多维贫困发生率下降 4.36 个百分点，下降幅度较小；多维贫困发生率降至 56.07%，下降幅度也较小。当 $k=8$ 时，多维贫困发生率和多维贫困指数下降幅度稍大，分别降至 81.83% 和 50.36%。当 $k=9$ 时，多维贫困发生率和多维贫困指数下降幅度非常明显，分别降至 58.77% 和 38.05%，说明在该处贫困人口较为集中，与实际状况较为符合，在此处研究更有意义。当 $k=10$ 时，二者下降的幅度依然较大，分别降至 30.44% 和 21.06%。当 $k=11$、12 和 13 时，多维贫困发生率和多维贫困指数较小。当 $k=14$ 时，多维贫困发生率和多维贫困指数均为 0，说明没有人群在 14 个维度上处于贫困状态。

（5）Af 县多维贫困测度结果分析。

从图 4.7 可以看出，当 $k \leqslant 3$ 时，多维贫困发生率均为 100%，而 $k=4$、5、6 时，多维贫困发生率几乎没有下降，其值介于 99.35% 和 99.99% 之间；而多维贫困指数也变化不大，介于 59.94% 和 61.15% 之间。当 $k=7$

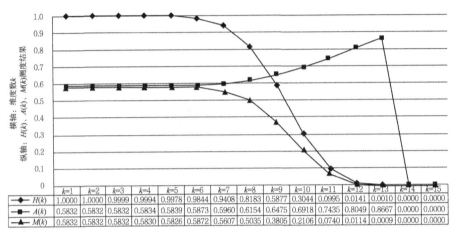

	k=1	k=2	k=3	k=4	k=5	k=6	k=7	k=8	k=9	k=10	k=11	k=12	k=13	k=14	k=15
H(k)	1.0000	1.0000	0.9999	0.9994	0.9978	0.9844	0.9408	0.8183	0.5877	0.3044	0.0995	0.0141	0.0010	0.0000	0.0000
A(k)	0.5832	0.5832	0.5832	0.5834	0.5839	0.5873	0.5960	0.6154	0.6475	0.6918	0.7435	0.8049	0.8667	0.0000	0.0000
M(k)	0.5832	0.5832	0.5832	0.5830	0.5826	0.5872	0.5607	0.5035	0.3805	0.2106	0.0740	0.0114	0.0009	0.0000	0.0000

图 4.6　Aj 县多维贫困测度结果（%）

时，多维贫困发生率和多维贫困指数略微有下降，分别降至 97.57% 和 59.23%。当 $k=8$ 时，二者有小幅度下降，分别降至 89.06% 和 55.26%。当 $k=9$ 时，多维贫困发生率和多维贫困指数有较大幅度下降，分别下降至 67.78%、43.91%。当 $k=10$ 时，多维贫困发生率较低，为 37.76%，多维贫困指数为 25.90%。当 $k=11$ 时，多维贫困发生率仅为 9.83%，而多维贫困指数为 7.28%，说明在该维度有小量人群处于多维贫困状态。当 $k=12$、13 时，多维贫困发生率和多维贫困指数较小，均小于 1%。当 $k=14$ 时，多维贫困发生率和多维贫困指数均为 0，说明没有人群在 14 个维度上处于贫困状态。

　　整体来看，在相应的维度取值上，Af 县无论是多维贫困发生率，还是多维贫困指数均高于 A 市的整体水平；另外，其贫困人群的分布在 $k=9$ 时更为集中。

　　（6）Ai 县多维贫困测度结果分析。

　　如图 4.8 所示，从 Ai 县多维贫困测度结果可以直观看出，当 $k=1$ 时，多维贫困发生率均为 100%，而 $k=2$，3，4 时，多维贫困发生率均高于 99.3%，下降微乎其微；多维贫困指数几乎没有下降，其值介于 50.77% 和

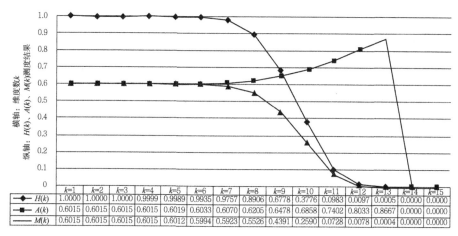

图 4.7　Af 县多维贫困测度结果（%）

	k=1	k=2	k=3	k=4	k=5	k=6	k=7	k=8	k=9	k=10	k=11	k=12	k=13	k=14	k=15
H(k)	1.0000	1.0000	1.0000	0.9999	0.9989	0.9935	0.9757	0.8906	0.6778	0.3776	0.0983	0.0097	0.0005	0.0000	0.0000
A(k)	0.6015	0.6015	0.6015	0.6015	0.6019	0.6033	0.6070	0.6205	0.6478	0.6858	0.7402	0.8033	0.8667	0.0000	0.0000
M(k)	0.6015	0.6015	0.6015	0.6015	0.6012	0.5994	0.5923	0.5526	0.4391	0.2590	0.0728	0.0078	0.0004	0.0000	0.0000

50.88% 之间。当 $k=5$、6 时，多维贫困发生率有了小幅度的下降，降至 96.67% 和 90.07%，多维贫困指数分别降至 50.12% 和 47.82%。当 $k=7$ 时，多维贫困发生率和多维贫困指数均有了一定幅度的下降，分别降至 76.20% 和 42.27%。当 $k=8$ 时，二者有较大幅度的下降，分别降至 54.53% 和 32.16%。当 $k=9$ 时，多维贫困发生率和多维贫困指数下降的幅度均较大，分别降至 30.59% 和 19.39%。当 $k=10$ 时，多维贫困发生率和多维贫困指数下降的幅度依然较大，分别降至 12.07% 和 8.28%。当 k 处于 11 和 13 之间时，二者值均比较小，多维贫困发生率分别为 3.09%、0.39%、0.02%，多维贫困指数分别为 2.29%、0.32%、0.02%。没有人群在 14 个维度上处于贫困。

（7）Ad 县多维贫困测度结果分析。

从图 4.9 可以看出，当 k 取值为 1~6 时，多维贫困发生率基本上没有变化，多维贫困指数几乎也没有下降。当 $k=7$ 时，多维贫困发生率有了很小的下降，降至 96.10%；多维贫困发生率下降也较小，降至 55.75%。当 $k=8$ 时，多维贫困发生率和多维贫困指数均有较大幅度的下降，分别降至 80.71% 和 48.57%。当 $k=9$ 时，多维贫困发生率和多维贫困指数迅速下降，

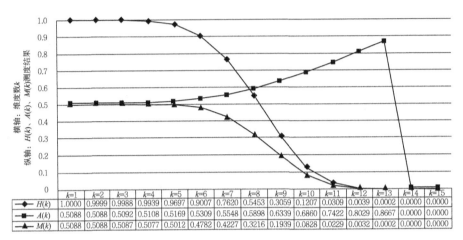

纵轴：$H(k)$、$A(k)$、$M(k)$测度结果　　横轴：维度数k

	k=1	k=2	k=3	k=4	k=5	k=6	k=7	k=8	k=9	k=10	k=11	k=12	k=13	k=14	k=15
$H(k)$	1.0000	0.9999	0.9988	0.9939	0.9697	0.9007	0.7620	0.5453	0.3059	0.1207	0.0309	0.0039	0.0002	0.0000	0.0000
$A(k)$	0.5088	0.5088	0.5092	0.5108	0.5169	0.5309	0.5548	0.5898	0.6339	0.6860	0.7422	0.8029	0.8667	0.0000	0.0000
$M(k)$	0.5088	0.5088	0.5087	0.5077	0.5012	0.4782	0.4227	0.3216	0.1939	0.0828	0.0229	0.0032	0.0002	0.0000	0.0000

图4.8　Ai县多维贫困测度结果（%）

下降幅度也较大，分别降至50.29%和32.35%。当k=10、11时，多维贫困发生率和多维贫困指数下降幅度均较大。当k=12、13时，多维贫困发生率和多维贫困指数的值非常小。没有贫困人口在14个维度上处于贫困。

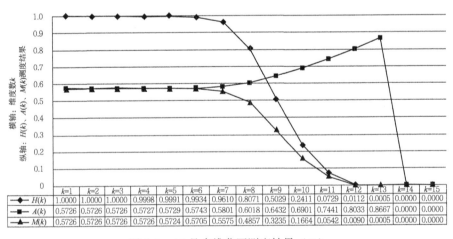

纵轴：$H(k)$、$A(k)$、$M(k)$测度结果　　横轴：维度数k

	k=1	k=2	k=3	k=4	k=5	k=6	k=7	k=8	k=9	k=10	k=11	k=12	k=13	k=14	k=15
$H(k)$	1.0000	1.0000	1.0000	0.9998	0.9991	0.9934	0.9610	0.8071	0.5029	0.2411	0.0729	0.0112	0.0005	0.0000	0.0000
$A(k)$	0.5726	0.5726	0.5726	0.5727	0.5729	0.5743	0.5801	0.6018	0.6432	0.6901	0.7441	0.8033	0.8667	0.0000	0.0000
$M(k)$	0.5726	0.5726	0.5726	0.5726	0.5724	0.5705	0.5575	0.4857	0.3235	0.1664	0.0542	0.0090	0.0005	0.0000	0.0000

图4.9　Ad县多维贫困测度结果（%）

（8）Al县多维贫困测度结果分析。

如图 4.10 所示，从 Al 县多维贫困测度结果可以看出，当临界值 k 为 1 和 5 之间时，多维贫困发生率均大于 99.3%，多维贫困指数也基本没有变化，介于 58.19% 和 58.35% 之间。当 $k=6$ 时，二者有了非常小的下降。当 $k=7$ 时，多维贫困发生率和多维贫困指数均有较大的下降，分别降至 92.19% 和 55.44%。当 $k=8$ 时，多维贫困发生率和多维贫困指数均下降较为明显，分别降至 79.74% 和 49.63%。当 $k=9$ 时，多维贫困发生率和多维贫困指数有较大幅度下降，分别下降至 58.85%、38.49%。当 $k=10$ 时，多维贫困发生率较低，为 33.32%，多维贫困指数为 23.18%。

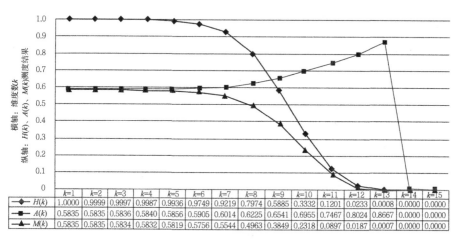

纵轴：$H(k)$、$A(k)$、$M(k)$ 测度结果   横轴：维度数 k

	k=1	k=2	k=3	k=4	k=5	k=6	k=7	k=8	k=9	k=10	k=11	k=12	k=13	k=14	k=15
H(k)	1.0000	0.9999	0.9997	0.9987	0.9936	0.9749	0.9219	0.7974	0.5885	0.3332	0.1201	0.0233	0.0008	0.0000	0.0000
A(k)	0.5835	0.5835	0.5836	0.5840	0.5856	0.5905	0.6014	0.6225	0.6541	0.6955	0.7467	0.8024	0.8667	0.0000	0.0000
M(k)	0.5835	0.5835	0.5834	0.5832	0.5819	0.5756	0.5544	0.4963	0.3849	0.2318	0.0897	0.0187	0.0007	0.0000	0.0000

图 4.10 Al 县多维贫困测度结果 (%)

当 $k=11$ 时，多维贫困发生率和多维贫困指数下降的幅度依然较大，分别降至 12.01% 和 8.97%。当 k 处于 12 和 13 之间时，二者值均比较小，多维贫困发生率分别为 2.33%、0.08%，多维贫困指数分别为 8.97%、1.87%。没有人群在 14 个维度上处于贫困。

（9）Ac 县多维贫困测度结果分析。

如图 4.11 所示，从 Ac 县多维贫困测度结果可以看出，当临界值 k 取不同的值时，多维贫困发生率和多维贫困指数有很大的变化。当 $k=2$、3、4 时，多维贫困发生率几乎都为 100%，多维贫困指数为 54.40%；当 $k=5$

时，多维贫困发生率几乎没有变化，值为 99.98%，多维贫困指数为 54.35%。当 $k=6$ 时，多维贫困发生率和多维贫困指数分别为 98.83% 和 54.02%，相比于 $k=5$ 时有微小的下降。当 $k=7$ 时，多维贫困发生率和多维贫困指数分别为 92.13% 和 51.34%，下降幅度增大。当 $k=8$ 时，多维贫困发生率和多维贫困指数分别为 68.84% 和 40.47%，相对于 $k=7$，有较为明显的大幅度下降。当 $k=9$ 时，多维贫困发生率和多维贫困指数急剧下降，取值分别为 35.53% 和 22.74%。当 $k=10$ 时，多维贫困发生率和多维贫困指数分别为 15.79% 和 10.86%，下降仍然明显。当 $k=11$、12、13 时，多维贫困发生率分别为 4.05%、0.87% 和 0.09%，而多维贫困指数分别为 3.03%、0.7% 和 0.07%，数值非常低；说明在该维度上贫困的人数非常小。当 $k=14$ 时，多维贫困发生率和多维贫困指数均为 0。由此可以看出，Ac 县贫困人口在 9 个维度上集中程度较高，和实际更为相符，在此处研究分析更具意义。

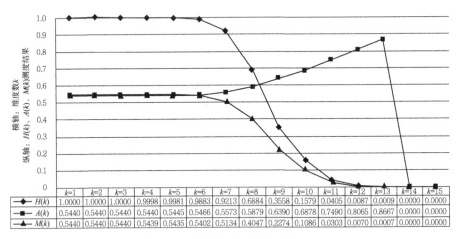

纵轴：$H(k)$、$A(k)$、$M(k)$ 测度结果
横轴：维度数 k

	$k=1$	$k=2$	$k=3$	$k=4$	$k=5$	$k=6$	$k=7$	$k=8$	$k=9$	$k=10$	$k=11$	$k=12$	$k=13$	$k=14$	$k=15$
$H(k)$	1.0000	1.0000	1.0000	0.9998	0.9981	0.9883	0.9213	0.6884	0.3558	0.1579	0.0405	0.0087	0.0009	0.0000	0.0000
$A(k)$	0.5440	0.5440	0.5440	0.5440	0.5445	0.5466	0.5573	0.5879	0.6390	0.6878	0.7490	0.8065	0.8667	0.0000	0.0000
$M(k)$	0.5440	0.5440	0.5440	0.5439	0.5435	0.5402	0.5134	0.4047	0.2274	0.1086	0.0303	0.0070	0.0007	0.0000	0.0000

图 4.11 Ac 县多维贫困测度结果（%）

（10）Ag 县多维贫困测度结果分析。

如图 4.12 所示，从 Ag 县多维贫困测度结果可以看出，当临界值 k 取不同的值时，多维贫困发生率和多维贫困指数有很大的变化。当 $k=2$、3、

4 时，多维贫困发生率为 100%，多维贫困指数为 58.10%；当 $k=5$ 时，多维贫困发生率没有较大变化，其值均大于 99.81%，多维贫困指数为 58.05%，也是几乎没有变化。当 $k=6$ 时，多维贫困发生率和多维贫困指数分别为 98.52% 和 57.62%，相比于 $k=5$ 稍有下降。当 $k=7$ 时，多维贫困发生率和多维贫困指数分别为 94.27% 和 55.92%，下降幅度略有增大。当 $k=8$ 时，多维贫困发生率和多维贫困指数分别为 81.16% 和 49.80%，有较为明显的下降。当 $k=9$ 时，多维贫困发生率和多维贫困指数下降幅度最大，分别为 55.79% 和 36.28%。当 $k=10$ 时，多维贫困发生率和多维贫困指数分别为 29.83% 和 20.70%，维持之前的下降幅度，在 $k=8$、9、10 时，多维贫困发生率和多维贫困指数几乎呈直线下降。当 k 取值为 11、12、13 时，多维贫困发生率分别为 7.79%、1.34% 和 0.04%，而多维贫困指数分别为 7.41%、1.27% 和 0.04%，数值非常低；说明在该维度上贫困的人数非常小。当 $k=14$ 时，多维贫困发生率和多维贫困指数均为 0，说明没有贫困人口在 14 个维度上处于贫困。

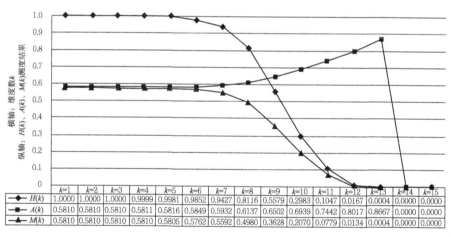

纵轴：$H(k)$、$A(k)$、$M(k)$ 测度结果　　横轴：维度数 k

	k=1	k=2	k=3	k=4	k=5	k=6	k=7	k=8	k=9	k=10	k=11	k=12	k=13	k=14	k=15
H(k)	1.0000	1.0000	1.0000	0.9999	0.9981	0.9852	0.9427	0.8116	0.5579	0.2983	0.1047	0.0167	0.0004	0.0000	0.0000
A(k)	0.5810	0.5810	0.5810	0.5811	0.5816	0.5849	0.5932	0.6137	0.6502	0.6939	0.7442	0.8017	0.8667	0.0000	0.0000
M(k)	0.5810	0.5810	0.5810	0.5810	0.5805	0.5762	0.5592	0.4980	0.3628	0.2070	0.0779	0.0134	0.0004	0.0000	0.0000

图 4.12　Ag 县多维贫困测度结果（%）

（11）Am 县多维贫困测度结果分析。

如图 4.13 所示，从 Am 县多维贫困测度结果可以看出，当临界值 k 取

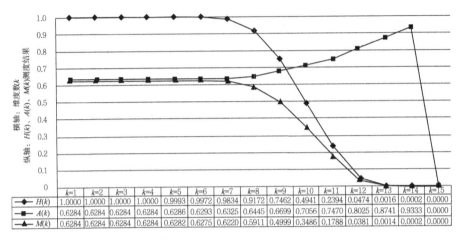

图 4.13　Am 县多维贫困测度结果（%）

不同的值时，多维贫困发生率和多维贫困指数有很大的变化。当 $k=2$、3、4 时，多维贫困发生率均为 100%，多维贫困指数均为 62.84%；当 $k=5$、6 时，多维贫困发生率几乎没有变化，接近 100%，对应的多维贫困指数与前面的几乎相同。当 $k=7$ 时，多维贫困发生率和多维贫困指数分别为 98.34% 和 62.20%，相对于 $k=6$ 时有微小的下降。当 $k=8$ 时，多维贫困发生率和多维贫困指数分别为 91.72% 和 59.11%，二者都持续下降。当 $k=9$ 时，多维贫困发生率和多维贫困指数分别为 74.62% 和 49.99%，下降幅度增大。当 $k=10$ 时，多维贫困发生率和多维贫困指数下降幅度比 $k=9$ 时下降幅度稍大，取值分别为 49.41% 和 34.86%。当 $k=11$ 时，多维贫困发生率和多维贫困指数分别为 23.94% 和 17.18%，维持之前的下降幅度。k 取值在 9 和 12 之间时，多维贫困发生率和多维贫困指数几乎呈直线下降。当 $k=12$、13 时，多维贫困发生率分别为 4.74% 和 0.16%，而多维贫困指数分别为 3.81% 和 0.14%，数值非常低；说明在该维度上贫困的人数非常小。当 $k=14$ 时，多维贫困发生率和多维贫困指数均为 0.02%，$k=15$ 时则为 0，说明没有人群在 15 个维度上处于贫困状态。由此可以看出，Am 县贫困人口在 10 个维度上数量比较集中。

（12）Ah 县多维贫困测度结果分析。

如图 4.14 所示，从 Ah 县多维贫困测度结果可以看出，当临界值 k 取不同的值时，多维贫困发生率和多维贫困指数有很大的变化。当 $k=2$、3、4 时，多维贫困发生率几乎均为 100%，多维贫困指数为 59.6%；当 $k=5$ 时，多维贫困发生率几乎没有变化，为 99.61%，对应的多维贫困指数与前面的几乎相同，为 59.48%。当 $k=6$ 时，多维贫困发生率和多维贫困指数分别为 98.04% 和 58.96%，与前面相比有微小的下降。当 $k=7$ 时，多维贫困发生率和多维贫困指数分别为 93.56% 和 57.17%，下降幅度稍大。当 $k=8$ 时，多维贫困发生率和多维贫困指数分别为 82.39% 和 51.96%，下降幅度增大。当 $k=9$ 时，多维贫困发生率和多维贫困指数下降幅度明显继续增大，取值分别为 62.73% 和 41.47%。当 $k=10$ 时，多维贫困发生率和多维贫困指数分别为 38.42% 和 26.89%，维持之前的下降幅度。当 $k=11$、12、13 时，多维贫困发生率和多分别为 15.72%、3.17% 和 0.17%，而多维贫困指数分别为 11.75%、2.55 和 0.14%，数值非常低；说明在该维度上贫困的人数非常小。当 $k=14$ 时，多维贫困发生率和多维贫困指数均为 0.01%，$k=15$ 时则为 0，说明没有人群在 15 个维度上处于贫困状态。由此可以看出，Ah 县贫困人口在 9 个维度上贫困人口数量比较集中。

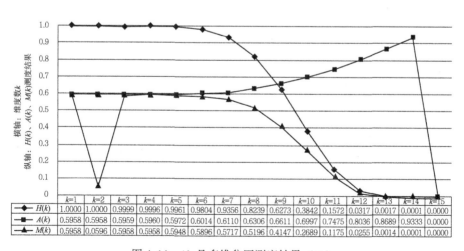

	$k=1$	$k=2$	$k=3$	$k=4$	$k=5$	$k=6$	$k=7$	$k=8$	$k=9$	$k=10$	$k=11$	$k=12$	$k=13$	$k=14$	$k=15$
$H(k)$	1.0000	1.0000	0.9999	0.9996	0.9961	0.9804	0.9356	0.8239	0.6273	0.3842	0.1572	0.0317	0.0017	0.0001	0.0000
$A(k)$	0.5958	0.5958	0.5959	0.5960	0.5972	0.6014	0.6110	0.6306	0.6611	0.6997	0.7475	0.8036	0.8689	0.9333	0.0000
$M(k)$	0.5958	0.0596	0.5958	0.5958	0.5948	0.5896	0.5717	0.5196	0.4147	0.2689	0.1175	0.0255	0.0014	0.0001	0.0000

图 4.14 Ah 县多维贫困测度结果（%）

（13）Ae 县多维贫困测度结果分析。

如图 4.15 所示，从 Ae 县多维贫困测度结果可以看出，当临界值 k 取不同的值时，多维贫困发生率和多维贫困指数有很大的变化。当 $k=2$ 时，多维贫困发生率为 100%，多维贫困指数为 57.50%；当 $k=3$、4、5 时，多维贫困发生率没有较大变化，其值均大于 99%，而对应的多维贫困指数在 57.5% 左右。当 $k=6$ 时，多维贫困发生率和多维贫困指数分别为 97.84% 和 56.81%，相对于 $k=5$ 有微小的下降。当 $k=7$ 时，多维贫困发生率和多维贫困指数分别为 91.97% 和 54.46%。当 $k=8$ 时，多维贫困发生率和多维贫困指数分别为 78.53% 和 48.19%，相对于 $k=7$，有较为明显的下降。当 $k=9$ 时，多维贫困发生率和多维贫困指数迅速下降，下降非常明显，分别为 55.73% 和 36.04%。当 $k=10$ 时，多维贫困发生率和多维贫困指数分别为 29.42% 和 20.25%，保持之前的下降幅度。当 $k=11$、12、13 时，多维贫困发生率分别为 8.5%、0.97% 和 0.03%，而多维贫困指数分别为 6.3%、0.78% 和 0.03%，数值非常低，说明在该维度上贫困的人数非常小。当 $k=14$ 时，多维贫困发生率和多维贫困指数均为 0，说明没有人群在 14 个维度上处于贫困状态。由此可以看出，Ae 县贫困人口在 9 个维度上贫困人口数量比较集中。

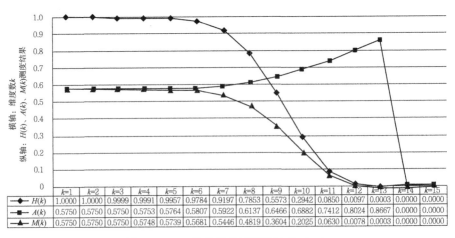

	$k=1$	$k=2$	$k=3$	$k=4$	$k=5$	$k=6$	$k=7$	$k=8$	$k=9$	$k=10$	$k=11$	$k=12$	$k=13$	$k=14$	$k=15$
$H(k)$	1.0000	1.0000	0.9999	0.9991	0.9957	0.9784	0.9197	0.7853	0.5573	0.2942	0.0850	0.0097	0.0003	0.0000	0.0000
$A(k)$	0.5750	0.5750	0.5750	0.5753	0.5764	0.5807	0.5922	0.6137	0.6466	0.6882	0.7412	0.8024	0.8667	0.0000	0.0000
$M(k)$	0.5750	0.5750	0.5750	0.5748	0.5739	0.5681	0.5446	0.4819	0.3604	0.2025	0.0630	0.0078	0.0003	0.0000	0.0000

横轴：维度数 k

纵轴：$H(k)$、$A(k)$、$M(k)$ 测度结果

图 4.15 Ae 县多维贫困测度结果（%）

（14）Ak 区多维贫困测度结果分析。

如图 4.16 所示，从 Ak 区多维贫困测度结果可以看出，当临界值 k 取不同的值时，多维贫困发生率和多维贫困指数有很大的变化。当 $k=2$、3、4 时，多维贫困发生率为 100%，多维贫困指数为 56.73%；当 $k=5$ 时，多维贫困发生率几乎没有变化，为 99.42%，多维贫困指数在 56.57% 左右。当 $k=6$ 时，多维贫困发生率和多维贫困指数分别为 97.66% 和 55.98%，相对于 $k=5$ 有微小的下降。当 $k=7$ 时，多维贫困发生率和多维贫困指数分别为 93.18% 和 54.19%，下降幅度略微增大。当 $k=8$ 时，多维贫困发生率和多维贫困指数分别为 76.02% 和 46.19%，相对于 $k=7$，有较为明显的下降。当 $k=9$ 时，多维贫困发生率和多维贫困指数下降得非常明显，取值分别为 48.15% 和 31.32%。当 $k=10$ 时，多维贫困发生率和多维贫困指数分别为 24.76% 和 17.28%，保持之前的下降幅度。当 $k=11$、12 时，多维贫困发生率分别为 10.14%、1.56%，而多维贫困指数分别为 7.54%、1.25%，数值非常低；说明在该维度上贫困的人数非常小。当 $k=13$ 时，多维贫困发生率和多维贫困指数为 0，说明没有人群在 13 个维度上处于贫困状态。由此可以看出，Ak 区贫困人口在 9 个维度上贫困人口数量比较集中。

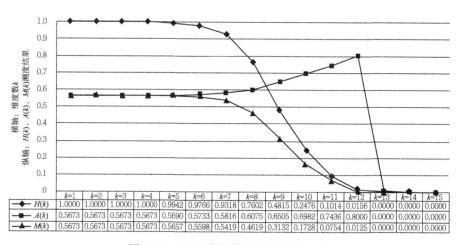

	k=1	k=2	k=3	k=4	k=5	k=6	k=7	k=8	k=9	k=10	k=11	k=12	k=13	k=14	k=15
H(k)	1.0000	1.0000	1.0000	1.0000	0.9942	0.9766	0.9318	0.7602	0.4815	0.2476	0.1014	0.0156	0.0000	0.0000	0.0000
A(k)	0.5673	0.5673	0.5673	0.5673	0.5690	0.5733	0.5816	0.6075	0.6505	0.6982	0.7436	0.8000	0.0000	0.0000	0.0000
M(k)	0.5673	0.5673	0.5673	0.5673	0.5657	0.5598	0.5419	0.4619	0.3132	0.1728	0.0754	0.0125	0.0000	0.0000	0.0000

图 4.16 Ak 区多维贫困测度结果（%）

（15）An 区多维贫困测度结果分析。

如图 4.17 所示，从 An 区多维贫困测度结果可以看出，当临界值 k 取不同的值时，多维贫困发生率和多维贫困指数有很大的变化。当 $k=2$、3、4 时，多维贫困发生率为 100%，多维贫困指数为 56.93%；当 $k=5$ 时，多维贫困发生率没有较大变化，其值为 99.74%，而对应的多维贫困指数为 56.86%。当 $k=6$ 时，多维贫困发生率和多维贫困指数分别为 98.45% 和 56.43%，有微小下降。当 $k=7$ 时，多维贫困发生率和多维贫困指数分别为 93.28% 和 54.37%，相比之前有明显下降。当 $k=8$ 时，多维贫困发生率和多维贫困指数分别为 77.26% 和 46.89%，相对于 $k=7$，有更明显的下降。当 $k=9$ 时，多维贫困发生率和多维贫困指数迅速下降，取值分别为 49.10% 和 31.87%。当 $k=10$ 时，多维贫困发生率和多维贫困指数分别为 26.87% 和 18.54%，下降幅度仍然较大。当 $k=11$、12 时，多维贫困发生率分别为 8.53% 和 0.78%，而多维贫困指数分别为 6.3% 和 0.62%，数值非常低，说明在该维度上贫困的人数非常小。当 $k=13$ 时，多维贫困发生率和多维贫困指数均为 0，说明没有人群在 13 个维度上处于贫困状态。由此可以看出，An 区贫困人口在 9 个维度上贫困人口数量比较集中。

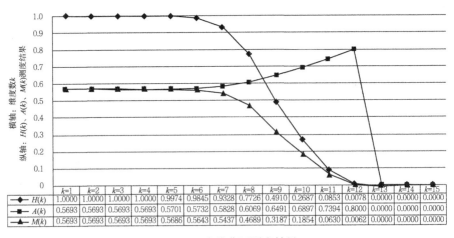

	$k=1$	$k=2$	$k=3$	$k=4$	$k=5$	$k=6$	$k=7$	$k=8$	$k=9$	$k=10$	$k=11$	$k=12$	$k=13$	$k=14$	$k=15$
$H(k)$	1.0000	1.0000	1.0000	1.0000	0.9974	0.9845	0.9328	0.7726	0.4910	0.2687	0.0853	0.0078	0.0000	0.0000	0.0000
$A(k)$	0.5693	0.5693	0.5693	0.5693	0.5701	0.5732	0.5828	0.6069	0.6491	0.6897	0.7394	0.8000	0.0000	0.0000	0.0000
$M(k)$	0.5693	0.5693	0.5693	0.5693	0.5686	0.5643	0.5437	0.4689	0.3187	0.1854	0.0630	0.0062	0.0000	0.0000	0.0000

图 4.17 An 区多维贫困测度结果（%）

综上分析可以看出，A市以及各县区在各维度上的多维贫困发生率及多维贫困指数存在一定的差异，总体来说，在9个维度上处于贫困状态的人群相对较为集中，说明本书研究过程中所选择的5个维度15个指标较为适合于测度农村贫困人口的贫困状况。同时，本书在接下来的研究中将贫困维度临界值设置为9，在 $k=9$ 时进行分解，测算结果和实际情况吻合程度更高，同时，该值在分解过程中会更加精确。

2. 维度等权情况下 A 市及各县区多维贫困测度结果

上文分析了指标等权情况下多维贫困测度的结果，本部分将研究分析在维度等权情况下A市及各县区多维贫困测度情况。

当 k（$0<k<1$）取不同值的时候，先不考虑在多少维度上符合贫困标准，只考虑 $\sum\limits_{j=1}^{15} q_j w_j$ 与临界值 k 的大小关系，其中 q_j 表示在某个维度上的贫困标识（0或1），w_j 表示某个维度的权重。0和 NaN 说明在 k 取某个临界值时，没有家庭落入多维贫困区间。

取 $k=0.2$、0.3、0.4、0.5、0.6、0.7、0.8、0.9，A市综合多维贫困发生率、剥夺程度指数和多维贫困指数对比。

（1）A市多维贫困测度结果。

从图4.18折线图中可以看出，当临界值 k 取不同值时，A市的多维贫困发生率与多维贫困指数存在着较大的变化。当 $k=0.2$ 时，多维贫困发生率为99.58%，多维贫困指数为59.08%。当 $k=0.3$ 时，多维贫困发生率为98.14%，多维贫困指数为58.72%；相对 $k=0.2$ 时二者变化均不大。当临界值设置为0.4时，多维贫困发生率下降至93.10%，多维贫困指数下降至57.01%。当 $k=0.5$ 时，多维贫困发生率为83.22%，下降幅度较大，多维贫困指数为57.01%。当 $k=0.6$ 时，二者均有明显的下降，分别为65.66%和43.13%。当 $k=0.7$ 时，多维贫困发生率和多维贫困指数均呈断崖式下降，分别下降至17.68%和12.93%。当 $k=0.8$ 时，多维贫困发生率和多维贫困指数均非常低，分别为0.67%和.055%。当 $k=0.9$ 时，二者均为零。

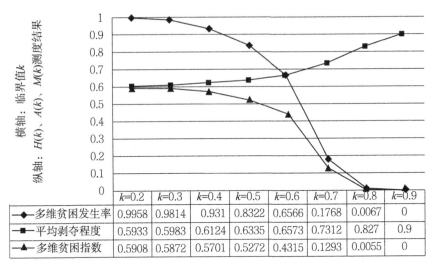

左侧竖排标注：
纵轴：$H(k)$、$A(k)$、$M(k)$测度结果
横轴：临界值k

	$k=0.2$	$k=0.3$	$k=0.4$	$k=0.5$	$k=0.6$	$k=0.7$	$k=0.8$	$k=0.9$
多维贫困发生率	0.9958	0.9814	0.931	0.8322	0.6566	0.1768	0.0067	0
平均剥夺程度	0.5933	0.5983	0.6124	0.6335	0.6573	0.7312	0.827	0.9
多维贫困指数	0.5908	0.5872	0.5701	0.5272	0.4315	0.1293	0.0055	0

图 4.18　A 市多维贫困测度结果（%）

（2）Aa 区多维贫困测度结果。

如图 4.19 所示，从 Aa 区多维贫困测度折线图中可知：当 $k=0.2$ 时，多维贫困发生率为 99.76%，平均剥夺程度为 60.68%，多维贫困指数为 60.53%。当 $k=0.3$ 时，贫困发生率为 98.77%，平均剥夺程度为 61.04%，多维贫困指数为 60.29%，相比于 $k=0.2$ 时三者变化均不大。当临界值设置为 0.4 时，多维贫困发生率下降至 95.51%，平均剥夺程度为 61.97%，多维贫困指数下降至 59.18%，相比于 $k=0.3$ 时稍有变化。当 $k=0.5$ 时，多维贫困发生率为 87.84%，下降幅度较大，平均剥夺程度为 63.56%，多维贫困指数为 55.83%。当 $k=0.6$ 时，多维贫困发生率为 67.69%，多维贫困指数为 44.82%，二者均有明显的下降，平均剥夺程度上升明显，为 66.21%。当 $k=0.7$ 时，多维贫困发生率和多维贫困指数均呈断崖式下降，下降值为 44.56% 和 28%，平均剥夺程度上升为 72.74%。当 $k=0.8$ 时，多维贫困发生率为 0.99%，多维贫困指数 0.81%，二者均非常低，而平均剥夺程度达到峰值为 82.02%。当 $k=0.9$ 时，三者均为 0。

（3）Ab 区多维贫困测度结果。

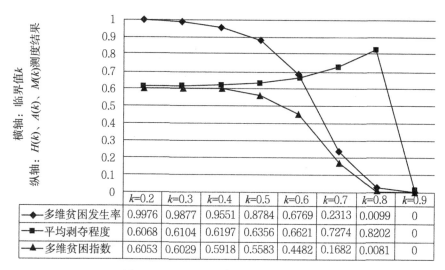

图 4.19 Aa 区多维贫困测度结果（%）

从图 4.20 可以看出，多维贫困发生率、多维贫困指数随着 k 值增加一直处于下降水平，$k = 0.2$ 时，两者分别为 100%、61.1%。$k = 0.4$ 时，两者分别为 97.6%、60.3%，由此可知，$k = 0.2 \sim 0.4$ 时两者变化不大。$k = 0.5$ 时，两者分别为 88.8%、56.5%，下降幅度较 $k = 0.4$ 时稍大，两者在 $k = 0.6 \sim 0.7$ 时下降最为明显，下降值为 53.2% 和 33.4%。$k = 0.8$ 时继续下降，下降至 1.2%、1%。$k = 0.9$ 时两者均为 0。平均剥夺程度则在 k 值处于 0.2~0.8 时呈现上升趋势，$k = 0.8 \sim 0.9$ 时呈现下降趋势。$k = 0.2$ 时，平均剥夺程度值为 61.1%。$k = 0.5$ 时，平均剥夺程度值为 63.6%，k 值处于 0.2~0.5 时上升幅度缓慢。$k = 0.6$ 时平均剥夺程度值为 65.4%。$k = 0.7$ 时平均剥夺程度值为 73%，较 $k = 0.6$ 时上升值为 7.6%。$k = 0.8$ 时平均剥夺程度达到峰值 81.7%，较 $k = 0.7$ 时上升值为 8.7%，由此可知平均剥夺程度值在 $k = 0.7 \sim 0.8$ 时上升速率最快。$k = 0.9$ 时平均剥夺程度值为 0。

（4）Aj 县多维贫困测度结果。

从图 4.21 中可以看出，当 $k = 0.2$ 时，多维贫困发生率为 99.75%，平均剥夺程度为 59.75%，多维贫困指数为 59.6%。当 $k = 0.3$ 时，贫困发生

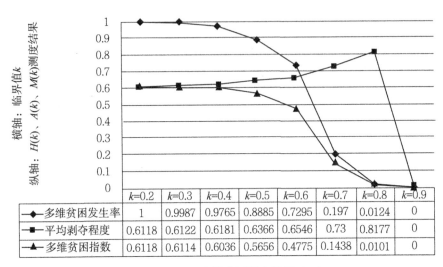

	k=0.2	k=0.3	k=0.4	k=0.5	k=0.6	k=0.7	k=0.8	k=0.9
◆ 多维贫困发生率	1	0.9987	0.9765	0.8885	0.7295	0.197	0.0124	0
■ 平均剥夺程度	0.6118	0.6122	0.6181	0.6366	0.6546	0.73	0.8177	0
▲ 多维贫困指数	0.6118	0.6114	0.6036	0.5656	0.4775	0.1438	0.0101	0

图 4.20　Ab 区多维贫困测度结果（%）

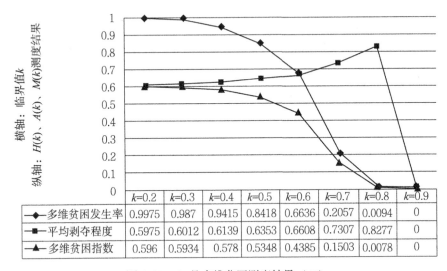

	k=0.2	k=0.3	k=0.4	k=0.5	k=0.6	k=0.7	k=0.8	k=0.9
◆ 多维贫困发生率	0.9975	0.987	0.9415	0.8418	0.6636	0.2057	0.0094	0
■ 平均剥夺程度	0.5975	0.6012	0.6139	0.6353	0.6608	0.7307	0.8277	0
▲ 多维贫困指数	0.596	0.5934	0.578	0.5348	0.4385	0.1503	0.0078	0

图 4.21　Aj 县多维贫困测度结果（%）

率为 98.7%，平均剥夺程度为 60.12%，多维贫困指数为 59.34%；$k=0.2 \sim$ 0.3 时，三者变化均不大。当临界值设置为 0.4 时，多维贫困发生率下降至 94.15%，平均剥夺程度为 61.39%，多维贫困指数下降至 57.8%。当 $k=0.5$ 时，多维贫困发生率为 84.18%，平均剥夺程度为 63.53%，多维贫困指数为 53.48%。当 $k=0.6$ 时，贫困发生率和多维贫困指数均有明显的下降，分别为 66.36% 和 43.85%，平均剥夺程度上升明显，为 66.08%。当 $k=0.7$ 时，多维贫困发生率和多维贫困指数均呈断崖式下降，分别下降至 20.57% 和 15.03%，下降值分别为 45.79%、28.82%，平均剥夺程度上升为 73.07%。当 $k=0.8$ 时，多维贫困发生率和多维贫困指数均非常低，分别为 0.94% 和 0.78%，平均剥夺程度达到最高值为 82.77%。当 $k=0.9$ 时，三者均为 0。

（5）Af 县多维贫困测度结果。

从图 4.22 中可知：当 $k=0.2$ 时，多维贫困发生率为 99.98%，平均剥夺程度为 61.92%，多维贫困指数为 61.9%。当 $k=0.3$ 时，贫困发生率为 99.77%，平均剥夺程度为 61.99%，多维贫困指数为 61.85%。当临界值设置为 0.4 时，多维贫困发生率下降至 98.15%，平均剥夺程度为 62.44%，多维贫困指数下降至 61.28%，相对于 $k=0.3$ 时稍有变化。当 $k=0.5$ 时，多维贫困发生率为 91.05%，平均剥夺程度为 63.94%，多维贫困指数为 58.22%；当 $k=0.6$ 时，贫困发生率和多维贫困指数均有明显的下降，分别为 79.74% 和 51.99%，平均剥夺程度明显上升为 65.21%。当 $k=0.7$ 时，多维贫困发生率和多维贫困指数均呈断崖式下降，下降值为 63.58% 和 40.15%，平均剥夺程度上升为 73.26%。当 $k=0.8$ 时，多维贫困发生率和多维贫困指数均非常低，分别为 0.8% 和 0.66%，而平均剥夺程度达到峰值为 82.72%。当 $k=0.9$ 时，三者均为 0。

（6）Ai 县多维贫困测度结果。

从图 4.23 中可以看出，当 $k=0.2$ 时，多维贫困发生率为 97.81%，平均剥夺程度为 52.56%，多维贫困指数为 51.41%。当 $k=0.3$ 时，多维贫困发生率为 92.16%，平均剥夺程度为 54.23%，多维贫困指数为 49.98%，相对于 $k=0.2$ 时，三者变化不大。当 $k=0.4$ 时，多维贫困发生率为 79.28%，平均剥夺程度为 57.56%，多维贫困指数为 45.64%，相对于 $k=0.3$ 变化稍

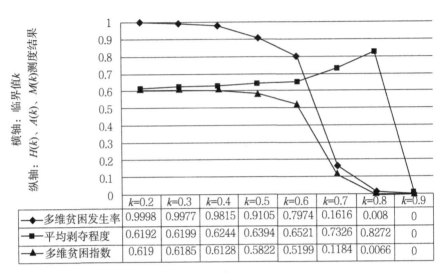

纵轴：$H(k)$、$A(k)$、$M(k)$测度结果
横轴：临界值k

	k=0.2	k=0.3	k=0.4	k=0.5	k=0.6	k=0.7	k=0.8	k=0.9
多维贫困发生率	0.9998	0.9977	0.9815	0.9105	0.7974	0.1616	0.008	0
平均剥夺程度	0.6192	0.6199	0.6244	0.6394	0.6521	0.7326	0.8272	0
多维贫困指数	0.619	0.6185	0.6128	0.5822	0.5199	0.1184	0.0066	0

图 4.22　Af 县多维贫困测度结果（%）

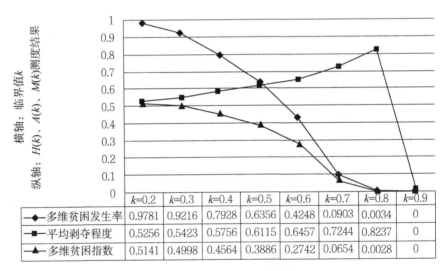

纵轴：$H(k)$、$A(k)$、$M(k)$测度结果
横轴：临界值k

	k=0.2	k=0.3	k=0.4	k=0.5	k=0.6	k=0.7	k=0.8	k=0.9
多维贫困发生率	0.9781	0.9216	0.7928	0.6356	0.4248	0.0903	0.0034	0
平均剥夺程度	0.5256	0.5423	0.5756	0.6115	0.6457	0.7244	0.8237	0
多维贫困指数	0.5141	0.4998	0.4564	0.3886	0.2742	0.0654	0.0028	0

图 4.23　Ai 县多维贫困测度结果（%）

大。当 k=0.5 时，多维贫困发生率为 63.56%，平均剥夺程度为 61.15%，多维贫困指数为 38.86%。当 k 从 0.6 到 0.7 时，贫困发生率和多维贫困指

数下降幅度较大，下降值为 33.45% 和 20.88%，平均剥夺程度上升值为 7.87%。当 $k=0.8$ 时，多维贫困发生率和多维贫困指数较低，分别为 0.34% 和 0.28%，但平均剥夺程度达到最高值 82.37%。当 $k=0.9$ 时，三者均为 0。

（7）Ad 县多维贫困测度结果。

从图 4.24 中可以看出，当 $k=0.2$ 时，多维贫困发生率为 99.97%，平均剥夺程度为 61.21%，多维贫困指数为 61.19%。当 $k=0.3$ 时，贫困发生率为 99.71%，平均剥夺程度为 61.3%，多维贫困指数为 61.12%，相对 $k=0.2$ 时，三者变化均不大。当临界值设置为 0.4 时，多维贫困发生率下降至 98.16%，平均剥夺程度为 61.72%，多维贫困指数下降至 60.59%。当 $k=0.5$ 时，多维贫困发生率为 93.28%，平均剥夺程度为 62.66%，多维贫困指数为 58.45%。当 $k=0.6$ 时，多维贫困发生率和多维贫困指数均有明显的下降，分别为 74.64% 和 48.1%，平均剥夺程度上升明显，为 64.44%。当 $k=0.7$ 时，多维贫困发生率和多维贫困指数均呈断崖式下降，分别下降至 14.57% 和 10.6%，平均剥夺程度上升为 72.74%。当 $k=0.8$ 时，多维贫困发生率和多维贫困指数均非常低，分别为 0.58% 和 0.48%，平均剥夺程度达到峰值 82.33%。当 $k=0.9$ 时，三者均为 0。

（8）Al 县多维贫困测度结果。

从图 4.25 中可以看出，多维贫困发生率、多维贫困指数随着 k 值增加一直处于下降水平，当 $k=0.2$ 时，两者分别为 99.84%、59.22%；当 $k=0.4$ 时，两者分别为 92.79%、56.95%；当 $k=0.5$ 时，两者分别为 81.34%、51.98%，下降幅度较 $k=0.4$ 时稍大；两者在 $k=0.6$ 和 0.7 时，下降最为明显，下降值为 44.59% 和 28.63%；当 $k=0.8$ 时继续下降，下降至 0.67%、0.55%；当 $k=0.9$ 时两者均为 0。平均剥夺程度则在 k 值处于 0.2~0.8 时呈现上升趋势，当 $k=0.8~0.9$ 时呈现下降趋势，当 $k=0.2$ 时，平均剥夺程度值为 59.32%；当 $k=0.5$ 时，平均剥夺程度值为 63.9%，k 值处于 0.2~0.5 时，上升幅度缓慢；当 $k=0.6$ 时，平均剥夺程度值为 67.07%；当 $k=0.7$ 时，平均剥夺程度值为 74.33%，较 $k=0.6$ 时上升值为

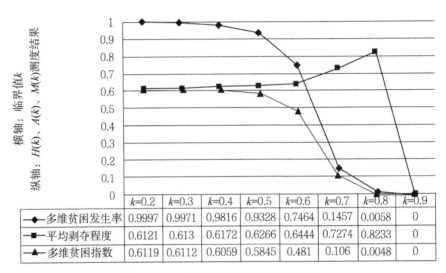

纵轴：$H(k)$、$A(k)$、$M(k)$测度结果　　横轴：临界值k

	$k=0.2$	$k=0.3$	$k=0.4$	$k=0.5$	$k=0.6$	$k=0.7$	$k=0.8$	$k=0.9$
◆ 多维贫困发生率	0.9997	0.9971	0.9816	0.9328	0.7464	0.1457	0.0058	0
■ 平均剥夺程度	0.6121	0.613	0.6172	0.6266	0.6444	0.7274	0.8233	0
▲ 多维贫困指数	0.6119	0.6112	0.6059	0.5845	0.481	0.106	0.0048	0

图 4.24　Ad 县多维贫困测度结果（%）

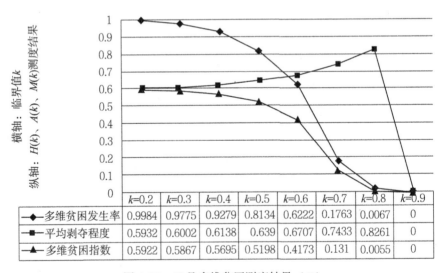

纵轴：$H(k)$、$A(k)$、$M(k)$测度结果　　横轴：临界值k

	$k=0.2$	$k=0.3$	$k=0.4$	$k=0.5$	$k=0.6$	$k=0.7$	$k=0.8$	$k=0.9$
◆ 多维贫困发生率	0.9984	0.9775	0.9279	0.8134	0.6222	0.1763	0.0067	0
■ 平均剥夺程度	0.5932	0.6002	0.6138	0.639	0.6707	0.7433	0.8261	0
▲ 多维贫困指数	0.5922	0.5867	0.5695	0.5198	0.4173	0.131	0.0055	0

图 4.25　Al 县多维贫困测度结果（%）

7.26%；当 $k=0.8$ 时，平均剥夺程度达到峰值 82.61%，较 $k=0.7$ 上升值为 8.28%，由此可知平均剥夺程度值在 $k=0.7\sim0.8$ 时，上升速率最快；

当 $k=0.9$ 时, 平均剥夺程度值为 0。

(9) Ac 县多维贫困测度结果。

从图 4.26 折线图中可以看出, 当临界值 k 取不同值时, Ac 县的多维贫困发生率、平均剥夺程度、多维贫困指数有不同变化趋势。当 $k=0.2$ 时, 多维贫困发生率为 99.95%, 平均剥夺程度为 60.97%, 多维贫困指数为 60.94%。当 $k=0.3$ 时, 贫困发生率为 99.76%, 平均剥夺程度为 61.03%, 多维贫困指数为 60.88%。相对 $k=0.2$ 时, 三者变化均不大。当临界值设置为 0.4 时, 多维贫困发生率降至 98.71%, 平均剥夺程度为 61.29%, 多维贫困指数降至 60.5%, 相对于 $k=0.3$ 时稍有变化。当 $k=0.5$ 时, 多维贫困发生率为 96.14%, 平均剥夺程度为 61.75%, 多维贫困指数为 59.37%。当 $k=0.6$ 时, 多维贫困发生率和多维贫困指数均有明显的下降, 分别为 68.19% 和 43.58%, 平均剥夺程度上升明显, 为 63.91%。当 $k=0.7$ 时, 多维贫困发生率和多维贫困指数均呈断崖式下降, 下降值为 62.29% 和 39.19%, 平均剥夺程度上升为 74.39%。当 $k=0.8$ 时, 多维贫困发生率和多维贫困指数均非常低, 分别为 0.39% 和 0.32%, 而平均剥夺程度达到峰值为 81.96%。当 $k=0.9$ 时, 三者均为 0。

(10) Ag 县多维贫困测度结果。

从图 4.27 中可知, 当 $k=0.2$ 时, 多维贫困发生率为 99.74%, 平均剥夺程度为 60.68%, 多维贫困指数为 60.52%。当 $k=0.3$ 时, 贫困发生率为 97.77%, 平均剥夺程度为 61.34%, 多维贫困指数为 59.97%, 相比 $k=0.2$ 时, 三者变化均不大。当临界值设置为 0.4 时, 多维贫困发生率下降至 94.8%, 平均剥夺程度为 62.17%, 多维贫困指数下降至 58.94%, 相对于 $k=0.3$ 时, 稍有变化。当 $k=0.5$ 时, 多维贫困发生率为 86.59%, 平均剥夺程度为 63.95%, 多维贫困指数为 55.37%。当 $k=0.6$ 时, 多维贫困发生率和多维贫困指数均有明显的下降, 分别为 70.38% 和 46.57%, 平均剥夺程度上升明显, 为 66.17%。当 $k=0.7$ 时, 多维贫困发生率和多维贫困指数均呈断崖式下降, 下降值为 55.94% 和 35.85%, 平均剥夺程度上升为 74.28%。当 $k=0.8$ 时, 多维贫困发生率和多维贫困指数均非常低, 分别

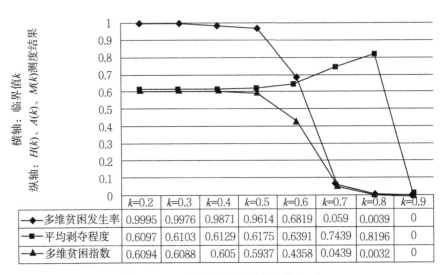

纵轴：$H(k)$、$A(k)$、$M(k)$测度结果　横轴：临界值k

	$k=0.2$	$k=0.3$	$k=0.4$	$k=0.5$	$k=0.6$	$k=0.7$	$k=0.8$	$k=0.9$
◆多维贫困发生率	0.9995	0.9976	0.9871	0.9614	0.6819	0.059	0.0039	0
■平均剥夺程度	0.6097	0.6103	0.6129	0.6175	0.6391	0.7439	0.8196	0
▲多维贫困指数	0.6094	0.6088	0.605	0.5937	0.4358	0.0439	0.0032	0

图 4.26　Ac 县多维贫困测度结果（%）

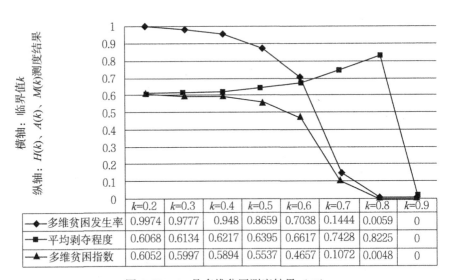

纵轴：$H(k)$、$A(k)$、$M(k)$测度结果　横轴：临界值k

	$k=0.2$	$k=0.3$	$k=0.4$	$k=0.5$	$k=0.6$	$k=0.7$	$k=0.8$	$k=0.9$
◆多维贫困发生率	0.9974	0.9777	0.948	0.8659	0.7038	0.1444	0.0059	0
■平均剥夺程度	0.6068	0.6134	0.6217	0.6395	0.6617	0.7428	0.8225	0
▲多维贫困指数	0.6052	0.5997	0.5894	0.5537	0.4657	0.1072	0.0048	0

图 4.27　Ag 县多维贫困测度结果（%）

为 0.59% 和 0.48%，而平均剥夺程度达到峰值为 82.25%。当 $k=0.9$ 时，三者均为 0。

（11）Am 县多维贫困测度结果。

从图 4.28 中可以看出，当 $k=0.2$ 时，多维贫困发生率为 99.96%，平均剥夺程度为 64.34%，多维贫困指数为 64.32%。当 $k=0.5$ 时，多维贫困发生率为 95.36%，平均剥夺程度为 65.46%，多维贫困指数为 62.43%，相对于 $k=0.2$ 时，多维贫困发生率下降值为 4.6%，平均剥夺程度上升值为 1.12%，多维贫困指数下降值为 1.89%。由此可知 $k=0.2\sim0.5$ 时，三者变化幅度不大。$k=0.7$ 时，多维贫困发生率和多维贫困指数均呈断崖式下降，下降至 19.55% 和 14.62%，平均剥夺程度上升至 74.79%；当临界值 $k=0.8$ 时，多维贫困发生率和多维贫困指数均非常低，分别为 0.37% 和 0.31%，但平均剥夺程度为 83.93%。当 $k=0.9$ 时，多维贫困发生率和多维贫困指数均达到最低值分别为 0.02% 和 0.02%，但平均剥夺程度达到最高值 90%。

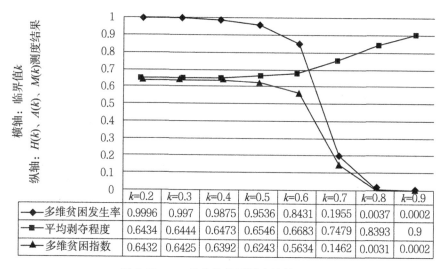

纵轴：$H(k)$、$A(k)$、$M(k)$测度结果   横轴：临界值k

	k=0.2	k=0.3	k=0.4	k=0.5	k=0.6	k=0.7	k=0.8	k=0.9
多维贫困发生率	0.9996	0.997	0.9875	0.9536	0.8431	0.1955	0.0037	0.0002
平均剥夺程度	0.6434	0.6444	0.6473	0.6546	0.6683	0.7479	0.8393	0.9
多维贫困指数	0.6432	0.6425	0.6392	0.6243	0.5634	0.1462	0.0031	0.0002

图 4.28   Am 县多维贫困测度结果（%）

（12）Ah 县多维贫困测度结果。

从图 4.29 中可以看出，当 $k=0.2$ 时，多维贫困发生率为 99.72%，平均剥夺程度为 59.09%，多维贫困指数为 58.93%。当 $k=0.3$ 时，多维贫困发生率为 97.59%，平均剥夺程度为 59.79%，多维贫困指数为 58.35%。当临界值设置为 0.4 时，多维贫困发生率下降至 92.44%，平均剥夺程度为 61.19%，多维贫困指数下降至 56.56%。当 $k = 0.5$ 时，多维贫困发生率为 80.05%，下降幅度较大，平均剥夺程度为 63.87%，多维贫困指数为 51.13%。当 $k = 0.6$ 时，多维贫困发生率和多维贫困指数均有明显的下降，分别为 60.66% 和 40.65%，平均剥夺程度上升明显，为 67.02%。当 $k = 0.7$ 时，多维贫困发生率和多维贫困指数均呈断崖式下降，分别下降至 15.85% 和 11.86%，平均剥夺程度上升为 74.85%。当 $k = 0.8$ 时，多维贫困发生率和多维贫困指数均非常低，分别为 0.88% 和 0.74%。当 $k = 0.9$ 时，多维贫困发生率和多维贫困指数为趋向于 0，平均剥夺程度达到峰值为 90%。

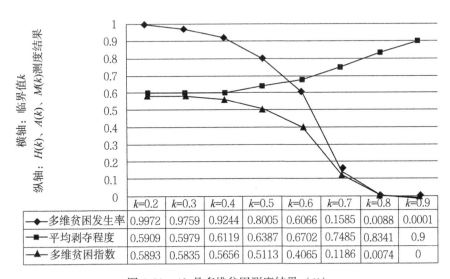

纵轴：$H(k)$、$A(k)$、$M(k)$测度结果
横轴：临界值k

	$k=0.2$	$k=0.3$	$k=0.4$	$k=0.5$	$k=0.6$	$k=0.7$	$k=0.8$	$k=0.9$
多维贫困发生率	0.9972	0.9759	0.9244	0.8005	0.6066	0.1585	0.0088	0.0001
平均剥夺程度	0.5909	0.5979	0.6119	0.6387	0.6702	0.7485	0.8341	0.9
多维贫困指数	0.5893	0.5835	0.5656	0.5113	0.4065	0.1186	0.0074	0

图 4.29 Ah 县多维贫困测度结果（%）

（13）Ae 县多维贫困测度结果。

从图 4.30 中可知，当 $k = 0.2$ 时，多维贫困发生率为 99.41%，平均剥夺程度为 56.1%，多维贫困指数为 55.77%。当 $k = 0.3$ 时，多维贫困发生

率为 95.72%，平均剥夺程度为 57.2%，多维贫困指数为 54.76%。当 $k =$ 0.4 时，多维贫困发生率为 88.02%，平均剥夺程度为 59.2%，多维贫困指数为 52.1%。当 $k = 0.5$ 时，多维贫困发生率为 72.05%，平均剥夺程度为 62.75%，多维贫困指数为 45.21%，比 $k = 0.2$ 时多维贫困发生率下降值为 27.36%，平均剥夺程度上升值为 6.65%，多维贫困指数下降值为 10.56%。 $k = 0.6 \sim 0.7$ 时，多维贫困发生率和多维贫困指数均呈断崖式下降，下降至 44.44% 和 28.28%，平均剥夺程度上升至 74.19%。当临界值 $k = 0.8$ 时，多维贫困发生率和多维贫困指数均非常低，分别为 0.34% 和 0.28%，但平均剥夺程度达到最高值 82.95%。当 $k = 0.9$ 时，三者均为 0。

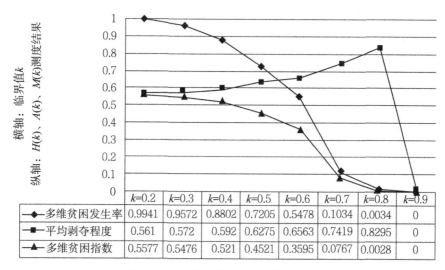

	k=0.2	k=0.3	k=0.4	k=0.5	k=0.6	k=0.7	k=0.8	k=0.9
多维贫困发生率	0.9941	0.9572	0.8802	0.7205	0.5478	0.1034	0.0034	0
平均剥夺程度	0.561	0.572	0.592	0.6275	0.6563	0.7419	0.8295	0
多维贫困指数	0.5577	0.5476	0.521	0.4521	0.3595	0.0767	0.0028	0

横轴：临界值 k
纵轴：$H(k)$、$A(k)$、$M(k)$ 测度结果

图 4.30 Ae 县多维贫困测度结果（%）

（14）Ak 区多维贫困测度结果。

从图 4.31 可以看出，Ak 区的多维贫困发生率、多维贫困指数随着 k 值增加一直处于下降水平，当 $k = 0.2$ 时，两者分别为 99.81%、60.37%。当 $k = 0.4$ 时，两者分别为 98.44%、59.92%，由此可知，当 $k = 0.2 \sim 0.4$ 时，两者变化不大。当 $k = 0.5$ 时，两者分别为 91.81%、56.94%，下降幅

度较 $k=0.4$ 时稍大。当 $k=0.6\sim0.7$ 时，两者下降最为明显，下降值为 58.09% 和 36.7%。当 $k=0.8$ 时继续下降，下降至 0.19%、0.16%。当 $k=0.9$ 时两者均为 0。平均剥夺程度则在 k 值处于 0.2~0.8 时呈现上升趋势，$k=0.8\sim0.9$ 时呈现下降趋势。当 $k=0.2$ 时，平均剥夺程度值为 60.49%。当 $k=0.5$ 时，平均剥夺程度值为 62.02%，$k=0.2\sim0.5$ 时上升幅度缓慢。当 $k=0.6$ 时，平均剥夺程度值为 64.83%。当 $k=0.7$ 时平均剥夺程度值为 74.41%，较 $k=0.6$ 时上升值为 9.58%。当 $k=0.8$ 时平均剥夺程度达到峰值 80%，较 $k=0.7$ 时上升值为 5.59%，由此可知平均剥夺程度值在 $k=0.6\sim0.7$ 时上升速率最快，$k=0.9$ 时平均剥夺程度值下降为 0。

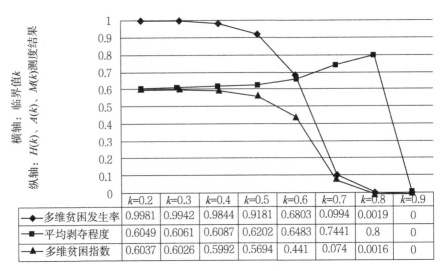

横轴：临界值 k

纵轴：$H(k)$、$A(k)$、$M(k)$测度结果

	k=0.2	k=0.3	k=0.4	k=0.5	k=0.6	k=0.7	k=0.8	k=0.9
◆ 多维贫困发生率	0.9981	0.9942	0.9844	0.9181	0.6803	0.0994	0.0019	0
■ 平均剥夺程度	0.6049	0.6061	0.6087	0.6202	0.6483	0.7441	0.8	0
▲ 多维贫困指数	0.6037	0.6026	0.5992	0.5694	0.441	0.074	0.0016	0

图 4.31　Ak 区多维贫困测度结果（%）

（15）An 区多维贫困测度结果。

从图 4.32 中可以看出，当 $k=0.2$ 时，多维贫困发生率为 100%，平均剥夺程度为 61.7%，多维贫困指数为 61.7%。当 $k=0.4$ 时，多维贫困发生率为 100%，平均剥夺程度为 61.7%，多维贫困指数为 61.7%，当 $k=0.2\sim0.4$ 时，三者均无变化。当 $k=0.5$ 时，多维贫困发生率为 97.93%，平均

剥夺程度为 62.03%，多维贫困指数为 60.74%。当 $k=0.6$ 时，多维贫困发生率和多维贫困指数均有明显的下降，分别为 75.45% 和 48.28%，平均剥夺程度明显上升，为 63.98%。当 $k=0.7$ 时，多维贫困发生率和多维贫困指数均呈断崖式下降，分别下降至 5.43% 和 4.02%，平均剥夺程度达到峰值为 74.05%。当 $k=0.8$ 时，三者均为 0。

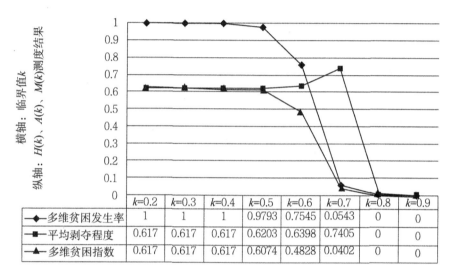

纵轴：$H(k)$、$A(k)$、$M(k)$测度结果　　横轴：临界值 k

	$k=0.2$	$k=0.3$	$k=0.4$	$k=0.5$	$k=0.6$	$k=0.7$	$k=0.8$	$k=0.9$
多维贫困发生率	1	1	1	0.9793	0.7545	0.0543	0	0
平均剥夺程度	0.617	0.617	0.617	0.6203	0.6398	0.7405	0	0
多维贫困指数	0.617	0.617	0.617	0.6074	0.4828	0.0402	0	0

图 4.32　An 区多维贫困测度结果（%）

从上述折线图中可以看出，随着临界值 k 的增加，多维贫困发生率和多维贫困指数都呈逐渐下降的趋势，但当 k 不超过 0.5 时，下降趋势较不明显；当 k 超过 0.5 时，k 的值每增加 0.1，多维贫困发生率下降幅度特别明显，呈现出断崖式下降的趋势，而多维贫困指数也随之快速下降。反之，能反映出家庭贫困程度的平均剥夺程度指数却逐渐缓慢增加，可以看出，当 k 的值达到 0.6 之后，平均剥夺程度指数和临界值 k 的取值相差不大，说明当临界值较大时，落入多维贫困区间的家庭在绝大多数维度上都存在着贫困。

以上情况能够很直观地看出，大部分符合多维贫困指标的家庭，其
$\sum_{j=1}^{15} q_j w_j$ 的值基本上分布在 0.5 左右，其家庭超过半数指标符合贫困标
准；$k = 0.5$ 时测算结果和实际情况吻合程度更高，同时，该值在分解过
程中会更加精确。所以，接下来研究分析，将维度等权情况下 k 的临界
值设置为 0.5。

3. 多维贫困分解——维度等权和指标等权情况下的对比分析

在测算出 A 市及各县区在相应的维度上的单维贫困发生率，并进行维
度的分解，从而得到这个维度对于贫困的贡献率。本书在研究过程中，由
于所有的贫困样本在医疗保险维度上贫困发生率为 0，所以其贫困贡献率
亦为 0，不再详述。现将 A 市及各县区各维度单维贫困发生率、各维度对
于贫困的贡献率的对比分析如下。

通过运用 A-F 模型在维度等权和指标等权情况下分别测算每个指标对
于多维贫困发生率的贡献率。根据前文分析，对 A 市及各县区单维贫困发
生率进行如下分析；同时对指标等权和维度等权情况下各指标对于贫困的
贡献率进行对比分析；下文的分析以指标等权情况下的 $k = 9$ 和维度等权情
况下的 $k = 0.5$ 进行对比分析。

（1）A 市各维度单维贫困发生率及各维度对贫困的贡献率对比分析。

从表 4-20 中可以看出，A 市有不同比例的贫困户在以上 14 个维度存
在贫困现象。贫困发生率比较高的几个维度是就业技能、就业情况、卫
生设施、炊用燃料、健康状况和人均净收入，其贫困发生率分别为
93.97%、89.93%、89.86%、87.57%、84.39% 和 81.97%。说明较多
的贫困户无劳动能力或缺乏其他就业技能，如电焊、木工、驾驶、美发
等技能；同时，该贫困群体在缺乏外出就业技能的基础上，89.93% 的有
劳动能力的个体缺乏外出务工的机会，找不到工作或者不能适应就业岗
位的要求，不能连续工作六个月以上。另外，卫生设施状况较差，

89.86%的贫困户使用的是旱厕;87.57%的贫困户做饭时没有使用天然气、液化气、电、煤等燃料;84.39%的贫困户家庭中至少一人有长期慢性病、大病或残疾。

表 4-20　A 市各维度单维贫困发生率及各维度对贫困的贡献率（%）

维度	就业技能	就业情况	卫生设施	炊用燃料	健康状况	人均净收入	入户路类型
单维贫困发生率	0.9397	0.8993	0.8986	0.8757	0.8439	0.8197	0.6936
指标等权　$k=9$	0.0996	0.0988	0.0994	0.0985	0.0933	0.0938	0.0833
维度等权　$k=0.5$	0.151	0.1518	0.0355	0.0348	0.1405	0.3024	0.0281

维度	饮用水	家庭财产	互联网覆盖及使用情况	成年人受教育程度	住房条件	有无儿童失学	用电
单维贫困发生率	0.6926	0.6861	0.6252	0.382	0.2606	0.0254	0.0103
指标等权　$k=9$	0.0825	0.0807	0.0782	0.0462	0.0403	0.0036	0.0017
维度等权　$k=0.5$	0.0276	0.0274	0.0255	0.0596	0.0109	0.0044	0.0004

入户路类型、饮用水、家庭财产、互联网覆盖及使用情况维度的贫困发生率均高于60%,分别为:69.36%、69.26%、68.61%、62.52%。充分说明69.36%的贫困户入户路多为土路或没有路,69.26%的无自来水或使用小于五米的井水作为饮用水。需要说明的是,调查时62.52%的贫困户没有使用互联网,而非互联网没有覆盖到。

成年人受教育程度、住房条件维度的贫困发生率分别为38.2%和26.06%。

有无儿童失学、用电情况两个维度贫困发生率比较低,分别为2.54%和1.03%。这充分说明 A 市在普及义务教育做得较好,有2.54%的贫困户家中有16岁以下的辍学或失学儿童。另外有1.03%的贫困户没有用电。

指标等权情况下,就业技能、就业情况、卫生设施、炊用燃料、健康状况、人均净收入、入户路类型、饮用水、家庭财产、互联网覆盖及使用情况等 10 个维度对于多维贫困指数的贡献率比较高，均为 7%～11%。

维度等权情况下，人均净收入、就业情况、就业技能、健康状况这 4 项指标对于多维贫困指数的贡献率比较高，分别为 30.24%、15.18%、15.10%、14.05%，可见 A 市整体在该 4 项指标上较为贫困，特别是人均净收入的贫困的贡献率达到 28%。其次，成人受教育程度指标的贫困贡献率为 5.96%，其他各指标的贫困贡献率均较低。

（2）Aa 区各维度单维贫困发生率及各维度对贫困的贡献率对比分析。

从表 4-21 中可以看出，Aa 区各维度除炊用燃料、家庭财产、互联网覆盖及使用情况、饮用水、住房条件单维贫困发生率比 A 市分别低 3.8%、0.97%、3.01%、21.91%、4.77%，其他维度的贫困发生率均比 A 市的各维度贫困发生率略高。Aa 区抽取的贫困样本分布在市区周边，9 个维度上超过了 A 市的平均值，这在一定程度上说明，经济发展水平和能力的涓滴效应在扶贫开发的新时期存在失灵现象。

表 4-21　　Aa 区各维度单维贫困发生率及各维度对贫困的贡献率 （%）

维度	就业技能	卫生设施	就业情况	健康状况	人均净收入	炊用燃料	入户路类型
单维贫困发生率	0.9281	0.9144	0.9134	0.8983	0.8784	0.8377	0.7332
指标等权　$k=9$	0.099	0.1006	0.1003	0.0983	0.0973	0.0976	0.0895
维度等权　$k=0.5$	0.1492	0.0361	0.1522	0.1457	0.3043	0.0331	0.0293

维度	家庭财产	互联网覆盖及使用情况	饮用水	成年人受教育程度	住房条件	有无儿童失学	用电
单维贫困发生率	0.6764	0.5941	0.4735	0.4205	0.2129	0.027	0.0128
指标等权　$k=9$	0.0795	0.0772	0.0615	0.0566	0.0363	0.0041	0.0023
维度等权　$k=0.5$	0.0269	0.0243	0.018	0.0669	0.0089	0.0046	0.0005

指标等权情况下，各维度对于贫困的贡献率和 A 市各维度的贫困贡献率较为相似，其中饮用水的贡献率较低，为 5.70%。

维度等权情况下，各维度对于贫困的贡献率和 A 市各维度的贫困贡献率较为相似，人均净收入、就业情况、就业技能、健康状况这 4 项指标对多维贫困指数的贡献率分别为 30.43%、15.22%、14.92%、14.57%；其次，成人受教育程度指标的贫困贡献率为 6.69%。

（3）Ab 区各维度单维贫困发生率及各维度对贫困的贡献率对比分析。

从表 4-22 中可以看出，Ab 区各维度除互联网覆盖及使用情况、饮用水、成年人受教育程度、饮用水、住房条件单维贫困发生率比 A 市的分别低 0.36%、20.58%、9.32%、3.76%，其他维度的贫困发生率均比 A 市的各维度贫困发生率略高。和 Aa 区一样，饮用水维度比 A 市的贫困发生率低 20 个百分点以上，体现出了市郊乡镇在自来水基础设施建设的正向辐射作用。

表 4-22　　Ab 区各维度单维贫困发生率及各维度对贫困的贡献率（%）

维度	就业情况	就业技能	健康状况	卫生设施	炊用燃料	人均净收入	入户路类型
单维贫困发生率	0.9817	0.975	0.9608	0.9282	0.9006	0.8676	0.7186
指标等权　$k=9$	0.1029	0.1029	0.1014	0.1014	0.098	0.0976	0.0863
维度等权　$k=0.5$	0.1555	0.1542	0.1522	0.0365	0.0353	0.3035	0.0283

维度	家庭财产	互联网覆盖及使用情况	饮用水	成年人受教育程度	住房条件	有无儿童失学	用电
单维贫困发生率	0.7001	0.6216	0.4868	0.2888	0.223	0.0276	0.0152
指标等权　$k=9$	0.0838	0.079	0.0673	0.0402	0.0322	0.0042	0.0025
维度等权　$k=0.5$	0.0277	0.0249	0.0198	0.0477	0.0088	0.0048	0.0007

指标等权情况下，各维度对于贫困的贡献率和 A 市各维度的贫困贡献率较为相似，其中饮用水的贡献率较低，为 6.14%。

维度等权情况下，人均净收入、就业情况、就业技能、健康状况这 4 项指标对多维贫困指数的贡献率分别为 30.35%、15.55%、15.42%、

15.22%；其次，成人受教育程度指标的贫困贡献率为 4.47%。

（4）Aj 县各维度单维贫困发生率及各维度对贫困的贡献率对比分析。

从表 4-23 中可以看出，Aj 县卫生设施维度贫困发生率居于首位，是 92.08%；就业技能、就业情况、炊用燃料、人均净收入、家庭财产、饮用水、住房条件等 7 个维度的贫困发生率比 A 市分别低 1.91%、0.33%、0.11%、0.14%、0.5%、2.93%、3.8%。卫生设施、健康状况、入户路类型、互联网覆盖及使用情况、成年人受教育程度、有无儿童失学、用电这 7 个维度的贫困发生率分别比 A 市高 2.23%、3.28%、6.61%、4.14%、1.78%、0.96%、0.18%。说明 Aj 县农村的道路贫困程度较高，基础设施建设需要进一步加强，贫困户学习和运用互联网的能力与水平需要进一步加强。

表 4-23　　**Aj 县各维度单维贫困发生率及各维度对贫困的贡献率（%）**

维度	卫生设施	就业技能	就业情况	健康状况	炊用燃料	人均净收入	入户路类型
单维贫困发生率	0.9208	0.9206	0.896	0.8767	0.8746	0.8183	0.7597
指标等权　$k=9$	0.1003	0.0992	0.099	0.0961	0.0982	0.0933	0.0862
维度等权　$k=0.5$	0.0363	0.1478	0.1498	0.1441	0.0346	0.2976	0.0301

维度	家庭财产	互联网覆盖及使用情况	饮用水	成年人受教育程度	住房条件	有无儿童失学	用电
单维贫困发生率	0.6812	0.6666	0.6634	0.3998	0.2226	0.0349	0.0121
指标等权　$k=9$	0.0814	0.079	0.0792	0.0485	0.0328	0.0049	0.0019
维度等权　$k=0.5$	0.0272	0.0267	0.0265	0.0635	0.0092	0.0061	0.0005

指标等权情况下，卫生设施、就业技能、就业情况、健康状况、炊用燃料、人均净收入、入户路类型、家庭财产、互联网覆盖及使用情况和饮用水这 10 个维度的贡献率均为 7%～11%。

维度等权情况下，人均净收入、就业情况、就业技能、健康状况这 4

项指标对多维贫困指数的贡献率分别为 29.76%、14.98%、14.78%、14.41%；其次，成人受教育程度指标的贫困贡献率为 6.35%；其他各指标的贫困贡献率均较低。

（5）Af 县各维度单维贫困发生率及各维度对贫困的贡献率对比分析。

从表 4-24 中可以看出，Af 县各维度的贫困发生率和 A 市的情况整体比较接近。存在的差异是：成年人受教育程度、有无儿童失学、用电、卫生设施这 4 个维度的贫困发生率比 A 市略低，分别低 14.23%、0.31%、0.42%、0.35%。其中受教育程度低 14 个百分点，充分说明 Af 县 18 周岁以上的青壮年贫困人群整体的受教育程度要明显高于 A 市的平均水平。就业情况、就业技能、健康状况、人均净收入、炊用燃料、饮用水、入户路类型、家庭财产、互联网覆盖及使用情况、住房条件这 10 个维度均高于 A 市的贫困发生率，分别高 8.54%、4.33%、9.62%、7.03%、0.13%、9.99%、7.96%、0.02%、3.74%。充分说明 Af 县作为秦巴山区连片扶贫重点县，贫困人口居全市第二位，在相应的维度上扶贫及脱贫任务较为艰巨。

表 4-24　　Af 县各维度单维贫困发生率及各维度对贫困的贡献率（%）

维度	就业情况	就业技能	健康状况	卫生设施	人均净收入	炊用燃料	饮用水
单维贫困发生率	0.9847	0.983	0.94	0.8951	0.89	0.877	0.7925
指标等权　$k=9$	0.1023	0.1018	0.0994	0.0994	0.0966	0.0979	0.0887
维度等权　$k=0.5$	0.155	0.154	0.1492	0.0351	0.3042	0.0344	0.0312

维度	入户路类型	家庭财产	互联网覆盖及使用情况	住房条件	成年人受教育程度	有无儿童失学	用电
单维贫困发生率	0.7732	0.6864	0.6626	0.2698	0.2398	0.0223	0.0061
指标等权　$k=9$	0.0887	0.0797	0.0767	0.0359	0.029	0.0031	0.0009
维度等权　$k=0.5$	0.0304	0.027	0.0261	0.0106	0.0391	0.0038	0.0002

指标等权情况下，就业情况、就业技能、健康状况、卫生设施、人均净收入、炊用燃料、饮用水、入户路类型、家庭财产、互联网覆盖及使用情况这 10 个维度的贡献率均为 7% ~ 11%。

维度等权情况下，人均净收入、就业情况、就业技能、健康状况这 4 项指标对多维贫困指数的贡献率分别为 30.42%、15.50%、15.40%、14.92%；其次，成人受教育程度指标的贫困贡献率为 3.91%；其他各指标的贫困贡献率均较低。

（6）Ai 县各维度单维贫困发生率及各维度对贫困的贡献率对比分析。

从表 4-25 中可以看出，Ai 县各维度单维贫困发生率和 A 市的情况整体比较接近。相对于 A 市的平均水平来说，Ai 县在卫生设施、家庭财产、成年人受教育程度、有无儿童失学这 4 个维度的贫困发生率高于 A 市，分别高出 0.84%、0.36%、0.17%、0.25%；就业技能、炊用燃料、就业情况、健康状况、人均净收入、饮用水、入户路类型、互联网覆盖及使用情况、住房条件、用电等 10 个维度均低于 A 市的平均水平，分别低 3.56%、2.57%、9.73%、10.72%、17.5%、6.52%、14.26%、26.57%、12.23%、0.03%。Ai 县作为农业大县，是国家级贫困县，自身经济条件较差，但是从数据上可以看出，Ai 县在就业情况、健康状况、入户路类型、互联网使用等维度的贫困状况高于 A 市平均水平。

表 4-25　　**Ai 县各维度单维贫困发生率及各维度对贫困的贡献率（%）**

维度	卫生设施	就业技能	炊用燃料	就业情况	健康状况	家庭财产	人均净收入
单维贫困发生率	0.907	0.9041	0.85	0.802	0.7366	0.6897	0.6447
指标等权　$k=9$	0.1025	0.1024	0.1003	0.1019	0.0944	0.0887	0.094
维度等权　$k=0.5$	0.0372	0.1551	0.0353	0.1567	0.1369	0.0292	0.3084

维度	饮用水	入户路类型	成年人受教育程度	互联网覆盖及使用情况	住房条件	有无儿童失学	用电
单维贫困发生率	0.6274	0.5509	0.3837	0.3595	0.1383	0.0279	0.01
指标等权 $k=9$	0.0845	0.0838	0.0472	0.061	0.0327	0.0045	0.0021
维度等权 $k=0.5$	0.0276	0.0241	0.0602	0.0166	0.0068	0.0054	0.0005

指标等权情况下，卫生设施、就业技能、炊用燃料、就业情况、健康状况、家庭财产、人均净收入、饮用水、入户路类型这 9 个维度的贡献率均为 7%~12%。

维度等权情况下，人均净收入、就业情况、就业技能、健康状况这 4 项指标对多维贫困指数的贡献率分别为 30.84%、15.67%、15.51%、13.69%；其次，成人受教育程度指标的贫困贡献率为 6.02%；其他各指标的贫困贡献率均较低。

（7）Ad 县各维度单维贫困发生率及各维度对贫困的贡献率对比分析。

从表 4-26 中可以看出，Ad 县在就业情况、就业技能、人均净收入、健康状况、入户路类型、用电这 6 个维度的贫困发生率高于 A 市的整体水平，分别高出 8.18%、3.59%、11.1%、7.57%、10.59%、0.3%，其中人均净收入贫困状况高出 A 市 11.1 个百分点；在炊用燃料、卫生设施、家庭财产、互联网覆盖及使用情况、饮用水、住房条件、成年人受教育程度、有无儿童失学这 8 个维度的贫困发生率低于 A 市的整体水平，分别低 3.66%、5.96%、0.32%、5.2%、14.37%、2.3%、15%、0.87%，其中 Ad 县贫困个体中成年人的受教育程度高出 A 市平均水平 15 个百分点。

表4-26　　Ad县各维度单维贫困发生率及各维度对贫困的贡献率（%）

维度	就业情况	就业技能	人均净收入	健康状况	炊用燃料	卫生设施	入户路类型
单维贫困发生率	0.9812	0.9756	0.9307	0.9195	0.8391	0.8389	0.7995
指标等权　$k=9$	0.1028	0.1021	0.1	0.0987	0.0989	0.0993	0.0924
维度等权　$k=0.5$	0.1586	0.1561	0.3146	0.1489	0.0334	0.0335	0.0321

维度	家庭财产	互联网覆盖及使用情况	饮用水	住房条件	成年人受教育程度	有无儿童失学	用电
单维贫困发生率	0.6829	0.5732	0.5489	0.2376	0.232	0.0166	0.0133
指标等权　$k=9$	0.0825	0.0722	0.0712	0.0399	0.0347	0.0027	0.0025
维度等权　$k=0.5$	0.0275	0.0232	0.022	0.0095	0.0372	0.0028	0.0005

指标等权情况下，就业情况、就业技能、人均净收入、健康状况、炊用燃料、卫生设施、入户路类型、家庭财产这8个维度的贡献率均为8%~12%。

维度等权情况下，人均净收入、就业情况、就业技能、健康状况这4项指标对多维贫困指数的贡献率分别为31.46%、15.86%、15.61%、14.89%；其次，成人受教育程度指标的贫困贡献率为6.97%；其他各指标的贫困贡献率均较低。

（8）Al县各维度单维贫困发生率及各维度对贫困的贡献率对比分析。

从表4-27中可以看出，Al县卫生设施、饮用水、互联网覆盖及使用情况、成年人受教育程度、有无儿童失学、用电这6个维度的贫困发生率高于A市的平均水平，分别高出3.57%、10.93%、11.36%、22.07%、0.42%、0.04%；其中贫困个体中成年人受教育程度较低，贫困发生率达到60.28。就业技能、就业情况、人均净收入、炊用燃料、家庭财产、健康状况、住房条件、入户路类型这8个维度的贫困发生率均低于A市的平均水平，分别低0.69%、4.15%、1.16%、0.03%、0.31%、16.98%、2.75%、12.41%；从中可以看出，除健康状况、入户路类型两个维度的贫困状况明显高于 A 市的平均水平外，其他维度基本上接近于 A 市的平均水平。

指标等权情况下，卫生设施、就业技能、炊用燃料、就业情况、人均净收入、饮用水、互联网覆盖及使用情况、家庭财产、健康状况这 8 个维度的贡献率均为 7%~11%。

表 4-27   A1 县各维度单维贫困发生率及各维度对贫困的贡献率（%）

维度	卫生设施	就业技能	炊用燃料	就业情况	人均净收入	饮用水	互联网覆盖及使用情况
单维贫困发生率	0.9343	0.9329	0.8754	0.8578	0.8081	0.8019	0.7388
指标等权 $k=9$	0.0997	0.0981	0.0985	0.0962	0.0924	0.0901	0.0876
维度等权 $k=0.5$	0.0367	0.1475	0.0351	0.1435	0.2975	0.0319	0.0298

维度	家庭财产	健康状况	成年人受教育程度	入户路类型	住房条件	有无儿童失学	用电
单维贫困发生率	0.6831	0.674	0.6028	0.5695	0.2332	0.0295	0.0107
指标等权 $k=9$	0.0794	0.0788	0.0692	0.0697	0.0345	0.0041	0.0017
维度等权 $k=0.5$	0.0271	0.1157	0.0969	0.0229	0.0096	0.0053	0.0004

维度等权情况下，人均净收入、就业情况、就业技能、健康状况、成人受教育程度（区别于其他县）这 5 项指标对多维贫困指数的贡献率分别为 29.75%、14.75%、14.35%、11.57%、9.69%；其他各指标的贫困贡献率均较低。

（9）Ac 县各维度单维贫困发生率及各维度对贫困的贡献率对比分析。

从表 4-28 中可以看出，Ac 县就业情况、就业技能、健康状况、人均净收入、卫生设施、炊用燃料、住房条件这 7 个维度的贫困发生率高于 A 市的平均水平，分别高出 9.56%、4.41%、13.37%、14.22%、5.25%、7.19%、1.02%；其中就业技能、人均净收入以及健康状况这 3 个维度的贫困发生率较 A 市的平均水平更为显著。家庭财产、入户路类型、互联网覆盖及使用情况、成年人受教育程度、饮用水、用电、有无儿童失学这 7

个维度的贫困发生率均低于 A 市的贫困发生率，分别低 0.27%、14.43%、18.57%、18.64%、52.72%、1.83% 和 1.54%；其中入户路类型、互联网覆盖及使用情况、成年人受教育程度、饮用水这 4 个维度的贫困状况要高于 A 市的整体水平，特别是饮用水这一指标，低于 A 市的贫困发生率 52 个百分点。

表 4-28　　Ac 县各维度单维贫困发生率及各维度对贫困的贡献率（%）

维度	就业情况	就业技能	健康状况	人均净收入	卫生设施	炊用燃料	家庭财产
单维贫困发生率	0.9949	0.9838	0.9776	0.9619	0.951	0.9476	0.6834
指标等权　$k=9$	0.1043	0.1033	0.1027	0.1027	0.1031	0.1031	0.0844
维度等权　$k=0.5$	0.1619	0.16	0.159	0.3217	0.0385	0.0384	0.0277

维度	入户路类型	互联网覆盖及使用情况	住房条件	成年人受教育程度	饮用水	用电	有无儿童失学
单维贫困发生率	0.5493	0.4395	0.2708	0.1957	0.1654	0.0286	0.01
指标等权　$k=9$	0.0758	0.0811	0.0604	0.0345	0.0344	0.0079	0.0021
维度等权　$k=0.5$	0.0226	0.0179	0.0112	0.0316	0.0068	0.0012	0.0017

指标等权情况下，就业情况、就业技能、健康状况、人均净收入、卫生设施、炊用燃料、家庭财产、入户路类型这 8 个维度的贡献率均为 7%~12%。

维度等权情况下，人均净收入、就业情况、就业技能、健康状况这 4 项指标对多维贫困指数的贡献率分别为 32.17%、16.19%、16.00%、15.90%；其次，卫生设施、成人受教育程度指标的贫困贡献率分别为 3.85% 和 3.16%；其他各指标的贫困贡献率均较低。

（10）Ag 县各维度单维贫困发生率及各维度对贫困的贡献率对比分析。

从表 4-29 中可以看出，Ag 县就业情况、卫生设施、炊用燃料、住房条件、有无儿童失学、用电等 6 个维度的贫困发生率要低于 A 市的贫困发生率，分别低 0.12%、11.52%、9.39%、2.94%、0.43%、0.45%；其中卫生设施和炊用燃料两个维度的贫困状况要明显好于 A 市的平均水平。就业技能、健康状况、人均净收入、入户路类型、互联网覆盖及使用情况、饮用水、家庭财产、成年人受教育程度这 8 个维度的贫困发生率要高于 A 市的平均水平，分别高出 0.21%、3.98%、3.35%、6.44%、10.16%、0.87%、0.82%、5.3%，除入户路类型、互联网覆盖及使用情况两个维度外，其他维度和 A 市的贫困状况差异不大。

表 4-29　　Ag 县各维度单维贫困发生率及各维度对贫困的贡献率（%）

维度	就业技能	就业情况	健康状况	人均净收入	卫生设施	炊用燃料	入户路类型
单维贫困发生率	0.9418	0.8981	0.8836	0.8532	0.7834	0.7818	0.7579
指标等权　k=9	0.1	0.0989	0.0958	0.0955	0.0951	0.0948	0.0842
维度等权　k=0.5	0.1496	0.1499	0.1417	0.3008	0.0309	0.0308	0.0297

维度	互联网覆盖及使用情况	饮用水	家庭财产	成年人受教育程度	住房条件	有无儿童失学	用电
单维贫困发生率	0.7268	0.7014	0.6944	0.435	0.2313	0.021	0.0058
指标等权　k=9	0.0818	0.0774	0.0818	0.0541	0.0368	0.0029	0.0009
维度等权　k=0.5	0.0289	0.0276	0.0276	0.0695	0.0094	0.0034	0.0002

指标等权情况下，就业技能、就业情况、健康状况、人均净收入、卫生设施、炊用燃料、入户路类型、互联网覆盖及使用情况、饮用水、家庭财产这 10 个维度的贡献率均为 7%~11%。

维度等权情况下，人均净收入、就业情况、就业技能、健康状况这 4 项指标对多维贫困指数的贡献率分别为 30.08%、14.99%、14.96%、14.17%；其次，成人受教育程度指标的贫困贡献率为 6.95%；其他各指标的贫困贡献率均较低。

（11）Am县各维度单维贫困发生率及各维度对贫困的贡献率对比分析。

从表4-30中可以看出，Am县就业情况、就业技能、炊用燃料、卫生设施、健康状况、人均净收入、饮用水、住房条件、用电这9个维度的贫困发生率均高于A市的相应维度的贫困发生率，分别高8.27%、3.53%、7.65%、3.94%、9.34%、11.11%、19.16%、26.59%、0.20%；其中饮用水、人均净收入、健康状况这3个维度的贫困发生率较高。家庭财产、入户路类型、互联网覆盖及使用情况、成年人受教育程度、有无儿童失学这5个维度的贫困发生率均低于A市的相应维度的贫困发生率，分别低0.08%、3.38%、5.18%、2.49%、1.34%。

表4-30　Am县各维度单维贫困发生率及各维度对贫困的贡献率（%）

维度	就业情况	就业技能	炊用燃料	卫生设施	健康状况	人均净收入	饮用水
单维贫困发生率	0.982	0.975	0.9522	0.938	0.9372	0.9307	0.8842
指标等权 $k=9$	0.0986	0.0981	0.0977	0.0972	0.095	0.0948	0.093
维度等权 $k=0.5$	0.1515	0.1493	0.0364	0.0359	0.1449	0.2974	0.0338

维度	家庭财产	入户路类型	互联网覆盖及使用情况	住房条件	成年人受教育程度	用电	有无儿童失学
单维贫困发生率	0.6854	0.6598	0.5734	0.5265	0.3571	0.0123	0.012
指标等权 $k=9$	0.0746	0.0764	0.0662	0.0647	0.0409	0.0015	0.0014
维度等权 $k=0.5$	0.0262	0.0252	0.0221	0.0202	0.0548	0.0005	0.0019

指标等权情况下，就业情况、就业技能、炊用燃料、卫生设施、健康状况、人均净收入、饮用水、家庭财产、入户路类型这9个维度的贡献率均为7%~11%。

维度等权情况下，人均净收入、就业情况、就业技能、健康状况这4项指标对多维贫困指数的贡献率分别为29.74%、15.15%、14.93%、

14.49%；其次，成人受教育程度指标的贫困贡献率为 5.48%，炊用燃料和卫生设施指标的贫困贡献率为 3.64% 和 3.59%；其他各指标的贫困贡献率均较低。

（12）Ah 县各维度单维贫困发生率及各维度对贫困的贡献率对比分析。

从表 4-31 中可以看出，Ah 县在卫生设施、炊用燃料、互联网覆盖及使用情况、饮用水、入户路类型、家庭财产、成年人受教育程度、住房条件、有无儿童失学这 9 个维度的贫困发生率高于 A 市的相应维度的贫困发生率，分别高出 1.47%、3.61%、10.63%、2.81%、1.07%、0.15%、8.89%、16.87%、1.14%；其中住房条件、成人受教育程度、互联网覆盖及使用情况这 3 个维度的贫困状况较差。在就业技能、健康状况、就业情况、人均净收入、用电这 5 个维度的贫困发生率低于 A 市的相应维度的贫困发生率，分别低 5.67%、1.34%、8.14%、2.89%、0.11%；其中就业情况维度的贫困状况比 A 市整体水平高。

表 4-31　　Ah 县各维度单维贫困发生率及各维度对贫困的贡献率（%）

维度	卫生设施	炊用燃料	就业技能	健康状况	就业情况	人均净收入	互联网覆盖及使用情况
单维贫困发生率	0.9132	0.9118	0.883	0.8304	0.8179	0.7908	0.7315
指标等权　$k=9$	0.0983	0.0984	0.0941	0.0894	0.0913	0.0882	0.0836
维度等权　$k=0.5$	0.0359	0.0359	0.1421	0.1368	0.1426	0.2943	0.0294
维度	饮用水	入户路类型	家庭财产	成年人受教育程度	住房条件	有无儿童失学	用电
单维贫困发生率	0.7207	0.7042	0.6876	0.4709	0.4294	0.0368	0.0093
指标等权　$k=9$	0.0818	0.0804	0.0778	0.0534	0.0572	0.0048	0.0014
维度等权　$k=0.5$	0.0288	0.0282	0.0273	0.0742	0.0174	0.0068	0.0004

指标等权情况下，卫生设施、炊用燃料、就业技能、健康状况、就业

情况、人均净收入、互联网覆盖及使用情况、饮用水、入户路类型、家庭财产这 10 个维度的贡献率均为 7%~11%。

维度等权情况下，人均净收入、就业情况、就业技能、健康状况这 4 项指标对多维贫困指数的贡献率分别为 29.43%、14.26%、14.21%、13.68%；其次，成人受教育程度指标的贫困贡献率为 7.42%；炊用燃料和卫生设施指标的贫困贡献率均为 3.59%；其他各指标的贫困贡献率均较低。

（13）Ae 县各维度单维贫困发生率及各维度对贫困的贡献率对比分析。

从表 4-32 中可以看出，Ae 县在就业情况、健康状况、家庭财产、人均净收入、入户路类型、住房条件、有无儿童失学、用电这 8 个维度的贫困发生率均低于 A 市相应维度的贫困发生率，分别低 5.51%、15.57%、0.28%、13.78%、3.69%、6.78%、0.79%、0.44%；其中，健康状况和入户路类型两个维度贫困发生率相对于 A 市的平均水平较低。就业技能、炊用燃料、卫生设施、饮用水、互联网覆盖及使用情况、成年人受教育程度这 6 个维度的贫困发生率均高于 A 市相应维度的贫困发生率，分别高出 0.22%、5.2%、2.02%、21.61%、4.04%、10.94%；其中饮用水和成年人受教育程度两个维度的贫困状况较 A 市的平均水平更为严重。

表 4-32　Ae 县各维度单维贫困发生率及各维度对贫困的贡献率（%）

维度	就业技能	炊用燃料	卫生设施	饮用水	就业情况	健康状况	家庭财产
单维贫困发生率	0.9419	0.9277	0.9187	0.9087	0.8443	0.6881	0.6833
指标等权 $k=9$	0.1003	0.1016	0.1009	0.0972	0.0972	0.0824	0.0816
维度等权 $k=0.5$	0.1527	0.0371	0.0367	0.0363	0.1522	0.1209	0.0277

维度	人均净收入	互联网覆盖及使用情况	入户路类型	成年人受教育程度	住房条件	有无儿童失学	用电
单维贫困发生率	0.6819	0.6656	0.6566	0.4915	0.1929	0.0175	0.0059
指标等权 $k=9$	0.0865	0.0832	0.0819	0.0539	0.03	0.0023	0.001
维度等权 $k=0.5$	0.2933	0.0278	0.0272	0.0758	0.0085	0.0035	0.0003

指标等权情况下，就业技能、炊用燃料、卫生设施、饮用水、就业情况、健康状况、家庭财产、人均净收入、互联网覆盖及使用情况、入户路类型这 10 个维度的贡献率均为 7%～11%。

维度等权情况下，人均净收入、就业技能、就业情况、健康状况这 4 项指标对多维贫困指数的贡献率分别为 29.33%、15.27%、14.26%、12.09%；其次，成人受教育程度指标的贫困贡献率为 7.58%，炊用燃料、卫生设施、饮用水的贡献率分别为 3.71%、3.67%、3.63%；其他各指标的贫困贡献率均较低。

（14）Ak 区各维度单维贫困发生率及各维度对贫困的贡献率对比分析。

从表 4-33 中可以看出，Ak 区卫生设施、炊用燃料、饮用水、成人受教育程度、儿童失学这 5 个维度的贫困发生率均低于 A 市相应维度的贫困发生率，分别低 9.35%、8.82%、20.53%、15.2%、0.98%；说明其中饮用水和成人受教育程度两个维度的贫困状况相比 A 市的平均水平较高。就业技能、就业情况、人均净收入、健康状况、入户路类型、家庭财产、互联网覆盖及使用情况、住房条件、用电这 9 个维度的贫困发生率均高于 A 市相应维度的贫困发生率，分别高出 3.30%、5.00%、11.99%、1.38%、7.45%、1.95%、1.61%、6.49%、0.98%；人均净收入维度的贫困发生率相对 A 市平均水平稍高。

表 4-33　　Ak 区各维度单维贫困发生率及各维度对贫困的贡献率（%）

维度	就业技能	就业情况	人均净收入	健康状况	卫生设施	炊用燃料	入户路类型
单维贫困发生率	0.9727	0.9493	0.9396	0.8577	0.8051	0.7875	0.768
指标等权 $k=9$	0.1025	0.1004	0.0988	0.0975	0.0992	0.0992	0.0884
维度等权 $k=0.5$	0.1582	0.1568	0.3177	0.1427	0.0327	0.0318	0.0317

维度	家庭财产	互联网覆盖及使用情况	饮用水	住房条件	成年人受教育程度	用电	有无儿童失学
单维贫困发生率	0.7057	0.6413	0.4873	0.3255	0.23	0.0234	0.0156
指标等权　$k=9$	0.0813	0.0776	0.0581	0.056	0.0349	0.0046	0.0017
维度等权　$k=0.5$	0.0292	0.0265	0.0198	0.0138	0.0363	0.0009	0.0021

指标等权情况下，就业技能、就业情况、人均净收入、健康状况、卫生设施、炊用燃料、入户路类型、家庭财产、互联网覆盖及使用情况这9个维度的贡献率均为7%~12%。

维度等权情况下，人均净收入、就业技能、就业情况、健康状况这4项指标对多维贫困指数的贡献率分别为31.77%、15.82%、15.68%、14.27%；其次，成人受教育程度、卫生设施、炊用燃料、入户路类型指标的贫困贡献率为3.63%、3.27%、3.18%、3.17%；其他各指标的贫困贡献率均较低。

（15）An区各维度单维贫困发生率及各维度对贫困的贡献率对比分析。

从表4-34中可以看出，An区在家庭财产、炊用燃料、入户路类型、互联网覆盖及使用情况、成年人受教育程度、有无儿童失学和用电这7个维度上的贫困发生率均低于A市相应维度的贫困发生率，分别低0.65%、20.13%、5.53%、15.75%、22.18%、2.02%、0.77%；其中炊用燃料、互联网覆盖及使用情况和成年人受教育程度这3个维度的贫困发生率相对A市来说较低。人均净收入、就业情况、就业技能、卫生设施、健康状况、饮用水和住房条件这7个维度的贫困发生率均高于A市相应维度的贫困发生率，分别高出18.03%、9.29%、5.25%、1.10%、5.28%、14.20%、2.62%；其中人均净收入、就业情况和饮用水的贫困发生率相对A市来说较高。

表 4-34   **An 区各维度单维贫困发生率及各维度对贫困的贡献率（%）**

维度	人均净收入	就业情况	就业技能	卫生设施	健康状况	饮用水	家庭财产
单维贫困发生率	1	0.9922	0.9922	0.9096	0.8966	0.8346	0.6796
指标等权 $k=9$	0.1027	0.1027	0.1027	0.1016	0.0989	0.0989	0.0768
维度等权 $k=0.5$	0.3225	0.1599	0.1604	0.0366	0.1472	0.034	0.0275

维度	炊用燃料	入户路类型	互联网覆盖及使用情况	住房条件	成年人受教育程度	有无儿童失学	用电
单维贫困发生率	0.6744	0.6382	0.4677	0.2868	0.1602	0.0052	0.0026
指标等权 $k=9$	0.0935	0.0881	0.0681	0.0454	0.02	0	0.0005
维度等权 $k=0.5$	0.0275	0.0259	0.0192	0.0118	0.0264	0.0009	0.0001

指标等权情况下，人均净收入、就业情况、就业技能、卫生设施、健康状况、饮用水、家庭财产、炊用燃料、入户路类型这 9 个维度的贡献率均为 7%~12%。

维度等权情况下，人均净收入、就业技能、就业情况、健康状况这 4 项指标对多维贫困指数的贡献率分别为 32.25%、16.04%、15.99%、14.72%；其次，卫生设施、饮用水指标的贫困贡献率分别为 3.66%、3.40%；其他各指标的贫困贡献率均较低。

4.5.4　实证分析结论

根据上文运用 A-F 模型对 A 市及各县区贫困进行多维测度的结果分析，得出了一些结论，现总结如下。

（1）通过实证分析，验证了构建的多维测度指标体系的合理性与科学性，针对贫困人群进行测度选设的临界值是合理的，进而验证了改进的 A-F 模型的可靠性和稳定性，对于今后该领域的研究提供了理论依据和实证借鉴。

（2）A 市及各县区的贫困个体在很大程度上存在多维贫困现象，并具有一些相似之处。首先，A 市及各县区的贫困人群的贫困不是单纯的收入贫困，而是在健康、教育、生活条件、就业和收入这 5 个维度上均存在不同强度的贫困问题，上文已做详细分析，不再赘述。其次，A 市及各县区的多维贫困具有一些相似之处，在就业技能、就业情况、卫生设施、炊用燃料、健康状况、人均净收入、入户路类型、饮用水、家庭财产这 9 个指标上贫困发生率较高，在指标等权情况下该部分指标贫困贡献率差距不是很大。

（3）A 市及各县区的多维贫困状况存在一定差异性。差异性体现在当临界值 k 取不同值时，多维贫困发生率、多维贫困指数和各指标的贫困贡献率有一定的差异。

下面以指标等权和维度等权情况下的多维贫困指数为例说明。

在指标等权情况下，当 $k=9$ 时，多维贫困指数低于 A 市整体水平的县按照升序排列依次是：Ai 县、Ac 县、Ak 区、An 区、Ad 县、Aa 区、Ae 县；高于 A 市整体水平的县按照升序排列依次是：Ag 县、Ab 区、Aj 县、Al 县、Ah 县、Af 县、Am 县。

在维度等权情况下，当 $k=0.5$ 时，多维贫困指数低于 A 市整体水平的县按照升序排列依次是：Ai 县、Ae 县、Ah 县、Al 县；高于 A 市整体水平的县按照升序排列依次是：Aj 县、Ag 县、Aa 区、Ab 区、Ak 区、Af 县、Ad 县、Ac 县、An 区、Am 县。

对于指标等权和维度等权情况下测度的不同结果，本书倾向于以维度等权测算、分解结果为 A 市及各县区贫困测度的重要遵循，而将指标等权情况的测算作为重要参考。

（4）维度等权情况下，在不同维度上各县区的贫困状况存在的差异性。

①就业维度贫困发生率高，是制约 A 市及各县区贫困个体摆脱贫困的直接原因。就业技能和就业状况指标贫困发生率排在前两位的县区有 7 个，分别是：Ab 区、Af 县、Ad 县、Ac 县、Ag 县、Am 县、Ak 区；排在前三的还有 Aa 区、Aj 县、An 区；排在前五位的还有其他 4 个县。当 $k=0.5$

时，该维度贫困贡献率各县区均为28%~33%，所占份额较高。

表象是缺乏技能或劳动能力而找不到工作，或者有技能而缺乏就业渠道，反映出贫困个体就业能力不足的根源是能力贫困。A 市及各县区今后在制定反贫困对策时，要充分考虑到如何提高贫困个体的内生动力，从增强贫困群体的可持续生计能力入手，从而使其能够在根源上抵御贫困的发生。

②收入维度贫困发生率较高；收入较低，制约了贫困家庭摆脱贫困的可能，也增加其陷入更深贫困的可能性。人均净收入指标贫困发生率排在第一的只有 An 区；排在第三的有 Ad 县和 Ak 区；排在第五的有 Aa 区、Af 县和 Al 县；排在第六的有 Ab 区、Am 县、Ah 县；Ai 县和 Ae 县该指标排名分别为第七和第八。当 $k = 0.5$ 时，该维度对各县区贫困贡献率均为29%~33%。

家庭收入水平过低，不能够或者刚刚能够满足日常基本生活需要开支。这样就没有足够的经济能力应对日常生活中的突发疾病、灾害；同时，缺乏对未来生活的投资性支出，比如教育、健康；其生产资料有效获取的可能性会进一步降低，也会降低广泛社交的可能性，不利其人际关系的扩展、家庭生活圈子的拓展等。

在没有外力介入的情况下，该维度的贫困在很大程度上能够阻断贫困家庭摆脱困境的多条路径，从而加剧其贫困程度。所以，我国实施的精准扶贫伟大战略，对贫困个体推、拉、拽的同时，从内因着手，化外因于无形，起到立竿见影的效果。

③健康维度医疗保险实现全员覆盖，健康状况指标贫困发生率较高。通过近年来医疗保险工作的推行，从调研的样本数据来看，每人均参保有一种或一种以上的医疗保险；农村的绝大部分居民只有新型农村合作医疗保险一种。

健康状况贫困发生率处于91.95%~97.76%的有 5 个县区，从低到高分别是：Ad 县、Am 县、Af 县、Ab 区、Ac 县；处于83.04%~89.83%的有 6 个县区，从低到高分别是 Ah 县、Ak 区、Aj 县、Ag 县、An 区、Aa

区、Ai 县、Ae 县、Al 县；该指标的贫困发生率稍低，分别为 73.66%、68.81% 和 67.40%。当 $k = 0.5$ 时，各县区该指标的贫困贡献率处于 11.57% ~ 15.9%。

家庭至少一人有重大疾病（长期慢性病、大病、残疾），其医疗费用的开支较高，而新型农村合作医疗报销后产生的费用对于贫困家庭依然较高。这很大程度上会加重其经济上的负担，使其陷入贫困状态。

④相对于其他维度，教育维度贫困发生率较低；但是各县区贫困家庭户主整体学历较低，且均存在儿童失学现象。户主的学历对是否会陷入贫困有着重要的影响；呈现的规律是：学历越高，陷入贫困的可能性越小；通过职业教育拥有一项或多项技术在很大程度上可以避免个体陷入贫困。

成人受教育程度和有无儿童失学指标贫困发生率排在第 11 和第 13 的有 6 个县区，分别是 Aa 区、Ab 区、Aj 县、Ag 县、Ah 县、Ae 县；排在第 12 和第 13 的有 3 个县区，分别是 Af 县、Ad 县、An 区；排在第 10 和第 13 的有 2 个县区，分别是 Ai 县、Al 县；排在第 12 和第 14 的是 Am 县；排在第 11 和第 14 的有 2 个县区，分别是 Ac 县和 Ak 区。

当 $k = 0.5$ 时，各县区成人受教育程度指标的贫困发生率为 16.02% ~ 60.28%，贫困贡献率为 2.64% ~ 9.69；其中 Al 县该指标的贫困发生率和贡献率均为最高，分别为 60.28% 和 9.69%。

另外，经统计，户主学历大部分比较低，影响了家庭的脱贫致富。Aa 区、Ab 区、Ad 县、Ak 区均有 80% 以上的户主是小学学历。Ae 县和 An 区小学学历的户主占比分别为 67.67% 和 57.14%，这是 14 个县区中最少的两个县。拥有高中学历的户主所占比自上而下分别为：Ae 县、Ak 区、Al 县、Ai 县、An 区、Am 县、Aa 区、Ah 县、Af 县、Ag 县、Ac 县、Ad 县、Ab 区、Aj 县；但是其占比均非常低，分别为 7.44%、5.88%、5.42%、4.85%、4.76%、4.02%、3.25%、3.09%、2.34%、2.01%、1.85%、1.73%、1.68%、1.62%。An 区拥有职专学历的户主占比为 19.05%，除其之外，Ag 县、Af 县、Aa 区、Ab 区、Ad 县、Ai 县占比分别为 1.34%、0.49%、0.39%、0.28%、0.25%、0.21%；其他县区均为 0。这充分说明通过职业教育能够让贫困个体掌握一技之长，在就业过程中具有相对优势，能够与其技能相匹配的岗位，在实现就业过程中，避免了生活上陷入贫困状态，这也是今后在教育扶贫过程中应该重视的。另外需要注意的一个现象是，有一部分户主是大学及以上学历的家庭也处于贫困状态，Ah县、Am县、Ag县、Ab区、Ad县、Al县、Ae县分别为 0.77%、0.6%、0.45%、0.28%、0.25%、0.25%、0.23%，其他县区均为 0。

各县区均存在儿童失学现象，这是需要引起高度重视的。其贫困发生率为 1%～3.68%，贡献率为 0.09%～0.68%，A 市整体为 0.44%。Ah县、Aj县、Ai县、Al县、Ab区、Aa区的贫困问题相对较为严重，贫困贡献率分别为 0.68%、0.61%、0.54%、0.53%、0.48%、0.46%，需要各级政府、教育部门、失学子女的家长高度重视。Af县、Ae县、Ag县、Ad县的问题亦需警觉，贡献率分别为 0.38%、0.35%、0.34%、0.28%；Am县、Ac县、Ak区、An区的情况较其他县区稍好，分别为 0.19%、0.17%、0.09%、0.09%。

⑤生活条件维度各指标贫困发生率高低有很大的差异性，该维度各指标中卫生设施、炊用燃料、入户路类型、家庭财产等指标贫困发生率较高，住房条件和用电指标贫困发生率相对较低。该维度的贫困很大程度上说明农村基础设施和公共服务匮乏，影响贫困个体的生活质量，也是其没有充分共享改革开放成果的微观具体体现。

除 An区之外的县区卫生设施和炊用燃料两个指标在生活条件的 8 项指标中均排在前两位。排在第三位有 5 个县区是入户路类型，分别是 Aa区、Ab区、镇坪县、Ad县、Ag县、Ak区；有 4 个县区是家庭财产，分别是 Ai县、Ac县、Ae县、An区；有 3 个县区是饮用水，分别是 Af县、Al县、Am县；Ah县则是互联网覆盖及使用情况。除 Ac县外，其他 13 个县区住房条件指标均排名第七位。各县区用电指标的贫困发生率在 8 项指标中均排在最后一位，其贫困贡献率均为 0.01%～0.12%，相对来说非常低。

该维度的贫困状况、各单项指标贫困与否，对于农村家庭的生活水平和生活质量有很大影响；所以在反贫困过程中，必须将该维度的贫困纳入扶贫范围之内，在宏观政策制定上针对各指标贫困发生率及贫困贡献率采取行之有效的扶贫路径。

5 基于改进的 A-F 模型多维贫困测度 与主观评价的差异性分析

贫困的测度方法有多种，第四章选取了运用改进的 A-F 模型对贫困个体进行多维测度；在研究分析过程中发现一种现象，A-F 模型多维测度的结果和在实地调研过程中他人对调研对象贫困与否的主观评价存在差异。多维测度是贫困的个体，其左邻右舍认为该个体不贫困；多维测度是不贫困的个体，其左邻右舍认为该个体是贫困的；对于其余的调研对象二者的评价结果是一致的。基于邻里对于调查样本主观评价的这种主观正向或反向反馈，本部分基于微观调查数据，从研究群体自身特征差异性的角度出发，基于多维贫困测度与他人主观评价的差异进行比较分析，来对个体的贫困影响因素做进一步的研究分析。

5.1 数据来源与模型设置

5.1.1 数据来源

本章使用的数据和第四章多维贫困测度实证分析所使用的数据来源一样，是 2016 年对 A 市精准扶贫第三方评估调研的数据，属于微观调研数据。另外，在调研过程中，样本家庭受访者基本上是户主，如果户主不在家，受访对象为户主的配偶。

需要补充说明的是，由于考虑到左邻右舍作为调研对象日常生活的见证者，他们属于扶贫工作的非直接利益体，对于贫困的测度有发言权和旁证佐证权，其主观的判别是对于贫困个体认定的补充和佐证，也是对精准扶贫工作的主观评价。基于此，在调研过程中，针对选取的每一个调研对象的左邻右舍按照之前设计好的调研流程进行访谈，填写调研问卷。调研的主要内容有：邻居是否应认定为贫困、本村是否存在应进未进的农户、本村是否存在应退未退的农户。应进未进指的是某个农户是贫困家庭但政府未将其认定为贫困户，存在遗漏现象；应退未退指的是某个贫困户左邻右舍认为其不是贫困户，但政府认定其为贫困户。经统计，左邻右舍反映的应进未进的农户有 102 家，应退未退的有 35 家。针对反映的应进未进的 102 家农户，依据当时评估的特殊性和精准性，对该 102 家进行了例行调研。共收集到 5549 户第一手数据，经过对数据的整理，5260 户为有效数据，用于本章研究分析。需要说明的是，由于多维测度结果和他人主观评价存在差异的样本较少，在研究分析时可能会存在一定的偏差。

对于一个个体来说，对其进行的多维测度会有贫困和不贫困两种结果，他人评价也会有贫困和不贫困两种结果。在第四章的分析过程和调研过程中，对于每一个调研样本都进行了多维测度和由左邻右舍进行的主观评价。显而易见，每一个样本贫困与否都会面临四类评价结果，分别是：第 1 类，多维测度是不贫困的，左邻右舍认为其不贫困；第 2 类，多维测度是贫困的，左邻右舍认为其贫困；第 3 类，多维测度是贫困的，左邻右舍认为其不贫困；第 4 类，多维测度是不贫困的，左邻右舍认为其贫困。

本部分研究的主要对象是该四类人群之间的差异性，也就是说，研究哪些变量对于人群类别的归属有着显著的影响作用，并进行分析。

5.1.2 模型设置

本部分研究的因变量是多维测度与他人评价的差异性，从理论上说，这四种类别的评价结果相互之间没有严格的逻辑关系，它们之间是无序的，属于多分类离散变量，但是这四种评价结果的概率之和为 1。同时，样本个体面临的选择是多值的，其差异性涉及的个体和家庭的特征变量是多个离散变量，Ordered Probit 回归模型不适合于做该类分析，因此本部分选择使用 Multionmial Probit 模型来进行比较分析，模型具体构建如下：

$$y_1 = \beta_1 x + \mu_1 \tag{5-1}$$

$$y_2 = \beta_2 x + \mu_2 \tag{5-2}$$

$$y_3 = \beta_3 x + \mu_3 \tag{5-3}$$

$$y_4 = \beta_4 x + \mu_4 \tag{5-4}$$

y_1、y_2、y_3、y_4 分别代表上述的四种贫困类型，x 为贫困个体的特征向量，也就是上文所说的自变量；μ_1、μ_2、μ_3、μ_4 为残差项。

本部分研究所使用的多项 probit 回归模型为：

$$\mathrm{Pro}(Y_i = j \mid X_i) = \mathrm{Pro}\{\in_{ik} - \in_{ij} \leq \beta_j x_i' - \beta_k x_{i,}' \ \forall k \neq j\} \ j, \ k = 1, \ 2, \ 3, \ 4 \tag{5-5}$$

式中，Y_i 代表家庭 i 所属的贫困人群类型；

x_i 代表贫困个体；

j，k 代表贫困类型；

β 代表系数；

$\in_{ij}$ 代表随机扰动项。

本部分研究所使用的 OLS 回归模型为：

$$\ln \mathrm{incom} = \beta_0 + \beta_1 \mathrm{age} + \beta_2 \mathrm{education} + \beta_3 \mathrm{skill} + \beta_4 \mathrm{capacity} +$$
$$\beta_5 \mathrm{children} + \beta_6 \mathrm{old} + \beta_7 \mathrm{sex} + \in \tag{5-6}$$

模型（5-5）是下文对部分变量一起进行多项 probit 模型估计的模型，模型（5-6）是以人均年收入为因变量进行 OLS 回归所用的模型；另外，均以第 2 类人群作为参照，分别估计出第 1 类、第 3 类、第 4 类人群的系数值，并做边际效应分析。在此基础上，对各类别人群的差异性回归分析做进一步验证，将户主的个体特征和部分家庭特征作为自变量，家庭人均收入的对数作为因变量，运用多项 probit 模型做回归分析，同时做边际分析。进而，为了更好地对其进行分析，将人均收入进行收入影响因素的 OLS 回归和分位数回归分析。

5.2 描述性统计分析

5.2.1 自变量选择

本书认为个人相关基本特征和家庭相关基本特征对于贫困的认定协同发挥着决定性作用。本部分研究的因变量为不同类别人群的差异性；同时，为了验证差异性分析，以人均年收入为因变量做进一步分析。自变量的选取要能够涵盖影响个人和家庭贫困的因素。本书将自变量分为三个类别，分别是被调查者的个体基本特征、家庭基本特征、家庭经济收支情况。个人基本特征主要包括年龄、性别、受教育程度、健康状况、就业技能等；家庭特征主要包括家庭的人数、老人数量、15 岁以下小孩数量、教育费用支出、医疗费用支出、人均年收入等。

1. 被调查者的个体基本特征

户主作为一家之主，是家庭各项事务决策的主要负责人，在一定程度上决定了家庭资源的获取和分配；对于自身家庭贫困与否有很大的影响作用，所以将户主的个体基本特征作为一类自变量。基于家庭经济贫困和物质贫困多是能力贫困导致的视角，本节选取的个体基本特征包括年龄、性别、受教育程度、健康状况、劳动技能这 5 项。

2. 家庭基本特征

家庭作为社会的基本单元，家庭人口结构对于其生产力、生活开支、经济收入水平的增长、内生动力的增强有着很大的结构性决定作用。基于此，本部分选取的家庭基本特征包括家庭人口数、60 岁以上老人数量、15 岁以下儿童数量、家庭男子数量、家庭女子数量、家庭有劳动能力人数这 6 项。

3. 家庭经济收支情况

贫困的外在表现是经济收入水平非常低，物质匮乏，家庭负担过重。左邻右舍对个体家庭进行主观评价的主要依据之一是上述种种迹象综合形成的感官认知。分析客观的多维测度与他人主观评价的差异性，家庭的经济收支状况是一个重要的变量。基于此，本章选取的家庭的经济收支状况主要包括人均年收入、教育费用总支出、医疗费用总支出这 3 项。

综上，各变量的解释和赋值如表 5-1 所示。

表 5-1　　　　　　　　　**变量的解释及赋值一览表**

变量类型	变量名称	变量符号	变量赋值
因变量	差异性	diff	
个体特征	年龄	age	实际年龄、取对数
	性别	sex	0＝女性；1＝男性
	受教育程度	education	小学及以下＝0；初中以及上＝1
	健康状况	health	1＝差；2＝一般；3＝健康
	就业技能	skill	1＝无劳动能力；2＝普通劳动技能；3＝初级劳动技能；4＝中级劳动技能及以上
家庭特征	家庭人数	number	实际取值
	老年人数量占比	old	实际取值
	15 岁以下儿童数量占比	children	实际取值
	家庭男子数量	men	实际取值
	家庭女子数量	women	实际取值
	家庭有劳动能力人数占比	capacity	实际取值

续表

变量类型	变量名称	变量符号	变量赋值
家庭经济 收支情况	人均年收入	income	人均年收入、取对数
	教育费用总支出	educationexpenses	教育费用总支出、取对数
	医疗费用总支出	medical	医疗费用总支出、取对数

由表 5-1 可以看出，自变量性别女性赋值为 0，男性赋值为 1。个体受教育程度变量，基于普遍受教育程度较低，没有上过学、文盲、半文盲、小学学历赋值为 0；初中、高中学历、大专及以上学历赋值为 1。健康状况，将有大病、残疾的归为身体条件差，赋值为 1；具有长期慢性病归为身体健康状况一般，赋值为 2；身体健康的赋值为 3。就业技能变量，将无劳动能力者或丧失劳动力赋值为 1；将除了种植一般农作物的技能之外没有其他劳动技能的归结为普通劳动技能，赋值为 2；将具有其他电焊、木工、种植经济作物等谋生技能的归为初级劳动者，赋值为 3；将具有熟练的相关谋生技能的归为中级劳动技能及以上，赋值为 4。另外，农村老年人多是无劳动能力需要赡养的人群，15 岁以下青少年多是处于上学阶段，所以对二者均采取抚养比的方式进行赋值。

在数据分析研究过程中，为了更好地进行统计推断，我们对家庭人均收入、教育费用支出、医疗费用总支出取对数，进行数据变换；其他自变量均取实际值。

5.2.2　变量描述

从表 5-2 可以看出，因变量为四种类别的人群，类别确定是基于上文多维贫困测度结果和实地调研过程中左邻右舍对于调研对象主观评价的结果。同时，下文在做差异性分析进一步验证时会将人均年收入作为因变量来分析。

表 5-2 变量的描述性统计

Variable	Obs	Mean	Std. Dev.	Min	Max
人群类别	5260	2.323	0.739	1	4
年龄	5260	61.25	13.67	7	98
性别	5260	1.893	0.309	1	2
受教育程度	5260	1.969	0.826	1	5
健康状况	5260	2.129	0.698	1	3
就业技能	5260	1.36	0.484	1	4
家庭总人数	5260	2.694	1.635	1	13
老年人数量占比	5260	0.481	0.428	0	1
15 岁以下儿童数量占比	5260	0.109	0.179	0	1
男子数量	5260	1.607	0.939	0	8
女子数量	5260	1.087	1.058	0	8
有劳动能力人数占比	5260	0.309	0.319	0	1
人均年收入取对数	5260	7.761	1.394	5.704	11.69
教育费用总支出取对数	3620	6.624	1.207	1.609	9.011
医疗费用总支出取对数	4591	8.304	0.953	3.912	10.12

自变量户主为男性的占比 89.28%，说明男性户主在农村占支配地位，平均年龄为 61.25 岁，说明该部分家庭户主的年龄偏高。学历为小学或文盲的占比较高，为 77.93%，具有初中学历的为 18.25%，具有高中或职专学历的为 3.57%，具有大专及以上学历的为 0.25%，这与农村的贫困家庭实际情况相符合。健康程度变量平均值为 2.129，标准差为 0.698，说明健康的整体水平一般；户主健康状况为差、一般、健康的占比分别为 18.74%、49.57% 和 31.69%。无劳动能力的占比 64.22%，具有普通劳动能力、初级劳动能力和中级劳动能力的占比分别为 35.60%、0.16% 和 0.02%，可以看出，样本家庭户主的劳动技能拥有情况较差。

家庭总收入平均为 5383 元，而医疗费用的支出为 4607 元，教育费用的投入较低，为 818 元。整体看来家庭收支严重不合理，医疗费用开支过大，该费用属于负担型费用，而教育费用作为投资性支出，投入占比和金额均较低；而这也和农村的实际情况比较吻合，由于农村人口多从事体力型劳动，积劳成疾，到一定年龄（很多不是 60 岁）之后身体状况容易出现问题，而且又无力进行很好的救治，形成恶性循环，致使贫困状况进一步加剧。

5.3 实证结果与分析

在运用多项 Probit 模型进行估计分析之前，对因变量之间是否存在近似共线性的问题进行了检验，发现年龄、受教育程度、就业技能、有劳动能力人数占比、15 岁以下儿童数量占比、老年人数量占比等因变量之间方差膨胀因子均小于 10，说明这些变量之间近似共线性问题不显著，可以进行多项 Probit 模型回归和 OLS 回归。另外需要说明的是，在此基础上加上其他自变量，变量间的近似共线性问题较为严重。于是下文对该部分自变量进行回归，进行估计分析，查看各类人群贫困的差异性。

需要说明的是，第 1 类人群是多维测度是贫困的，左邻右舍也认为是贫困的人群，为了便于比较分析，本部分的比较分析均以第 2 类人群为基准组。第 2 类的系数均标准化为 0，y_1 等于 0；第 1、3、4 类人群均参照第 2 类人群进行比较分析。

5.3.1 多项 Probit 模型回归

1. 多项 Probit 模型估计

上文已经提到，年龄、受教育程度、就业技能、有劳动能力人数占比、15 岁以下儿童数量占比、老年人数量占比等自变量之间近似共线性问题不显著，本部分研究将该部分变量同等对待，不区分关键变量和控制变量，进行回归分析的结果如表 5-3 所示，所用软件为 stata14.0 版。其中，

type2 为基准组，是其他各类人群的参照对象，各自变量系数回归结果均为零；type1 为多维测度是不贫困，左邻右舍认为是不贫困的贫困类型的回归结果；type3 为多维测度是贫困的，左邻右舍认为其不贫困的贫困类型人群回归的结果；type4 为多维测度不贫困，左邻右舍认为贫困的贫困类型人群进行回归的结果。

表 5-3　　　　　　　各变量对于贫困差异性的估计结果

变量	type1	type3	type4
年龄	0.0147	0.0061	−0.0080 **
	(0.0138)	(0.0116)	(0.0034)
教育程度（初中及以上 = 1）	−0.0581	0.1400	0.3291 ***
	(0.2576)	(0.2211)	(0.0684)
就业技能（无技能劳动力 = 0）	0.3133	0.5574 **	0.1881 **
	(0.3813)	(0.2773)	(0.0907)
有劳动能力人数占比	1.7351 ***	0.6506	1.8753 ***
	(0.5535)	(0.5053)	(0.1353)
15 岁以下儿童数量占比	1.0542	0.8386	0.9956 ***
	(0.7479)	(0.5235)	(0.1946)
老年人数量占比	−0.4727	−2.1950 ***	−0.0565
	(0.4689)	(0.7445)	(0.1166)
常数项	−5.3202 ***	−3.4747 ***	−2.6952 ***
	(0.9091)	(0.6438)	(0.2072)

注：括号内数值为检验值，* $p<0.1$，** $p<0.05$，*** $p<0.01$，分别表示在 10%、5%、1% 水平上显著。

从表 5-3 可以看出，年龄变量对于第 4 类人群是显著的，系数估值结果在 5% 水平下是显著的，系数估值为负，这说明，对比第 2 类多维测度和左邻右舍评价均贫困的人群，更大的年龄下有更低的可能性归属为第 4 类人群；教育程度对于第 4 类人群也是显著的，系数估值结果在 1% 水平下是显著的，这说明，对比第 2 类人群，更高的教育程度下有更大的可能性归属为第 4 类人群，即随着学历的提高，相对于多维测度是贫困的结果来说，有更高的可能性转变为多维测度不贫困，这和联合国教科文组织研究的劳动生产力提高与学历呈正相关的结论是一致的。就业技能水平对于第 3 类、第 4 类人群都是显著的，系数估值结果在 5% 水平下是显著的，且系数估值均为正，这说明，相对于第 2 类人群来说，随着就业技能的提高，第 3 类、第 4 类人群均有更高的可能性归类于自身人群，即向第 2 类人群趋向的可能性较低。有劳动能力的人占比对于第 1 类、第 4 类人群都是显著的，系数估值结果在 1% 水平下是显著的，且系数估值均为正，这说明，相对于第 2 类人群来说，随着有劳动能力人占比的提高，第 1 类、第 4 类人群均有更高的可能性选择自身人群，即向第 2 类人群趋向的可能性较低。这个现实情况也基本吻合，一个家庭有劳动能力的人占比越高，其创造财富的可能性会提高。15 岁以下儿童数量占比对于第 4 类人群是显著的，系数估值结果在 1% 水平下是显著的，系数估值为正，说明家庭随着小孩占比的提高，相对于第 2 类人群来说，其有更高的可能性会归于第 4 类人群，家庭小孩数量的增多，会产生相应的抚养、教育等费用，会加大一个家庭的经济支出。此时，左邻右舍主观判断其贫困程度会保持或加深，故此，左邻右舍会一直认为该家庭是贫困的；而在多维贫困测度中，该变量可能会降低教育及健康维度的贫困程度，故此会在多维测度结果上发生改变。老年人数量占比变量对于第 3 类人群在 1% 的水平下是显著的，系数估值结果为负，充分说明一个家庭随着抚养老人占比的提高，相对于第 2 类人群来说，其有更低的可能性归于第 3 类人群，有更高的可能性趋向于第 2 类人群；这和农村现实生活也是较为吻合的，家庭老年人数量的增多、占比的提高，意味着家庭有劳动能力人数的减少，通过生产劳动创造财富的绝对值会下降，而老年人基于健康角度相应的医疗费用会增加，这必然导致在多维测度时是贫困的，而左邻右舍主观评价也会从不贫困转向贫困。

2. 多项 Probit 模型边际效应

对各变量运用多项 Probit 进行边际效应分析，结果如表 5-4 所示。

表 5-4   多项 probit 模型边际效应回归结果

变量	type1	type2	type3	type4
年龄	0.0000	-0.0013 **	8.35e-06	0.0013 **
	(0.0000)	(0.0005)	(0.0000)	(0.0005)
教育程度	-0.0004	-0.0518 ***	0.0001	0.0522 ***
（小学及以下=0，初中及以上=1）	(0.0008)	(0.0108)	(0.0005)	(0.0684)
就业技能	0.0011	-0.0298 **	-0.0011	0.0297 **
（无技能劳动力=0，有一定技能劳动力=1）	(0.0012)	(0.0144)	(0.0009)	(0.0143)
有劳动能力人数占比	0.0037 **	-0.2999 ***	0.0002	0.2957 ***
	(0.0018)	(0.0212)	(0.0011)	(0.0211)
15 岁以下儿童数量占比	0.0024	-0.1603 ***	0.0012	0.1565 ***
	(0.0018)	(0.0308)	(0.00013)	(0.0306)
老年人数量占比	-0.0013	0.0138	-0.0050 **	-0.0070
	(0.0023)	(0.0285)	(0.0021)	(0.0184)

注：括号内数值为检验值，* $p<0.1$，** $p<0.05$，*** $p<0.01$，分别表示在 10%、5%、1%水平上显著。

从表 5-4 可以看出，年龄变量对于第 2 类和第 4 类人群在 5%的水平下是显著的，回归系数分别为负的和正的；年龄每增加一个单位，选择第 2 类人群的可能性会降低 0.13%，选择第 4 类人群的可能性会提高 0.13%。调研样本户主本身的年龄平均值已经为 61.25，这说明随着户主年龄的增加，家庭子女的年龄也在增长，而子女成为有劳动能力人群且能够创造收入的可能性进而会提高，从而致使家庭多维测度为不贫困的可能性提升。

教育程度对于第 2 类和第 4 类人群在 1%的水平下是显著的，回归系数分别为正的和负的，说明教育程度每增加一个单位，选择第 2 类人群的可能性会降低 5.18%，选择第 4 类人群的可能性会提高 5.22%。充分说明，户主的受教育程度对于个体家庭多维测度是否贫困有很大影响，受教育程度越高，其对于自身经济、生活条件、健康的改善程度会提高，从而降低多维测度是不贫困的可能性。

就业技能水平对于第 2 类和第 4 类人群在 5%的水平下是显著的，回归系数分别为正的和负的，就业技能水平每增加一个单位，选择第 2 类人群的可能性会降低 2.98%，选择第 4 类人群的可能性会提高 2.97%。说明随着户主就业技能的提升，其就业能力会增强，进而会增加家庭的收入，家庭的生活境况会得到改善，贫困状况会得到缓解或解决，从而在多维测度时结果会发生变化，和实际情况相符。

有劳动能力人数所占比重对于第 1 类人群在 5% 的水平下是显著的，回归系数为正；对于第 2 类和第 4 类人群在 1% 的水平下是显著的，回归系数分别为负的和正的。有劳动能力人数所占比重每增加一个单位，选择第 1 类人群的可能性会提高 0.37%，选择第 2 类人群的可能性会降低 29.99%，选择第 4 类人群的可能性会提高 29.57%。说明贫困家庭有劳动能力人员的增加，会对于贫困状况的改善起到很大的促进作用。

15 岁以下儿童数量占比对于第 2 类和第 4 类人群在 1% 的水平下是显著的，回归系数分别为负的和正的。抚养小孩所占比每增加一个单位，选择第 2 类人群的可能性会降低 16.03%，选择第 4 类人群的可能性会提高 15.65%。该结果说明 15 岁以下儿童数量的增加，对于贫困会有减弱的作用，主要可能是农村在青少年当前义务教育普及得较好，失学率较低，从而在多维测度时会减弱其各维度的加权值，从而得出上述结论。

老人所占比重对于第 3 类在 5% 的水平下是显著的，回归系数为负值，说明老人所占比重每增加一个单位，选择第 3 类人群的可能性会降低 0.5%。

5.3.2 OLS 回归和分位数回归

为了对各类别人群的差异性分析做进一步检验，本部分以人均年收入作为因变量进行回归分析。人均年收入是一个家庭各项活动开展的基础，也是各种贫困诸如生活条件、健康、教育等的外在表现，同时也是就业能力的外化，并且许多国家制定贫困线时仅以收入多少为标准，所以选取家庭经济收支特征中的人均年收入为因变量。另外，为了便于研究分析，对人均年收入取对数。

为了进一步检验上文分析的差异性，选取年龄、受教育程度、就业技能、有劳动能力者占比、15 岁以下儿童数量占比、老年人数量占比、性别为变量，研究分析其对于各类别人群收入的影响。本部分运用最小二乘法（OLS）进行回归分析，研究各变量对于不同类型人群的影响；同时，为了更好地反映出自变量对于因变量条件分布的全貌，使检验更具稳健性，避免极端值的影响，进一步做分位数回归，本部分选取人均收入的 0.25、0.5、0.75 分位数进行回归，以代表低收入水平、中等收入水平和高收入水平，从而研究分析各变量对于收入的影响。另外，为消除可能存在的异方差问题，均采用"OLS+稳健标准误"进行回归分析。

1. 第 1 类人群的人均收入的影响因素的 OLS 回归和分位数回归

针对第 1 类人群的各自变量进行 OLS 回归和分位数回归，结果如表 5-5 所示。

表 5-5　　第 1 类人群收入影响因素的 OLS 回归和分位数回归结果

自变量	OLS	分位数		
		0.25	0.50	0.75
年龄	-0.0167	-0.0019	-0.0079	-0.008
	-0.0105	-0.0026	-0.0096	-0.0078
受教育程度	-0.2242	-0.0357	-0.0913	-0.1068
	-0.1903	-0.0471	-0.1731	-0.1417
就业技能	-0.4354	0.0654	-0.109	0.6169*
	-0.4263	-0.1054	-0.3877	-0.3173
有劳动能力比重	0.8021	0.6414***	1.0655*	1.0941**
	-0.5474	-0.1354	-0.4979	-0.4075
15 岁以下儿童数量占比	-0.8606	-0.4357**	-0.3366	-0.3271
	-0.699	-0.1728	-0.6358	-0.5203
老年人数量占比	0.1826	0.1487	0.359	0.3494
	-0.4312	-0.1066	-0.3922	-0.321

自变量	OLS	分位数		
		0.25	0.50	0.75
性别（男性）	0.3843	0.2264 **	0.2315	0.7419 **
	-0.3362	-0.0831	-0.3058	-0.2503
常数项	10.3118 ***	9.0936 ***	9.2996 ***	9.2974 ***
	-0.8961	-0.2216	-0.8151	-0.6671
R^2	0.6823			
F 值	2.15			

注：括号内数值为检验值，* $p<0.1$，** $p<0.05$，*** $p<0.01$，分别表示在 10%、5%、1%水平上显著，OLS 的 R^2 是指 Adj R^2。

从表 5-5 可以看出，对于第 1 类人群来说，运用 OLS 对各自变量进行回归，结果显示各自变量对人均收入均不显著。

在分位数回归中，年龄、受教育程度和老年人数量占比在三个分位数上均不显著。就业技能在 0.75 的分位点在 10%的水平上显著，系数估值为正，说明针对高收入家庭，户主的就业技能每增加 1 个单位，家庭收入增加 61.69%。有劳动能力者所占比重在 0.25、0.5、0.75 三个分为点上均显著，显著水平分别是 1%、10%和 5%，说明有劳动能力者所占比重每增加一个单位，低收入家庭、中等收入家庭和高收入家庭的收入会增加 64.14%、106%和 109%。抚养的 15 岁以下儿童数量占比在 0.25 的分位上显著为负，显著水平为 5%，说明该占比每增加一个单位，低收入家庭的收入会减少 43.57%。家庭男子数量在 0.25 和 0.75 分位数上均是显著为正的，显著水平均为 5%，说明针对低收入家庭和高收入家庭，男性户主比女性户主的收入高 22.64%。

2. 第 2 类人群的人均收入影响因素的 OLS 回归和分位数回归

针对第 2 类人群的各自变量进行 OLS 回归和分位数回归，结果如表 5-6 所示。

表 5-6　　第 2 类人群收入影响因素的 OLS 回归和分位数回归结果

自变量	OLS	分位数		
		0.25	0.50	0.75
年龄	0.0011	0.0000	0.002	−0.0004
	−0.0015	−0.0018	−0.0023	−0.0015
受教育程度	0.1908***	0.2877***	0.1848***	0.1149***
	−0.034	−0.0404	−0.0518	−0.0336
就业技能	0.1928***	0.2820***	0.1464**	0.0254
	−0.0445	−0.0528	−0.0678	−0.0439
有劳动能力比重	0.4448***	0.8109***	0.6755***	0.4339***
	−0.0662	−0.0786	−0.1009	−0.0654
15 岁以下儿童数量占比	−0.1989**	0.1755	−0.0073	0.0662
	−0.0907	−0.1077	−0.1383	−0.0896
老年人数量占比	−0.3427***	−0.0857	−0.5484***	−0.4425***
	−0.0525	−0.0623	−0.0799	−0.0518
性别（男性）	−0.0129	0.0000	0.0754	0.0329
	−0.043	−0.051	−0.0655	−0.0425
常数项	6.6100***	5.7895***	6.6744***	7.4409***
	−0.0974	−0.1157	−0.1485	−0.0962
R^2	0.117			
F 值	88.54			

注：括号内数值为检验值，$*\ p<0.1$，$**\ p<0.05$，$***\ p<0.01$，分别表示在 10%、5%、1% 水平上显著，OLS 的 R^2 是指 Adj R^2。

从表 5-6 可以看出，对于第 2 类人群来说，在 OLS 回归中，受教育程度、就业技能、有劳动能力者占比、15 岁以下儿童数量占比、老年人数量占比是显著的；其中受教育程度、就业技能、有劳动能力者占比和老年人数量占比三个变量均在 1% 的水平下显著，15 岁以下儿童数量占比在 5% 的水平下是显著的，受教育程度、就业技能、有劳动能力者占比的回归系数为正，15 岁以下儿童数量占比、老年人数量占比的回归系数为负。该回归结果表明：受教育程度每增加一个单位，家庭收入会增加 19.08%；就业技能增加一个单位，家庭收入会增加 19.28%；有劳动能力者占比每增加一个单位，家庭收入会增加 44.48%；15 岁以下小孩数量占比每增加一个单位，家庭收入会减少 19.89%；家庭老人抚养比每增加一个单位，家庭收入会减少 34.27%。

分位数回归中，受教育程度在 0.25、0.5、0.75 三个分位点上均正向显著，并且显著水平均为 1%；表明户主的受教育程度每增加一个单位，低收入家庭、中等收入家庭和高收入家庭的收入分别增加 28.77%、18.48% 和 11.49%。就业技能变量在 0.25 和 0.5 两个分位点上是正向显著的，显著水平分别为 1% 和 5%，这说明，低收入家庭和中等收入家庭户主的就业技能每增加一个单位，其收入分别增加 28.20% 和 14.64%。有劳动能力者占比变量在 0.25、0.5、0.75 三个分位点上均是正向显著的，其显著水平均为 1%；有劳动能力者占比每增加一个单位，低收入家庭、中等收入家庭和高收入家庭的收入分别会增加 81.09%、67.55 和 43.39%。扶养老人占比变量在 0.5 和 0.75 两个分位点上是负向显著的，其显著水平均为 1%，这说明家庭老年人占比每增加一个单位，中等收入家庭和高收入家庭的收入分别会减少 54.84% 和 44.25%。另外需要说明的是，15 岁以下儿童占比和户主性别在 0.25、0.5 和 0.75 三个分位点上均是不显著的。

3. 第 3 类人群的人均收入影响因素的 OLS 回归和分位数回归

针对第 3 类人群的各自变量进行 OLS 回归和分位数回归，结果如表 5-7 所示。

表 5-7　　第 3 类人群收入影响因素的 OLS 回归和分位数回归结果

自变量	OLS	分位数		
		0.25	0.50	0.75
年龄	−0.0166	0.0005	−0.0127	−0.0142
	−0.0188	−0.0118	−0.0233	−0.0227

续表

自变量	OLS	分位数		
		0.25	0.50	0.75
受教育程度	−0.3384	−0.0601	−0.1612	0.5869 **
	−0.2221	−0.1392	−0.2747	−0.2677
就业技能	0.3946	0.2033	0.1372	0.4418
	−0.2568	−0.1609	−0.3176	−0.3095
有劳动能力比重	−0.7909	0.2664	0.304	−0.4933
	−0.6274	−0.3932	−0.776	−0.7561
15 岁以下儿童数量占比	−1.6711 **	−0.6638	−0.4934	−0.9567
	−0.666	−0.4173	−0.8237	−0.8025
老年人数量占比	−0.8499	−0.0422	0.0011	−0.8801
	−0.7992	−0.5008	−0.9884	−0.9631
性别（男性）		—	—	—
常数项	10.4680 ***	8.6881 ***	9.4957 ***	10.3962 ***
	−1.1253	−0.7052	−1.3918	−1.3561
R^2	0.405			
F 值	1.48			

注：括号内数值为检验值，* $p<0.1$，** $p<0.05$，*** $p<0.01$，分别表示在 10%、5%、1%水平上显著，OLS 的 R^2 是指 Adj R^2。

从表 5-7 可以看出，对于第 3 类人群来说，在 OLS 回归中，15 岁以下儿童所占的比例这个变量是显著的，该变量是在 5%的水平上负向显著。其表明，15 岁以下儿童占比每增加一个单位，家庭收入会降低 167%。其他变量在 OLS 回归中均不显著。

在对该类人群的分位数回归中，受教育程度变量只在 0.75 的分位点上是正向显著的，显著水平为 5%。这说明对于高收入家庭来说，受教育程度每增加一个单位，其收入会增加 58.69%。需要说明的是，其他变量在 0.25、0.5、0.75 这三个分位点上均是不显著的。

4. 第 4 类人群的人均收入影响因素的 OLS 回归和分位数回归

针对第 4 类人群的各自变量进行 OLS 回归和分位数回归，结果如表 5-8 所示。

表 5-8　第 4 类人群收入影响因素的 OLS 回归和分位数回归结果

自变量	OLS	分位数		
		0.25	0.50	0.75
年龄	−0.0091 ***	−0.0082 ***	−0.0086 ***	−0.0079 **
	−0.0025	−0.0018	−0.0021	−0.0035
受教育程度	0.1192 **	0.0333	0.0703 *	0.1304 *
	−0.0474	−0.0338	−0.0393	−0.0666
就业技能	−0.0053	0.0045	−0.0709	0.1887 **
	−0.0657	−0.0469	−0.0545	−0.0924
有劳动能力比重	0.1594	0.0264	0.1576 *	0.3687 ***
	−0.1001	−0.0714	−0.0829	−0.1408
15 岁以下儿童数量占比	−0.9314 ***	−0.5069 ***	−0.4041 ***	−0.6052 ***
	−0.1463	−0.1045	−0.1213	−0.2059
老年人数量占比	−0.0053	0.0835	0.1616 **	0.0156
	−0.0864	−0.0617	−0.0716	−0.1216
性别（男性）	−0.0651	−0.0709	−0.0637	−0.1479
	−0.0725	−0.0517	−0.0601	−0.1019
常数项	8.8154 ***	8.5340 ***	8.6832 ***	9.0830 ***
	−0.1724	−0.1231	−0.1429	−0.2425
R^2	0.0984			
F 值	13.99			

注：括号内数值为检验值，* $p<0.1$，** $p<0.05$，*** $p<0.01$，分别表示在 10%、5%、1% 水平上显著，OLS 的 R^2 是指 Adj R^2。

从表 5-7 可知，对于第 4 类人群来说，在 OLS 回归结果中，年龄变量在 1% 的水平上负向显著，这表明户主年龄每增加一个单位，其家庭收入会减少 0.91%。受教育程度变量在 5% 的水平上是正向显著的，其表明户主受教育程度每增加一个单位，其家庭收入会增长 11.92%。15 岁以下儿童占比变量在 1% 的水平上是负向显著的，这说明 15 岁以下儿童占比每增加一个单位，家庭收入会减少 93.14%。需要说明的是，其他变量就业技能、有劳动能力者占比、老年人占比和性别等 4 个变量在 OLS 回归中均是不显著的。

同时可以看出，分位数回归的结果中，年龄变量 0.25、0.5、0.75 三个分位点上均是负向显著的，在 0.25 和 0.5 两个分位点上显著水平均是 1%，在 0.75 的分位点上显著水平为 5%，这表明户主年龄每增加一个单位，对于低收入家庭、中等收入家庭和高收入家庭来说，家庭收入分别会减少 0.82%、0.86% 和 0.79%。受教育程度变量在 0.5 和 0.75 两个分位点上均是正向显著的，显著水平均为 10%，这说明户主的受教育程度每增加一个单位，中等收入家庭和高收入家庭的收入分别会增长 7.03% 和 13.04%。就业技能变量只是在 0.75 分位点上是显著的，系数估值为正，显著水平为 5%，这说明针对高收入家庭来说，户主的就业技能每增加一个单位，该家庭的收入会增加 18.87%。有劳动能力者占比变量在 0.5 和 0.75 两个分位点上是正向显著的，在这两个分位点上显著水平分别为 10% 和 1%，这说明，针对中等收入家庭和高收入家庭来说，有劳动能力者占比每增加一个单位，该两类家庭的收入分别会增长 15.76% 和 36.87%。15 岁以下儿童占比变量在 0.25、0.5、0.75 三个分位点上均是负向显著的，在这三个分位点上显著水平均为 1%，这表明，对于低收入家庭、中等收入家庭和高收入家庭来说，15 岁以下儿童占比每增加一个单位，该三类家庭的收入分别会减少 50.69%、40.41% 和 60.52%。需要说明的是，家庭老年人占比和户主性别在这三个分位点上均是不显著的。

5.3.3 实证分析结论

本章针对改进的多维测度研究分析的结果与实际调研过程中他人主观

的评价存在有不一致的现象，立足于探寻改进的 A-F 模型多维测度与他人主观评价的差异性，选取了能够很好地反映家庭户主的个人基本特征和家庭基本特征的自变量；并运用 2016 年针对 A 市精准扶贫第三方评估调研所得的数据，对数据整理分析之后，通过多项 probit 模型对该差异性进行回归，并求得各自变量对于各类人群的边际效应。在此基础之上，为更好地验证差异性分析的稳健性，将人均年收入作为因变量进行 OLS 回归和分位数回归。所得结论如下：

（1）运用改进的 A-F 多维测度模型进行贫困测度是有效的，主观评价对其是有益补充。从 4 种类别人群分布比例来看，对贫困程度和他人主观评价一致的家庭占比非常高，这印证了运用多维测度模型进行贫困测度的有效性。他人对一个个体是否贫困的评判虽然是主观的，但是评判结果总体上说具有较大的可信度，是多维测度的有益补充。同时也说明在现实实践中对贫困家庭认定前进行民主评议、公示的重要性。

（2）多维测度和主观评价差异性的影响因素。户主的个体特征的年龄、教育程度、就业技能变量对于本章划分的 4 类人群的归属有着显著的作用，而家庭特征的有劳动能力者占比、15 岁以下儿童数量占比、老年人数量占比变量对于本章划分的 4 类人群的归属也有着显著作用。各变量边际效应由强到弱依次是家庭有劳动能力者占比、15 岁以下儿童占比、受教育程度、就业技能、家庭老人占比和年龄。

（3）通过 OLS 回归分析可知，15 岁以下儿童抚养比对第 2 类、第 3 类和第 4 类人群的收入均显著；受教育程度对第 2 类和第 4 类人群显著；年龄变量仅对第 4 类人群收入显著；就业技能、有劳动能力者数量占比和老年人数量占比仅对第 2 类人群收入显著。

（4）通过分位数回归分析可知，年龄变量仅对第 4 类人群高中低收入家庭显著；受教育程度变量对于第 2 类人群的高中低收入家庭均显著，对于第 3 类人群的高收入家庭显著，对于第 4 类人群的中等收入家庭和高收入家庭显著。就业技能对于第 1 类人群高收入家庭、第 2 类人群的中低收入家庭和第 4 类人群的高收入家庭显著；有劳动能力者占比对于第 1 类和第 2 类高中低收入家庭和第 4 类高中收入家庭均显著；15 岁以下儿童占比对于第 1 类人群的低收入家庭和第 4 类人群的高中低收入家庭作用显著；家庭老人占比对于第 2 类人群的高中收入家庭和第 4 类人群的中等收入家庭作用显著；户主为男性的仅对第 1 类人群的高低收入家庭作用显著。

（5）受教育程度、就业技能、有劳动能力者占比、对于家庭贫困状况的改善和收入的提高等具有正向的促进作用。基于本书研究样本（户主平均年龄为 61.25 岁，年龄偏大）分析，年龄变量对于家庭收入的提高具有负向的抑制作用。另外，户主为男性的比户主为女性的收入提高作用要明显。对于贫困家庭来说，抚养小孩占比的提高和扶养老人占比的提高，对家庭的贫困状况的改善具有抑制作用。

6 基于多维贫困视角的扶贫路径选择

第四章和第五章对致贫原因进行了深入研究，分析了在就业、收入、健康、生活条件以及教育等维度指标上贫困地区和贫困个体的主要致贫原因和次要致贫原因。

在找到"病根"的情况下，进行靶向治疗是关键，而脱贫路径的制定与实施则成为贫困个体脱贫的关键环节。本章基于致贫原因从整体上构建脱贫路径体系，通过特色产业扶贫解决贫困个体的收入和就业问题；教育扶贫来提升贫困个体的人力资本水平；健康扶贫减小健康冲击的不确定性；易地搬迁来改变其生存环境，提高其机会获取的能力；政府兜底为特殊贫困人群提供基本生活保障。

6.1 扶贫路径体系的构建

6.1.1 扶贫路径选设的目标

基于不同的视角，参与扶贫路径制定与执行的各个群体对于扶贫工作有着既定的共同目标，就是让贫困人群在解决温饱的基础上摆脱贫困，与全国人民一道步入小康社会，过上幸福美好的生活。但是其还有着各自的其他目标，这些目标有交叉、有重复。现将其简述如下。

1. 地方政府的目标

精准扶贫工作作为国家战略的一部分，习近平总书记先后围绕其做了整体性的战略布局。各级地方政府的首要目标是完成国家战略部署对于该地区的要求，在 2020 年之前实现现行标准下的农村贫困人口全部脱贫的目标。考虑辖区的贫困原因、区位资源禀赋、经济发展水平、财政实力、干部队伍素质等因素后，制定并实施扶贫路径以圆满完成需要完成的扶贫任务，并确保不出事、获得上级的认可与好评、让贫困人群满意等。通过扶贫开发，期望从上级部门多争取资源和政策利好，通过扶贫带动地方经济社会发展。同时，还要遵循"五位一体"的总体部署，不能顾此失彼。

2. 帮扶责任人的目标

为实现贫困人口的如期脱贫，各地各级政府为每个贫困户确定了帮扶责任人，其处于扶贫工作的第一线，是贫困户和政府及外界联系的桥梁与纽带，也是扶贫攻坚一线战场的直接责任人和"一村一品、一户一策"的具体落实者。该部分人群的目标，首先是千方百计确保联系的贫困户能够如期在收入上实现脱贫，完成上级交代的工作任务；其次是在上级各种检查过程中，保证自己所负责的工作无遗漏、无差错；最后是富有成效地完成任务，在受到组织肯定的同时，实现个人的成长与发展。

3. 贫困个体的目标

贫困个体作为被扶持的对象，是客体的同时也是脱贫的主体。所有的工作从中央到地方层层落实的中心点一直是贫困个体。这里所讲的贫困个体可以是贫困者个人，也可以指贫困户、贫困村或贫困县。

纵观我国历史，对于贫困的帮扶与救助投入的人力、物力、财力与政策保障是前所未有的。在这种历史性机遇前，贫困户或者贫困个人的目标首先是实现收入上的脱贫，过上富足的生活；其次是用一切的机会与政策增强自身的内生动力，以在今后有能力应对生活的各种不确定的变化，实现稳定脱贫不返贫的目标。贫困村或贫困县作为一个区域性贫困个体，其目标在前两者的基础上，要以此为契机，更好地改善当地的基础设施与生产生活条件，实现整个区域经济的持续有力发展，促进本地区经济水平与全体民众生活水平的共同提高。

4. 参与扶贫的社会力量的目标

在国家总体战略部署安排下，各级政府动员了社会各方力量参与扶贫路径的制定与执行，归纳起来有社会公益团体、企业、专家智库及其他组织。该类群体参与扶贫的主要目的是助力脱贫攻坚，使贫困者稳步提升自己的生活生产水平，早日摆脱贫困，和其他人民一起早日迈入小康社会。除了这个主要目标之外，社会公益团体还致力于打造自身的公益品牌，在今后发展过程中寻求民众和政府更多的支持。企业在结合自身实际承担社会责任参与扶贫的同时，实现自身资金的融集、产业的拓展、市场的开发、产品的培育；寻求新的盈利点、与当地政府紧密合作以构建自身成长的良好的政治环境；或者通过参与扶贫获得税收的减免和优惠等。专家智库和其他组织，参与其中的路径制订、第三方评估、监督、人才培训等工作，承担社会责任的同时，亦有提高自身学术地位及社会影响力的目的。

6.1.2 多维贫困视角扶贫路径选择的影响因素

任何一个扶贫路径都不是孤单存在的，它处于扶贫开发这个开放的运转体系之中，其要受到处于这个体系内的各种因素的影响和制约。该因素大致可以分为外部一般环境、贫困个人的差异性、扶贫干部队伍、扶贫资源的分配与使用及路径的依赖程度等因素。

1. 外部一般环境

外部一般环境包括影响扶贫工作有效开展的政治条件、经济条件、社会文化条件和生态环境条件。

（1）政治条件。一个地方的政治条件不仅包括对于国家政策方针的领会学习贯彻程度，还包括从政环境和政治生态的良好程度。对于国家的战略部署安排，各地是否真正起到以政府为主导、发挥市场引领作用，结合当地实际，制定翔实方案，拿出有效举措落实精准扶贫工作，这就涉及各级党组织选人用人时，是否做到知人善任、用人唯贤等；涉及深入贯彻落实"四个全面"的程度与深度的问题；涉及干部队伍政治过硬、敢担当、想干事、能干事、干成事等从政环境、政治生态及基层治理能力的问题。

（2）经济条件。主要包括两个方面，一方面是国家的宏观经济环境，通货膨胀率、就业率、失业率、经济增长速度、产业结构等，以及国家对于宏观经济的调控能力；另一方面是承担扶贫开发任务的地区的经济发展水平、支柱产业的强弱、财政收入水平、技术水平、城镇经济状况等。其中，城镇经济状况对于路径的设计执行有着直接的影响，因为所有的扶贫路径，特别是各地推行较多的产业扶贫等模式和其城镇经济结构、农业经济、工业经济以及服务经济有着较大的关系。

（3）社会文化条件。主要包括一个地区的社会道德风尚、价值观念与文化传统等。一个地区或个人的贫困，有其外部资源禀赋差异的限制，亦有其精神层面的匮乏与不足的约束。诸如观念的陈旧、意识敏感性的不足、学习精神的懈怠、对于教育的重视不足等，并由此产生的贫困代际传递等。基于此，路径设计与实施需充分挖掘其贫困的深层次原因以及当地社会文化对其造成的影响，并有效地予以引导、解决，以助其脱贫。

（4）生态条件。贫困地区存在生态资源非常好，但是经济欠发达的情况；也有生态环境脆弱、自然资源匮乏、人地关系紧张的情况。扶贫开发要与生态保护、生态文明建设结合起来，不能顾此失彼。针对生态资源有着明显优势的地区，要充分利用好，在不破坏的情况下发挥其正向蓄水功能，解决贫困人口的贫困问题；而对于本身生态资源恶劣的地区，扶贫路径设计就尤要注意且遵循不加重生态环境的压力，而是要采用保护生态环境，加强生态环境修复力度的路径实现地区脱贫和个人脱贫致富。

2. 贫困个人的差异性

贫困者个人是扶贫开发的主要对象，扶贫全过程要发挥贫困者的主观能动性，而贫困者个人的自身素能是影响具体路径制订的关键因素。贫困者个体的差异性主要表现在以下三个方面。

（1）年龄阶段和健康状况。基于农村的状况，各年龄阶段人群有以下特点，0~18 岁的属于青少年，特别是 6~15 岁的人群，处于九年义务教育阶段，是人生观、价值观、世界观形成阶段。该阶段的人群需要接受良好的基础性教育，如果该阶段致贫，未完成学业或受教育效果非常差等，会对今后的成长发展造成很大的负作用。15~18 岁的人群，人格逐步健全，对社会有了一定的认识，有一定的社会适应能力。19~45 岁这个阶段身体素能比较好，有精力、有体力、有学习能力等，是就业市场的生力军。45~60 岁身体素能开始下降，对许多体力型就业岗位以及农村繁重的农活开始出现不适应的现象，身体逐步开始出现一些疾病等。60~80 岁的人群身体机能衰退，基本上不再胜任体力型劳动。80 岁以上的人群处于养老状态，多数需要有人照顾。

健康状况诸如肢体残疾、有精神疾病（憨、傻、痴、呆）而丧失劳动能力的人群，或者高血压、糖尿病等慢性疾病不适宜长期从事体力劳动的。

（2）智力资本。贫困者的智力资本包括其受教育水平、拥有的技能类别及水平、社会关系的广度和深度、对社会的认知程度、语言表达能力、自信心、心理承受能力等。

受教育水平主要是指贫困者是文盲，还是小学、初中、高中（中专）、大学及以上学历；农村贫困者个人拥有的技能类别及水平主要指种植各类农作物（小麦、玉米、花生等）、经济作物（烟叶、花卉、果品等）等的能力水平；从事养殖业（牛、羊、马、鸡、鸭、鹅、鹿、貂、水獭等）的技术；或者具有从事土建类（瓦工、钢筋工、抹灰工、架子工、混凝土工、木工、油漆工、防水工等）、安装类（电工、电焊工、工程安装钳工、管道工、通风工等）、绿化类（花卉工、植保工、假山工、盆景工等）等工作的能力与水平。

社会关系的广度和深度指贫困者的亲朋好友的数量与质量，该部分人群社会阶层的结构、数量分布比例，以及相互间的熟悉、友好程度和深度。这决定了贫困者在日常能够依靠自身社会关系获得的生存发展机会的数量与质量，以弥补其权利贫困的不足。

对社会的认知程度、语言表达能力、自信心、心理承受能力等因素会对贫困者个人在脱贫致富过程中对于路径的理解、执行的效率与效果造成很大的影响。对社会的认知能力包括对于国内经济形势、国家的政策方针的理解与把握，对于脱贫机会的把握与掌控等。

（3）家庭成员构成及贫困程度。贫困户家庭成员的数量、性别比例、年龄分布、健康状况等基本构成对于扶贫路径的制定有着很大的影响。如一个人的贫困家庭基本上是鳏、寡、孤、独等的多一些，大多没有劳动能力，需要政府兜底，或者资产入股坐等分红。多人构成的家庭情况较为复杂，如有老人、青壮年、小孩的家庭，路径的设计与实施要考虑到老人的健康问题、孩子的教育问题、有劳动能力成员的个人综合素能提升问题，路径的设计应较为综合立体，同时覆盖解决健康医疗、教育、就业等问题，以使家庭摆脱贫困。

贫困户处于贫困状态的时长分为长期和短期两种。长期贫困，学者相对集中的意见是指一个个体（个人或者家庭）至少 4 年或者 5 年以上经历了确切的能力剥夺状态，其人群多是处于社会边缘阶层的老人、儿童、流浪汉、身体残疾者、受歧视者等。关于短期贫困，学者相对集中的意见是指陷入贫困状态 4 年以下的个体或者家庭，多是因突发事故、天灾人祸等原因致使个人或者家庭陷入贫困状态，其个人或者家庭成员本身摆脱贫困的基本素能是健全的。短期贫困人群和长期贫困人群在扶贫路径的设计与实施的方略是有所区别的。

3. 扶贫干部队伍

各级政府的扶贫干部是扶贫攻坚工作具体落实和执行的中坚力量，特别是县、乡、村三级扶贫干部。越是接近贫困人群，其扶贫责任越大，许多部署安排要通过其去实现。在以往工作实践中，会出现数字扶贫、关系扶贫、人情扶贫、资金挪用、应扶不扶、滋生腐败等现象，问题的根源在于极个别扶贫干部的选拔、使用、监督、管理存在漏洞与真空。

路径设计是否精准，首先在于扶贫干部能否精准测度出地区贫困原因、个人贫困原因，在此基础上精准设计适合于贫困户脱贫的路径。这期间需要运用政府资源、社会力量、社会资源来为贫困户提供适宜脱贫的土壤与环境。而扶贫干部特别是驻村第一书记、大学生村官、村干部和贫困户的帮扶责任人是否有能力做好以下工作：是否能精准进行贫困测度与路径设计；是否有资源和社会关系引入资金、产业、企业参与扶贫；是否能够开拓产业扶贫相关的产品市场；是否有能力进行教育帮扶、易地搬迁过程中协调政府的各个部门密切做好配合；是否能为改善村落基础设施和生产条件跑来项目、拉来资金等。所有的一切无不体现着扶贫干部队伍的政治素质、业务能力、工作态度、责任担当、廉洁自律、工作纪律等方方面面。这也就要求政府在选拔、任用扶贫干部时要知人善用，同时，不能只压责任，不予以相应的权利，要做到岗位责任与权利相匹配。

4. 扶贫资源的分配与使用

前文已经分析，扶贫从中央到地方都投入了巨大的财力、人力、物力，具体到各地市、县区、乡镇、村庄，资源的整合、分配、使用会存在差异。整体上看来，资源是丰沛的，投入是巨大的，但是具体到各乡镇、村庄或各扶贫责任人，其可以使用支配的资源不一定充盈，这期间存在资源整合、挖掘、再分配以提高效率的问题。

在实践过程中，出现政治因素无形中操控资源的分配与使用的现象。一个地区扶贫资源会因为帮扶责任人的级别的高低导致资源的分配出现相应的多寡。比如说一个地区主要领导联系的扶贫点，该地区的扶贫资源中许多会流向该地区，其得到的好处比其他地方多很多。依次类推，该地区的其他主要领导联系的乡镇、村庄，同理也会得到较多的扶贫资源。

另外，除去上级拨付的扶贫资金、政策利好，贫困地区自身资源的多寡也影响着路径的制定。其自身的经济发展水平与速度、财政收入的多寡、支柱产业的强弱、教育教学水平的高低、山林资源和水资源的可利用程度，对于一个地方或贫困个人的帮扶都有着很大的影响。

5. 路径的依赖程度

地方经济在发展过程中，有很强的路径依赖特征，过去的模式与做法会影响和制约着现在与未来。在扶贫开发过程中，同样存在着这样的问题，工作思想和工作方法易出现因循守旧、缺乏创新、照搬照抄等现象。如何实现扶贫路径的精准，是精准扶贫取得显著成效的重要保障之一，其需要预防三个方面的路径依赖症状。

（1）思维模式的依赖。我国多年的扶贫开发在逐步走向精细化，靶向更加精准，投入与重视程度越来越高，同时也造成了各地区扶贫开发思维的固化，即形成了一种"锁定"，现在的思维锁定在旧的思维之中。即便是全国上下轰轰烈烈的处处体现精准、实施要求精准、效果实现精准，但是根深蒂固的潜意识执行发力点上沿袭过去的思维模式。直接效果就是资金使用效率低、甚至挪用挤用，贫困个体贫困测度不精准，路径规划沿袭"大水漫灌"式。

（2）路径设计与实施依赖于上级设定。中央关于精准扶贫先后提出了诸如"六个精准""四个一批"等重要科学论断,各省市、自治区政府围绕其先后制定了一系列的部署安排,形成了省级层面的诸如"产业扶贫""互联网+扶贫""易地搬迁"等路径的顶层设计。各地的脱贫是有其自身的实际需求的,而这实际需求可能会被忽视,这会造成初始路径的偏差。随着实施的推进和时间的推移,其会遵循路径依赖的惯性发展下去,有可能会偏离原来设定的目标。

(3)依赖于其他地方的成功经验。基于一些地区扶贫路径的成功做法,其他地方扶贫路径的选设会出现学习、效仿实践的情形。这也是当地扶贫路径的锁定,有可能是有效的,也有可能是不合乎当地实际情况的无效率的或者低效率的。但是扶贫攻坚的时间要求是短暂且需较快的见效果的,给予的纠偏机会和时间会减少。这就对路径依赖与现实扶贫要求和需求造成一定的矛盾与冲突。

6.1.3 多维贫困视角扶贫路径选择的策略

1. 扶贫路径选择的策略

扶贫路径是实现"大水漫灌"向"精确滴灌"的重要一环,针对贫困人口数量大、较为分散、农业产业化程度低、致贫程度深、脱贫攻坚时间紧、任务重等特点,扶贫路径选设需遵循以下策略。

(1)因地制宜、渐进有效。基于在2020年前实现农村贫困人口全部脱贫的目标,全国每年要减贫1000万左右,许多地区特别是贫困地区承载了很大的硬性减贫任务。另外,贫困自身存在一定的客观规律,所以路径要遵循客观规律。适合于一个地方的好的做法与经验,不一定适合于另外一个地方的扶贫开发工作。扶贫路径的设计要富有"本土"气息,要与当地的经济发展水平、三产发展基础、资源禀赋、社会风俗相结合,要接地气、连民心,要因地制宜、因时制宜、实事求是地制定符合实施对象的扶贫路径。

扶贫、减贫不可能一蹴而就,而是逐渐发挥效果、产生效益的。效果的呈现，有一定的时滞性，但其时滞期最多控制在 3~6 个月为宜；否则，各地不能在规定期间内完成相应的扶贫任务。

（2）因人而异、发挥其主观能动性。贫困人群致贫原因复杂多样，路径设计要依据贫困个体的致贫主要原因和次要原因进行设计，同时充分考虑贫困户的自身条件如生活环境、劳力强弱、经济状况等情况，做到因户制宜。同时，因户制宜不是脱离当地实际的因户制宜，是符合当地扶贫工作总体布局下的因户制宜，是符合当地经济、社会发展的因户制宜。

在施策帮扶过程中调动其积极性，以使资金的投入、项目的实施、技术的帮扶等起到事半功倍的效果。避免扶贫主体一头热，帮扶对象不积极，甚至不配合、唱反调，从而导致扶贫资金投入或项目实施的乘数效益难以发挥，影响扶贫开发的进程。

（3）动态可持续发力。唯一不变的是变，贫困也不是静止不变的。扶贫开发过程中，致贫的主要原因与次要原因、生产条件与生活条件等均有可能发生变化，脱贫与返贫亦有可能交替发生。在制订帮助贫困个体发展生产、提高经济收入的路径时，路径在一定程度上是可以动态变化的，变化的主要依据是贫困个体的致贫内外因的变化。另外，路径要可持续发力，维持较长的一段时期，从而在较大程度上避免脱贫快、返贫也快现象的发生。

（4）路径清晰、易于操作。扶贫路径的制订要方向明确、实施节点明晰、步骤易于操作。每一个步骤的风险点、实施的重点与难点要明晰，实施的责任主体要明确。比如哪些任务以贫困个体为主负责完成、哪些由帮扶责任人协调落实、哪些由政府的哪些部门配合执行、每个环节什么时间完成、谁负责督促检查、纠偏惩处等，要事前明晰，以减少实施过程中出现推诿扯皮、权责不对等的现象发生。

贫困个体是路径实施过程中的主要参与者，基于此，路径设计需针对贫困者具有较强的可操作性，路径要符合贫困个体自身的能力素质。

2. 扶贫路径体系的选择

基于前文分析，扶贫路径选择在宏观层面应针对主要致贫原因和次要致贫原因有区别的对待，并予以帮扶；同时，要在短期内以较快速度解决贫困人群的收入贫困问题，在长期内解决现有贫困人群能力贫困的问题。

贫困个体的致贫原因在第四章和第五章已经以 A 市为例做了详细分析，验证了所建指标体系的合理性与有效性。所以，任何一个贫困地区的贫困个体，其贫困的类别应该表现为收入贫困、健康贫困、生活条件贫困、就业贫困、教育贫困等；另外，户主的基本特征、家庭基本特征会对于贫困测度的结果造成不同程度的影响作用，其区别在于贫困发生率的高低和各维度贫困贡献率的大小。如何通过一定的途径解决贫困问题，需要对扶贫路径进行系统的设计。各贫困类别的解决途径、途径实施的必要条件如表 6-1 所示。

表 6-1 各类贫困的解决途径及必要条件

贫困的类别	解决途径	各途径实施的必要条件
收入贫困	提高收入	就业能力与就业技术、就业机会
健康贫困	购置医疗保险、较好的医疗条件	减轻医疗负担、保障健康
生活条件贫困	改善生活条件	资金
就业贫困	提供就业岗位、提高就业技术与能力	系统的培训、提高技术水平
教育贫困	完成学历教育、确保教育效果	教育观念转变、资金费用的保障

从表 6-1 可以看出，生活条件的改善、健康维度的贫困解决均需要资金作为保障，而学龄人群完成学业亦需要资金作为保障。资金的来源主要有两个方面：一是国家财政的拨款和社会的捐赠，二是有劳动能力的贫困个体通过自身合法的劳动获取。国家财政的拨款和社会的捐赠相对于收入

贫困或多维贫困是有限的。从长远来说，作为国家机器的运行，投入适当的财力，用于保障贫困人群的最低生活水平是必须的；但是，这不是贫困人群发家致富的主要渠道。而通过自身合法的劳动获取收入应当是且必须是贫困个体摆脱收入贫困的主要和重要源泉。贫困个体获取收入的主要渠道首先要解决就业问题。其次，在就业过程中要通过系统的培训、培养，提高就业技能、树立正确的就业观念、获取较多的知识储备，从而提高自身的人力资本素质。自身素质的提高和收入的提高呈正相关，也能够很好地应对外部环境对自身造成的不确定性。

基于国家在 2020 年要实现现行标准下的农村贫困人口全部脱贫的目标，对于贫困人群，需要在较短的时间之内解决贫困人口的收入问题；另外，对于丧失劳动能力的贫困人群，需要采取政府兜底路径以保障其最低生活水平的维持。给有劳动能力的人群就业岗位和就业机会，使其能够利用国家和社会提供的扶贫契机，通过诚实合法劳动获取收益。

本部分以多维贫困的视角构建的扶贫路径体系流程如图 6.1 所示。

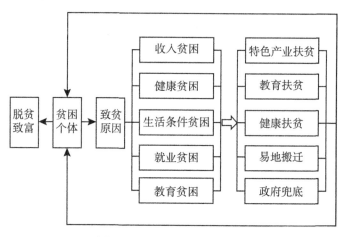

图 6.1　扶贫路径体系流程图

从图 6.1 可以看出，通过政府兜底解决丧失劳动能力的贫困个体的贫困问题，通过产业扶贫、易地搬迁、教育扶贫、健康扶贫等方式从长远上解决贫困人群的贫困问题。易地搬迁是为了给处于生态环境恶劣地区的贫困人口新的机会，使其享受到良好的基础设施与生产生活条件，通过搬迁，使其在新的居住地通过产业扶贫等路径实现自身能力的提高和收入的增长。教育扶贫是从长远上对贫困人群进行系统的良好的教育、培训，使其全面地提高综合素能，为在不同的产业中就业，进而实现自身价值并获得收益提供良好的基础。

6.2 特色产业扶贫路径：通过就业提高贫困人口的收入水平

通过前文研究分析可知，贫困个体就业技能缺乏、就业状况较差；缺乏稳定的收入来源，收入水平普遍较低；而劳动技能越高，创造财富的可能性越高，越有助于脱贫致富。因此，贫困个体的就业问题和收入问题是扶贫工作亟须解决的；结合农村的实际状况，笔者认为，特色产业扶贫能够很好地破解该问题。

6.2.1 建立特色产业扶贫的利益联结机制

1. 特色产业扶贫的内涵

贫困人群的致贫原因呈现多样化，解决贫困问题要考虑到如何构建长效的机制与体制，以从根源上阻断贫困的代际传递或扩散，而产业扶贫是解决该问题的有效路径。如何因地制宜、因人而异地选好产业扶贫路径是至关重要的，产业的选择要符合农村当地的经济环境、产业结构、资源禀赋、劳动力状况等，而结合当地实际情况的特色产业具有先天的适应性和后天的可持续发展性。

特色产业扶贫是指结合当地的自然资源禀赋、文化环境、经济产业结构、生态环境、地理位置等客观条件，有目的性和选择性地发展一个或几个产业；同时，在产业的发展过程中有计划地吸纳贫困个体在相关产业链条中就业，或通过资产入股、委托生产加工等形式与贫困个体形成合作关系，以带动贫困个体实现脱贫致富。

特色产业扶贫参与的利益主体有适合当地的脱贫产业、作为经营主体的龙头企业或合作社等、贫困个体有劳动能力或有可以入股的资产等，以及经营主体与贫困个体形成合作关系的项目等。

2. 利益联结机制的概念

在任何经济行为发生的过程中，相关的组织机构和个人会参与其中，而如何正确地对待经济行为发生的过程和产生结果是需要提前进行谋划确定的。经济行为的发生过程主要涉及谁参与、扮演什么样的角色等；经济行为的结果主要有两种形式：产生利润或造成亏损。面对利润，相关的利益主体如何进行有效的分配，共享发展成果；针对造成的亏损，相关利益主体谁来承担责任，为亏损买单。如何解决上述问题，就需要事前建立有效的利益联结机制。

利益联结机制主要是指在生产经营活动中，通过一系列的方法与手段对相关参与方利益的创造和分配进行调节、管控，形成"风险共担，利益均沾"的共同体。本部分所指的利益联结机制是在特色产业扶贫运行过程中，如何规范贫困个体与经营主体的利益创造和利益分配行为。基于扶贫工作开展的紧迫性和必要性，要很好地发挥市场的资源配置与调节功能，保障产业中的经营主体做大做强，在扶贫攻坚中起到很好的示范引领作用；同时，又能够尽可能规避贫困个体在生产经营过程中可能遇到的风险，使贫困个体脱贫致富。

3. 特色产业扶贫的利益联结机制的建立

以政府为主导，充分发挥市场的引导作用，很多地区形成了以特色产业为关键力量的扶贫路径,如农林牧渔产业扶贫、光伏扶贫、电商扶贫、旅游扶贫等。在扶贫过程中,如何发挥好相关主体的作用,通过产业扶贫,让贫困个体在实现就业的过程中,提高其技能水平、经营能力,进而提高收入水平,实现经济上的富足,摆脱贫困的生活状态。为有效实现这一目标,需要多维发力,构建特色产业扶贫的利益联结机制。

特色产业中的经营主体(龙头企业、合作社等)在与贫困个体平稳有序的合作过程中,为实现既定的扶贫目标,要明确参与利益创造与分配的主体,并对利益的分配通过一定的契约关系进行约定,同时做好相关的监督活动,其主要的利益联结机制有以下几种。

(1)岗位就业利益联结机制。在政府的引导下,结合当地资源禀赋、生产条件,依据当地扶贫工作的总体部署,针对有劳动能力的农村贫困人群,充分吸纳该部分人群融入以特色产业扶贫为主体的路径中,使其成为相关产业链条中的一员。同时,该部分特色扶贫产业的企业要为贫困户提供良好的就业环境、充裕的就业岗位、规范的劳动关系、优质的就业服务等。

通过就业,能够短期内实现贫困个体收入的提高,从而有效地满足其家庭成员基本生活需要,并为多维贫困的解决提供必要的资金支持,为个体能力的提升提供相对宽松的家庭环境和个人成长的社会环境。另外,在工作过程中,通过企业系列的培训、自身的学习,熟练掌握岗位所需要的技能,进而稳步提升自身的综合素能,实现收入脱贫的同时,实现能力脱贫。

(2)契约式合作利益联结机制。在特色产业扶贫过程中,龙头企业、专业合作社等经营主体与贫困户在原材料生产加工上可以形成契约式的合作关系。根据企业生产产品或服务的需要,由其委托贫困个体对原材料进行生产或初步加工;或者,贫困户生产的农副产品由扶贫产业中的企业以不低于市场价进行定向收购,确保贫困户生产的农副产品有销路,避免了贫困个体由于市场信息不对称造成的经济损失,减轻贫困户的交易费用。

通过政府的指导，特色产业中的经营主体与贫困户之间的合作要形成契约关系，规定清楚双方的权责。由于贫困个体在信息的获取、权益的维护等方面先天处于弱势地位，所以，契约关系的签订要保护贫困个体的合法的基本权益，坚决杜绝不完全契约，最大程度地避免贫困个体利益受到损害。另外，基于扶贫工作的政治性，契约关系要尽可能减小市场风险对贫困个体生产经营活动造成的冲击，这就意味着企业要较多地承担市场不确定性造成的风险。在贫困个体进行产品或服务的生产、提供过程中，企业要有计划性地给予各方面的指导和帮助。

（3）资产入股利益联结机制。在特色产业扶贫过程中，贫困个体可以通过资产入股的方式与经营主体形成股份制的合作关系。依据贫困个体自身资源的拥有情况，结合特色扶贫产业自身发展的需要，贫困个体可以将自身拥有的土地房屋委托企业进行管理，还可将国家拨付的扶贫资金交付经营能力较强的龙头企业使用，企业将贫困个体的土地、扶贫资金等折算成一定的股份。村集体可以将集体拥有的荒山、土地、林地等资产入股企业，双方形成合作。通过该种形式，贫困个体享受到入股企业的定期分红，从而长期获得稳定的收益。

失去或缺乏劳动能力的贫困个体，可将自身拥有的资产盘活，入股参与扶贫的特色产业中的相关企业，从而能够更好地保障自身基本的生活水平。

6.2.2 典型的特色产业扶贫路径

1. 农林牧渔产业的扶贫路径

由于农村贫困人群从事农林牧渔的数量较多，该产业在农村有着先天的环境优势，利用其进行扶贫的实践行为是较为普遍的。农、林、牧、渔业4大类（不含农、林、牧、渔服务业）涵盖的小类详见表6-2。

表6-2　　　　　　　　　农、林、牧、渔业大、中、小类一览表

大类	中类	小类	大类	中类	小类
农业	谷物种植	稻谷	林业	林木育种和育苗	林木育种
		小麦			林木育苗
		玉米		造林和更新	造林和更新
		其他谷物		森林经营和管护	森林经营和管护
	豆类、油料和薯类种植	豆类		木材和竹材采运	木材采运
		油料			竹材采运
		薯类		林产品采集	木竹材林产品采集
	棉、麻、糖、烟草种植	棉花			非木竹材林产品采集
		麻类	畜牧业	牲畜饲养	牛
		糖料			马
		烟草			猪
	蔬菜、食用菌及园艺作物种植	蔬菜			羊
		食用菌			骆驼
		花卉			其他牲畜
		其他园艺作物		家禽饲养	鸡
	水果种植	仁果类和核果类水果			鸭
		葡萄			鹅
		柑橘类			其他家禽
		香蕉等亚热带水果		狩猎和捕捉动物	狩猎和捕捉动物
		其他水果		其他畜牧业	其他畜牧业
	坚果、含油果、香料和饮料作物种植	坚果	渔业	水产养殖	海水养殖
		含油果			内陆养殖
		香料作物		水产捕捞	海水捕捞
		茶及其他饮料作物			
	中药材种植	中药材			内陆捕捞
	其他农业	其他农业			

农林牧渔扶贫路径主要是聚焦一个地区、一个贫困村或贫困户，围绕
4 大类中的某一小类或相近的几个小类展开的扶贫工作，其主要路径模式
有"政府+合作社+贫困户""大户+资源入股+保底分红+就业""能人+托
管代养"等。例如：湖北枣阳市利用"N+贫困户"模式。N 指的是公司、
专业合作社、龙头企业+基地、家庭农场+金融贷款等；该部分机构或企业
与贫困户的结合点是种植核桃（如平林镇、新市镇），养殖鸡（琚湾镇芦
坡村）、鹅（琚湾镇三王村）、鱼（琚湾镇尹寨），代为饲养肉牛（七方
镇）。河南省内黄县实行"公司+合作社+农户+贫困户"的产业扶贫模式，
通过种植瓜果蔬菜吸纳贫困户到基地就业的路径使贫困户脱贫；Am 县的
"企业+合作社+贫困户"的结合点为香菇种植。壶关县紫团生态农业有限
公司的"基地+贫困户"的路径模式，带动其附近的 5 个县 1 个区的 5000
多个贫困户摆脱贫困。以此类推，不胜枚举。

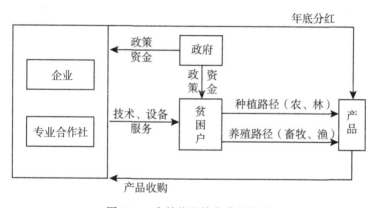

图 6.2　农林牧渔扶贫路径流程

该种扶贫路径如图 6.2 所示，其基本运营思路是：政府为贫困户、参
与扶贫的企业提供资金（贷款等）和政策，在这一环节，主要形式有政府
提供给贫困户的无息贷款、扶贫资金可以入股企业，由企业代为运作，企
业年底可给贫困户分红。企业直接或者通过合作社等组织为贫困户提供设
备、技术、服务，把贫困户变成企业产品的生产者或者原材料的提供者，

成为其产业链的下游终端，相当于给贫困户提供了就业岗位。同时，企业确保对贫困户生产的产品（原材料）按照市场价进行收购，可以有效避免贫困户因信息不对称等原因而对市场反应慢而造成损失。在此往复循环过程中，企业与贫困个体不断磨合、沟通、修正提高自我，以适应市场变化的能力，贫困个体在种植、养殖过程中，逐渐掌握了相应的技术，提高了自身的造血功能，增强了反贫困的能力与水平。

该路径模式的优点在于：一方面，由产业的龙头企业作为贫困户贷款的担保人，贷款资金入股企业，改变了扶贫资金的使用方式，用活了扶贫贷款的政策。另一方面，是创新了资产收益的分配制度，使贫困户可以获得股权收益，真正实现由"予鱼"变为"予渔"，提高了贫困户的风险抵御能力。

2. 光伏产业扶贫路径

光伏发电是依据光生伏特效应原理，将太阳能转化为电能。国家能源局、原国务院扶贫办于 2014 年 11 月联合印发《实施光伏扶贫工程工作方案的通知》，并首批选取了宁夏、安徽、河北、山西、青海、甘肃这 6 个省的 30 个县作为试点，并陆续在全国各地推广施行。光伏发电属于电力、热力、燃气及水生产和供应业门类中的太阳能发电这一小类。

光伏产业扶贫主要是在科学论证的基础上，确定项目规模、选址、选定优抚对象，由政府出面，社会力量参与协调所需资金，资金来源主要是银行贷款、农户出资、政府补贴及其他。发电场所主要是在贫困户的屋顶、荒山荒坡、农业大棚等处所建设光伏发电站，其形式主要有三种：户用光伏发电扶贫，其在自家屋顶或者田地利用大棚建设发电站，发电量由贫困户使用，余下并入国家电网；村级光伏电站扶贫，其发电收益由村集体和贫困户按照比例分成，贫困户的占比要略高于村集体的占比；光伏地面电站扶贫所，主要是在荒山荒坡建设发电站，收益归投资企业，随后企业会捐出一部分收益，由政府分配给贫困户。具体扶贫路径如图 6.3 所示。

光伏发电是一种清洁环保不枯竭资源，安全可靠无污染，建设周期

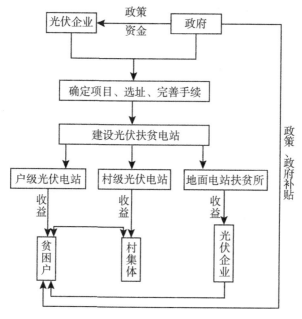

图 6.3　光伏扶贫路径流程图

短，获取收益见效快且可持续。依照江苏通能环保科技有限公司 2017 年理论估计值，民用电价 0.57 元/度，工业用电 0.79 元/度，剩余电量上网电价按 0.48 元/度测算；民用节省 0.99 元/度，工业用电节约 1.21 元/度；剩余量上网获取收益 0.90/度（0.42+0.48）元。国家补贴 1.42 元/度；充分利用好国家税收、金融、电网服务政策红利和光伏企业技术、服务的情况下，能够直接持续增加贫困户的收入。

3. 电商产业扶贫路径

电商扶贫是"互联网+"背景下的扶贫开发的新举措，被列入原国务院扶贫办 2015 年的扶贫开发十项工程之一。通过电子商务产业的发展，促进农村地区经济的发展、经济结构进行转型升级、带动劳动力就业、实现贫困人口的收入增加，从而助力脱贫攻坚。电商扶贫主要是在政府指导下，引入社会力量参与，引导贫困户利用电子商务平台进行产品或服务的购、销活动，或者参与到电商产业运营的产业链之中，实现自身素能的提高和收入的增长，从而实现脱贫致富。

典型成功电商扶贫路径有：甘肃的陇南路径模式、贵州的铜仁路径模式、广东揭阳的军埔路径模式、江苏睢宁的沙集路径模式。通过分析研究，发现其扶贫路径总体上呈现出如图6.4所示的流程。

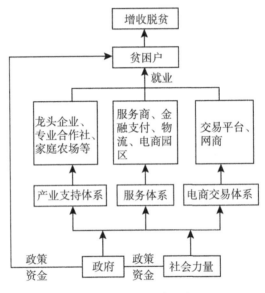

图 6.4　电商扶贫路径流程

从图6.4可以看出，电商行业扶贫需要构建一个生态体系，涵盖三个部分：电商交易体系、电商服务体系和产业支撑体系。其中电商交易体系包括交易平台、网店、商家等；电商服务体系主要是为电子商务提供面向机构又面向个人的软件、运营、仓储等相关服务，具体涉及金融支付、服务商、快递物流以及电商园区等；产业支撑体系主要是指提供产品或服务的龙头企业、专业合作社、农户、家庭农场等。电商交易体系是展示在前端的外在的表现，而电商服务体系是交易体系能够运转的必要条件，起到保障功能；产业支撑体系则是电商扶贫的隐形基础与依托，其产品与服务质量的优劣，市场竞争力的强弱影响到电商扶贫的生命力旺盛与否。三者形成一个相互依存，共同支撑电子商务扶贫路径健康发展、持续发展的不可或缺的生态系统。

在整个扶贫路径中，政府发挥政策的引导作用、资金的引流作用，主导推动地方在电商扶贫上形成集中突破。通过与社会力量中的电商企业合作，如阿里巴巴、亚马逊等，将其引入贫困地区，引导社会上其他相应力量共建电商扶贫的全链条。贫困户是电商扶贫的帮扶对象，依据贫困户的具体劳动能力，政府通过给予企业政策利好，给贫困户进行技术上的培训与指导，将其引入电商产业链中的某个环节就业。比如参与电商产业的建设、吸纳其到物流企业就业，到龙头企业就业，或者自己开网店、加入专业合作社、开办家庭农场生产产品等。归根结底是解决贫困户的就业问题，通过贫困户的就业，提高其在市场中生存与竞争的能力，逐步实现其收入的稳步提高，以实现脱贫致富的目的。

另一种形式，如沙集路径模式不是依靠政府主导发力形成的，而是通过自下而上的自发成长，形成有较为旺盛生命力的电商产业。辐射并带动贫困人群在电商产业链条中找到适合自己的就业岗位，在当地的扶贫开发过程中发挥了很大作用。

4. 旅游扶贫路径

旅游扶贫主要是依托自然资源、生态优势、民俗文化等打造符合当地发展的旅游类型，或者结合现有的旅游景区进行深入的挖掘开发，形成更加鲜明的旅游产品。以景区为中心，围绕吃、住、行、游、购、娱拓展产业链，并在此基础上，解决周边贫困村和贫困人口的扶贫与脱贫问题。所以，要进一步明确旅游扶贫在扶贫开发中的作用与地位，为贫困个体的增收脱贫提供有政治保障的新路径。

现行的扶贫模式如秦巴山区的政府主导型以及生态优先型，云南少数民族地区的民族文化旅游和边境旅游，武陵山区的产业联动、项目支撑、政企合作等模式，以及其他地区的其他路径模式，在实践过程中效果与效益是非常好的。通过归纳，旅游扶贫路径多如图 6.5 所示。

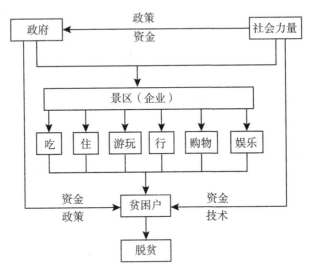

图 6.5　旅游扶贫流程图

从图 6.5 可以看出，在旅游扶贫过程中存在的四个主体分别是：政府、社会力量、景区（企业）和贫困户。政府通过制定相关的政策法规，借助市场机制，充分发挥社会力量的主动性、积极性与创造性，将其引入扶贫攻坚的系统中来。然后政府联合社会力量对于贫困地区的自然资源、旅游资源、贫困户分布、游客客源容量进行评测，选择适宜旅游开发的区位和项目，比如在沿山、沿湖、沿海、沿河的位置打造旅游景区或者旅游项目，同时以旅游景区的游玩为中心，向外辐射形成农家乐、渔家乐、牧家乐等为品牌的餐饮行业，满足游客饮食需要；形成休闲农庄、家庭旅馆等舒适的住宿行业，满足游客的住宿需要。加强基础设施建设，完善周边及景区内部的道路设施，形成良好的交通条件，满足游客的行走需求；结合当地文化特点、民俗特色，加工生产一批有地域、民俗、文化烙印的产品（如纪念品、食品等），另外可引入一些有特色的外来产品，以撬动游客的购物需求；打造一批如采摘、垂钓、乡村文化演艺以及地方特色的文化活动，满足游客旅游期间的娱乐需求。

在旅游产业的形成过程中，贫困户是一个关键因素，政府和社会力量需要把贫困户吸纳进来，将其作为旅游产业发展的一部分。在对贫困个体致贫原因、能力水平客观准确的分析基础上，给予其政策、资金（贷款）、技术等方面的帮扶，使其参与到旅游产业的相关链条之中，实现就业或者资本（土地、资金）入股，从而得到工资报酬或年终分红，在增加收入的同时，提高自身劳动能力水平，从而摆脱贫困。

需要注意的是，图 6.5 展示的是一个较为完成的旅游生态体系，时间成本、自然禀赋、资金投入等对其成长发展都有很大的制约，而在实践过程中，许多地区不一定按图索骥，依照完整路径去开展扶贫，较多地是结合当地实际，选择其中一部分去打造并推向市场。比如现行的"景区带村""景区+贫困户""政府引导+公司运营+合作社+贫困户"等路径模式，扶贫效果良好。

6.3 教育扶贫路径：系统提升贫困人口的人力资本水平

通过前文分析可知，贫困家庭户主的学历普遍较低，这严重制约了家庭的脱贫致富；学龄儿童失学现象时有发生，对于失学儿童，教育的缺失可能会增大其陷入贫困的可能性。学历的提高对于劳动生产率的提高有正向的作用。基于此，通过教育扶贫来系统提升贫困人口的人力资本水平，从而助力贫困个体脱贫致富。

2015 年 11 月，习近平总书记明确指出："治贫先治愚，扶贫先扶智。"教育扶贫能够从根本上解决贫困问题，只是教育扶贫有一定的时滞性。

教育扶贫可以理解为两方面内容：扶贫困个体教育之贫、依靠教育来扶贫。其中贫困个体分为贫困地区和贫困个人。教育扶贫是指通过加大对于贫困地区教育资源的配置力度，提高该地区人口获得公平教育的机会；针对不同年龄段的贫困个体，精准发力，增加其获得相应教育和培训的机会，降低其获得教育所付出的资金成本。同时，充分发挥教育的育人功能，提高贫困人口的人力资本水平，为其脱贫提供充足的智力支持等。

6.3.1　贫困人群人力资本建设模型的构建

1. 贫困人群人力资本建设的必要性

卢卡斯模型认为一个部门人力资本增长得越快，则该部门的经济产出也越快。该模型承认了人力资本积累具有显著的外部性，并且与人力资本存量呈正相关。卢卡斯通过研究分析，得出员工的人力资本水平能够对劳动生产率产生影响，同时整个社会的生产率也会受其影响。

贫困个体在成长过程中有两种成长路径：一种是完全自发的自我成长，另一种是有目的地经过系统培训的人力资本的建设。假设 A 和 B 两个人为同质的贫困个体，在扶贫过程中，处于两条完全相同的产业链条中的某个环节，从事一项完全相同的生产工作。A 依据自身拥有的物质资本条件，有目的地经过系统培训建设形成人力资本，B 的人力资本通过自我形成。同时假定，个体知识获取的速度由自身在人力资本上投入的时间确定。基于此，依据卢卡斯模型推导结果，可以得出结论：A 的人力资本积累速度要快于 B，进而导致 A 的技术进步率要高于 B，进而 A 所在企业的资本收益率会高于 B 所在企业的资本收益率；同时 A 所在企业的经济增长率会高于 B 所在企业的经济增长率。依据激励理论，A 所得到的经济回报必然要高于 B；同时，依据企业效益最大化的原则，随着企业的成长与进步，B 作为一名员工，在不考虑扶贫因素给予特殊照顾的情况下，其有很大的可能自身素质不能胜任其所在的岗位。

由此可以得出，在以国家为主导，社会力量广泛参与的高投入、多维发力精准扶贫的过程中，任何一个有劳动能力的贫困个体必须要系统地加强自身的人力资本建设，提高自身素质以胜任所处的就业岗位，实现自身脱贫致富目的的同时，提高企业的经济产出，促进社会的经济发展。

2. 贫困人群人力资本建设模型的构建

卢卡斯认为，人力资本可以分为两类：一类是社会一般人力资本，另一类是专业化人力资本，并进一步指出社会一般人力资本要通过系统的学校教育来获取，而专业化人力资本需要通过劳动实践获得。同时，专业化人力资本的数量和规模受制于社会一般人力资本已经达到的水平与状态。本部分在研究过程中，依据卢卡斯模型理论，将贫困人群人力资本也分为两类，并狭义地将学龄人群和正在接受国家学历教育的非学龄人群定义为社会一般人力资本，将有劳动能力的不再接受国家学历教育的非学龄人群定义为专业化人力资本。进而，学龄人群和正在接受国家学历教育的非学龄人群需要通过系统的教育来扶贫，而有劳动能力的不再接受国家学历教育的非学龄人群则需要在生产劳动过程中系统地予以培训、完成人力资本的开发，提高其自身的综合素质，从而更好地适应岗位、创造效益、获得丰厚的回报，使自身和家庭摆脱多维贫困。

（1）社会一般人力资本建设模型。通过系统的学校教育，贫困人群社会一般人力资本要在价值观和职业素养、能力、专业技能和知识这 4 个维度得到全面的建设和完善，具体模型如图 6.6 所示。

由于受教育人群年龄所限，该部分人群接受学校教育的过程是分阶段进行的，不是一蹴而就的。个体接受教育按照时间先后可以分为：九年义务教育、高中或中专教育、高等教育，其中高等教育又分为专科、本科、研究生教育等。由于个体在成长过程中能够接受的教育阶段存在不确定因素以及不同阶段教育目的的差异性，基于人力资本的视角，现将各阶段人力资本建设目的归纳总结如下：

在九年义务教育阶段，儿童和青少年在接受教育的过程中，形成热爱祖国、热爱人民、尊老爱幼等价值观念，初步形成正确的世界观、人生观和价值观；在职业素养上具备良好的责任心、主动性、忠诚度、自信心、纪律性；在能力上要具备健康的体魄，有一定的自我学习能力和适应能力；在技能上要掌握一些基础的生产和劳动技能；在知识上初步掌握必要

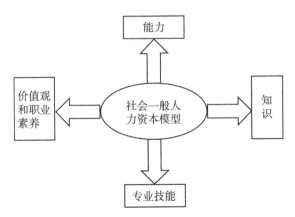

图 6.6　社会一般人力资本建设模型

的科学文化知识。

在高中阶段或中专阶段，在价值观和职业素养方面，要进一步地完善与提高，理想信念进一步坚定；在能力上要具备自我学习能力，有一定的创新能力，并具备一定的分析问题与解决问题的能力，具备良好的沟通能力、应变能力和自控能力，同时具备良好的身体素质；在技能上，要有一定的生产生活所需的劳动技能，中专学生要具备较好的专业技能；在知识储备上，系统掌握社会所需的科学文化知识。

在高等教育阶段，在价值观和职业素养方面，是对前期教育的巩固与提高，培育过硬的政治素质，坚定青年人的理想信念，进一步形成良好的品德；具备独立思考、自我选择、自我教育的能力；在所学专业领域或其他领域，成为高素质的专业人才；构建完善的知识框架体系并有丰富的知识储备。

（2）专业化人力资本建设模型。基于上述分析，本书运用专家小组法，通过收集长期从事于贫困研究的专家学者和负责扶贫工作的驻村第一书记、乡镇干部的意见建议，构建贫困人群中的专业化人力资本建设模型，如图 6.7 所示。

从图 6.7 可以看出，贫困人群中的专业化人力资本建设分为 4 个维度，

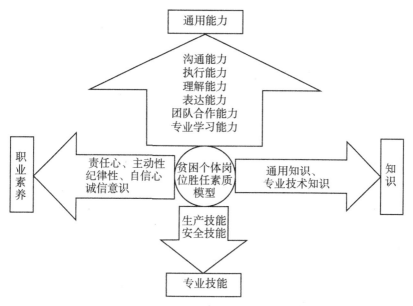

图 6.7 专业化人力资本建设模型

分别是通用能力、技能、职业素养和知识。其中，在通用能力维度，涵盖执行能力、理解能力、表达能力、团队合作能力、专业学习能力；专业技能主要包括生产技能和安全技能；职业素养包括责任心、主动性、纪律性、自信心、诚信意识；知识包括通用知识和专业技术。贫困人群专业化人力资本建设各指标行为表现所需要达到的基本要求如表 6-3 所示。

表 6-3　　贫困人群专业化人力资本建设各指标行为表现要求

指标	行为表现要求
执行能力	能够较好地执行企业的相关管理规定
理解能力	能够把握别人传递信息的重点，并予以反馈
表达能力	能够清楚地表达自己的观点
团队合作能力	有一定的大局观、能够与他人较好地在工作中配合
专业学习能力	能够掌握岗位所需的基本知识

续表

指标	行为表现要求
生产技能	能够按照计划完成具体的作业任务
安全技能	能够掌握基本的安全常识、在生产中有安全防范意识
责任心	对于工作负责、对自己要求严格
主动性	根据计划能够自觉完成工作任务
纪律性	能够遵守国家法律法规和企业的规章制度
自信心	对自己摆脱贫困比较有信心
诚信意识	在生产生活中做到诚实守信
通用知识	对所属产业、业务流程及与岗位相关的知识很熟悉
专业技术	能够基本掌握自身工作岗位所需的专业技术

　　基于农村贫困人群能力贫困的特点，结合上述指标，在人力资本提升过程中，具体要做好以下几个方面。针对有劳动能力的群体，其主要是通过产业扶贫来提高收入、提升人力资本，而其工作的岗位多处在产业链的下游，进行初级产品或服务的生产，如种植、养殖等，体力劳动偏多。所以在职业素养的提升上，重点要激发贫困个体摆脱贫困的积极性和主动性，树立起脱贫的自信心，在生活和工作中讲诚信，并在工作过程中有强烈的责任心，做到对工作负责、对企业负责、对自己负责、对政府负责，改变好逸恶劳、不求上进的精神状态。在专业技能上，是其就业能力提升的关键突破口，结合上文所述，要重点通过传、帮、带或培训提高该部分人群的种植农作物或经济作物的技术水平，或提高养殖家禽家畜的能力，或具备从事土建类、安装类、绿化类工作岗位的基本技术水平。另外，要具备安全生产的能力，最大程度地减小事故、伤害发生的可能性。通过掌握一技之长，为胜任就业岗位提供必要的保障，也奠定了应对外部环境变化的能力。同时，在知识和通用能力上因人而异进行培训，尽可能地在该两个维度有所提高，以提高其综合能力水平，为日后的自我成长与发展提供有力保障。

综上所述，本部分所构建的贫困人群人力资本建设模型是扶贫路径实施过程中运用和执行的，通过加强人力资源建设，进而使人的能力得到较为系统全面的提高，才是解决当前贫困问题和有效防范返贫的根本途径。

6.3.2 系统的学校教育：提升社会一般人力资本

1. 教育扶贫的重要性与必要性

雨果曾说过："多建一所学校，就少建一座监狱。"马克·吐温也曾言："你每关闭一所学校，你就必须开设一座监狱。"教育直接影响到青少年的成长成才与社会的稳定，其重要性不言而喻；对于贫困的发生与产生，更有着较大的直接影响。联合国教科文组织通过研究指出：劳动生产率的提高与其所受的教育程度有关，拥有本科、初高中、小学的劳动者提高劳动生产率的水平依次为300%、108%、43%；另外，人均受教育年限与人均GDP的相关系数为0.562。复旦大学社会科学数据研究中心2014年4月发布的数据显示1980—1989年出生的群体学历的高低与收入的多少呈正相关，具体如图6.8所示。

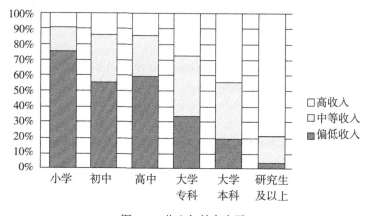

图6.8 收入与教育水平

充分说明，教育扶贫是阻断贫困代际传递的重要途径，能够从根本上减少贫困并促进经济社会的发展。

2. 教育扶贫的路径

教育扶贫是一个立体的多维生态系统，涉及教育的法理与现实地位、教育资源、教育理念、教育机会、就业机制、资助体系、信息化平台等多个方面，其相互关系如图6.9所示。

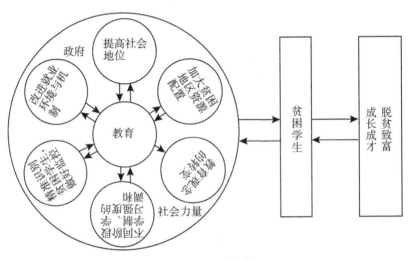

图6.9　教育扶贫路径

依据图6.9，依靠政府的行政力量，充分利用社会力量对于教育的正向作用，发挥教育主体的自身能动性，从以下五个方面实施教育扶贫的路径优化。

（1）提高教育的现实社会地位。在既有的法理地位的基础上，提高教育本身需要的社会地位。经济基础决定上层建筑，提高贫困地区的教师的收入水平，为其挺起治学精神脊梁补钙。经济收入有了保障，才能集中精力研究学问。通过各级政府，重塑教师的法理地位及现实社会地位，切实提高其社会地位，改变现有的尴尬局面。在允许教育效果时滞性、空间转移性的客观存在的情况下，充分发挥教育在社会发展、伦理道德建设、知识传播、全面育人方面的重要作用。

（2）加大教育贫困地区的资源配置。必须正视政府和社会力量，且重视教育资源的整体配置问题，特别是中央、省级层面掌握着巨额的财政收入。同时，由于教育效果的时滞性，基于我国政府官员围绕政绩等规则，县级领导不愿在教育上投放大量的资金与力量。在对教育资金分配的时候未充分考虑到边际效益的问题，同样的资金，对于资金匮乏的学校，可以发挥更大的边际效益。同时要充分体现出"共享"理念，精准扶贫是共享的内在要求，教育的公平也是精准扶贫的内在要求，也是共享理念的外在体现。政府和社会力量必须加强向教育贫困的地区投放更多的教育资源，包括资金与人才。资源如何投放，要在利用政策的同时，合理遵循市场的规律，充分发挥社会力量的助学资源。进一步改革高考制度，以壮士断腕的气魄实现全国一张卷，全国各高校的招生名额不再按区域分配，而是择高分者录取，从制度上增加贫困地区学生进入重点大学的数量与比例，不让孩子输在户籍的起跑线上，真正实现教育的公平。该扶贫路径的实施，对于贫困地区的经济发展以及贫困人口的脱贫有极大的助推作用，同时在很大程度上能够阻止相当一部分贫困人口脱贫后返贫。

（3）转变教育观念。贫困户家长要重视教育的长效正向作用，自身加强学习的同时，为子女提供必要的受教育机会与条件。教育扶贫首先要让贫困个体认识到学习、接受教育的重要性，对于自身、家庭、家族的长远意义与价值，唤起自身接受教育的主动性与积极性。在扶贫过程中，依据政府为其量身定做的扶贫路径，主动学习需要掌握的相关技能，夯实自己的生产能力，为优质的产品或服务的提供打下基础。同时，加强对于子女的引导、管理与教育，使其能够喜欢学习、热爱学习、学业有成；家长倾其所有、千方百计为其提供好必要的物质条件和学习环境。

贫困家庭的孩子努力学习、拼搏进取的同时，注重人格的塑造完善。贫困学子在求学路上，不是单纯地学习科学文化知识，更重要的是自身人格的不断完善，眼界的不断开阔，树立自信、自尊、自爱、自强的价值观念，构筑强大的心理底线，以利于在激烈的竞争中心理层面先立于不败之地。在此基础上，珍惜来之不易的学习机会，努力学习，奋力拼搏。通过不断的学习、知识的积累、阅历的提升，在社会上找到立足之地，稳扎稳打，提升自我，助力自身和家庭逐渐摆脱贫困，走向富裕。

注重知识传播的同时，变应试教育为人格教育、素能教育。现在教育一线人员是教师，其传道、授业、解惑，但是实际上长期以来，从幼儿园、小学到大学，教师大部分的精力投入知识的传授上。初中、高中一直是围绕中考招生、高考招生的应试教育。视学生为学习机器，漠视了其是有创造精神、独立意识的个体；忽略了人格的教育、素能的培养，起不到教化的作用。相反，我国传统的国学教育，经史子集，首先讲做人、做事，其次才是做学问，涵盖了天文地理知识的同时，更加重视修身、齐家与治国，真正地对于一个个体的灵魂进行全方位的培育，而非单纯外在技巧、技术的训练。教育观念的改变，优质传统文化教育的加强，使每个人，若为子、为父、为母，能够做到父慈子孝，家庭和睦，邻里和谐；师者父母心，为师亦为范、先立德后树人；医者仁心，以救死扶伤为己任；为官者为民请命，必造福一方百姓……若如此，随着德育教育的前置，正确价值观念的确立，公平正义、和谐社会、共同富裕必能实现，也必将为贫困人口摆脱贫困助力，对因人祸而致贫、返贫起到很大的阻止作用。

（4）加大贫困地区资助资源的分配比例，精准识别资助对象，做好帮扶监控工作。国家先后印发了针对学前教育、九年义务教育、普通高中、中职中专、高等教育不同学习阶段贫困学生的资助政策，构筑了多元化的资助体系，投入了巨大的财力用于构建多元的资助体系。九年义务教育期间的营养计划、教科书免费；高中对于困难学生的资助、学杂费减免等；中专提供学生学费减免、资助等；高等教育则提供了国家层面的奖助贷，学校层面的奖助等更为全面的资助。

国家对于资助资金的分配，前期是按照其学生基数按照相应的比例计算进行名额分配的，但是各类学校贫困生所占的比例是不一样的。高校应当参照学生的户籍分布比例（农村户籍比例、城市户籍比例）、贫困地区学生比例、非贫困地区学生比例，进行资助资金的分配。中职中专、义务教育及学前教育阶段，应当参照不同地区的经济发展程度、地方财政收入、地方财政对于学生资助的投入、农村人口的比例、农村在校学生的数量、贫困人口的数量分布、建档立卡学生的数量等因素对于不同区域的不同学校进行差异性精准资助。

做好资助对象的识别和资金拨付的监控工作。除建档立卡的贫困学生，对于其他需要资助的学生，须建立科学的多维贫困学生识别办法。充分运用大数据来分析学生的消费情况，进行动态化的监控；依据班级民主测评，同学互评进行核实；建立与学生联系走访的动态观测机制，掌握学生家庭收入变化情况；加大一线工作人员的教育培训力度，使其端正心态、提高认识，以高度的政治责任感与扶贫使命感，做到帮扶真正贫困的学生；加大扶贫资金的拨付发放监控力度，针对学生反映的情况，严格督查纠偏，确保资金发放精准，帮扶精准。

（5）改进贫困大中专学生的就业环境与就业机制。教育扶贫的外在表现形式是通过让贫困个体接受良好的教育，完成人力资本的提升，以在市场上找到安身立命的工作岗位，实现最基本的经济独立，反哺家庭，实现个人、家庭的脱贫致富，并对家族的延续发展形成正向的促进。

随着经济体制不断改革以及现代化建设的深入推进，我国在一定程度上形成阶层固化的苗头，阶层与阶层之间流通效率的熔断，跨越阶层阻力的成本较大。表现在财富的代际传递，基于户籍、单位属性、工作岗位等社会身份固化，社会资源分配竞争时公平博弈的缺乏等现象。就业市场也呈现出了分割状态，分为工资高、上升空间大、稳定、有保障的主要劳动力市场，和工资低、工作条件差的次要劳动力市场。学历层次、毕业院校、政治身份、社会资本等是进入主要劳动力和次要劳动力市场的决定因素，这种效应逐渐会造成很多国家出现"寒门很难出贵子"现象。

就业机制是教育扶贫的终端枢纽，贫困毕业生流入劳动力市场必须发挥政府和学校的推介作用，构建相应的机制打破阶层的流通渠道。一是在主要劳动力市场招录时更加客观、透明、公开，唯贤录用，量才使用；减少外在因素的干扰。二是规范各行业各单位招聘工作的规程，加大惩处招聘暗箱操作的力度。三是降低招聘面试环节的分值比例，减少人为因素的干扰力度。四是做好贫困学生的就业帮扶工作，树立正确的就业理念，开阔就业视野，提升就业能力。五是向优质企事业单位做好推荐工作，有条件的可以构建定向培养机制。六是鼓励贫困学生报考研究生、选调生、公务员、招教、三支一扶等，并提前组织力量分类进行培训。

6.3.3　技术扶贫：提升专业化人力资本水平

技术扶贫是指在扶贫开发过程中，以实现贫困对象脱贫为目的的相关技术指导、咨询、培训，以及技术研发、创新等活动。技术扶贫在很大程度上是围绕着其他模式的产业扶贫路径的实施而开展的，现行状况下，一般不是孤立单独存在的，也不是为了扶而扶，而是在扶助对象明确的情况下，针对帮扶对象制定的帮扶路径行进过程中必要的技术帮助与支持。

在现阶段的扶贫攻坚过程中，许多地区也重视技术扶贫路径的规划与实施，呈现出如图 6.10 的路径模式。

从图 6.10 可以看出，地方政府充分发挥各级政府制定的政策指挥棒的引领作用，利用好扶贫资金，动员高校科研院所、企业及其他社会力量组成技术扶贫的骨干力量。针对本区域贫困人群的分布、地域特点、帮扶计划、从事的产业的具体小类，厘清其在生产经营中存在的技术问题与瓶颈。安排专门的技术人员开展技术上的指导、咨询、培训工作。通过技术上的帮扶，解决贫困个体在产品或服务生产、销售过程中的困难，使其能够较好地应对生产环境、市场环境的变化，做出正确的应对措施。比如，达州市在第一产业农、林、牧、渔等生产经营的过程中，针对贫困个体从事的具体行业类别的产品或服务，实施较为精准的技术帮扶，其中共选派 828 名各类技术人员深入对应的 828 个贫困村，对贫困户进行一对一的帮扶。同时，对技术人员驻村时间、帮扶时间点有明确的要求。

除此之外，依据贫困个体的数量、产业分布情况，也可以集中安排相关的系列培训，使其知晓现代产业的发展模式、运营机制，明白所处的产

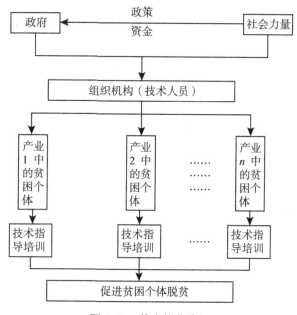

图 6.10 技术扶贫路径

业链条的位置和所需掌握的技能。在培训过程中，有针对性地解决实际生产过程中的各种问题。

笔者认为，技术扶贫是因户施策、因村施策的必要辅助行为。通过为贫困个体在就业前、就业中、失业后进行指导、咨询、培训活动，为贫困个体稳定就业提供有力的技术保障。

6.4 健康扶贫路径：减小健康冲击带来的不确定性

依据原国务院扶贫办 2016 年建档立卡的贫困户统计可知，"因病致贫、因病返贫"的贫困户占比为 42.2%。通过第四章和第五章的分析可知，健康维度的贫困发生率较高，健康问题会造成家庭医疗费用开支过高，从而使其陷入贫困状态或加剧其贫困程度；由于健康问题而丧失劳动能力的个体较多，而家庭有劳动能力人数的占比对于家庭的贫困程度有很大的影响，家庭有劳动能力人数占比越高，其摆脱贫困的可能性越大。

本部分分析的健康扶贫中的健康问题主要指贫困人群的身体疾病，是生理意义上的健康，而非精神层面的。健康扶贫主要是指在落实国家的部署安排的基础上，进一步完善农村居民的医保制度；用好相关资金、项目，促进贫困地区医疗卫生服务有较大提升，从而贫困人口的各种疾病得到有效防控和救治，医疗费用负担得到进一步的减轻，有效地解决"因病致贫、因病返贫"的问题。

6.4.1 完善农村居民的医保制度

1. 扩大农村居民医保的覆盖面

在医疗保障方面，通过严格的监督管理确保医保部门协同医疗机构执行针对贫困人口的新型农村合作医疗、大病保险、医疗救助、大病救助等政策。在新型农村合作医疗上，实现贫困人口全覆盖，并施行门诊统筹；在大病保险方面，提高保险的覆盖面。通过基层政府的深入排查，查漏补缺，确保贫困个体在新型农村合作医疗及大病保险上实现全覆盖，针对无力支付相关保险费用的个体，运用政府财政拨付的扶贫资金或社会公益资金尽可能地予以解决，从而构筑起防御健康冲击的有效防护墙。

基于贫困个体自身资产贫困、收入较低，抵御外部不确定因素对健康冲击能力较差的现象，以及贫困个体从事的多属于体力型工作，工作过程中存在一定的生产风险的状况，贫困个体在产业扶贫链条中就业过程中，政府部门应责成相关经营主体依照国家用工规定，为贫困个体购置相关医疗、意外伤害保险，从而最大限度地减小贫困个体因健康冲击造成的危害，避免其无力支付高额医疗费用的情况发生。

2. 加大贫困人口的医疗费用临时救助的力度

针对贫困个体在生产生活中因为天灾人祸造成的意外伤害，政府应建立临时救助机制，及时予以救助。以政府为主导，充分利用社会公益组织的力量，对贫困个体进行临时救助。

同时，利用好互联网募捐平台、做好贫困个体的救助工作。地方政府要依据法律法规，构建相应的机制，利用好互联网募捐平台，发挥其"输血式"扶贫的功效。政府搭建募捐平台，引入公益组织入驻，或主动与民政部遴选的互联网公开募捐信息发布服务的网络平台形成有效合作。针对诸如因灾、因病无力支付高额医疗费用或教育费用的贫困人口，做好网络平台使用的咨询、技术指导等服务工作，确保其在平台选择、求助信息发布等募捐环节操作顺利；同时，对于募集的资金的使用，做好后续的监控工作，以充分发挥网络平台的传播速度快、受众面广、低成本、高效率的优势，筹集相应的善款，资助贫困个体渡过难关，摆脱经济上贫困的状态。

3. 取消住院报销的起付标准，并提高报销比例

各地在制定政策的过程中，针对贫困人群在辖区内相应医疗机构住院，可以取消贫困人群住院的起付标准，最大程度减轻贫困人口因病产生的经济负担；同时，提高贫困人口的住院的报销比例，以降低其因病致贫、返贫的可能性。

在此基础上，充分发挥诸如药品生产企业、商业保险企业、慈善机构等社会力量，与医疗机构、医保部门形成合力，构建立体多元的保障体系，切实提高贫困人口的健康保障水平。

6.4.2 加大农村贫困地区公共医疗卫生服务的资源配置

通过健康扶贫提高贫困人口的医疗保障水平，提升贫困地区的医疗卫生服务能力，减轻贫困个体的医疗费用负担，助力 2020 年实现农村贫困人口的全部脱贫。

1. 完善乡村的医疗机构基础设施

加大政府财政对于乡镇医院的支持力度，发挥市场的资源配置功能，引导资金流向乡镇医院、诊所。使乡镇医院、诊所依据标准配备相关医疗

设施，基本设施和必备设施必须配齐，可选设备尽可能配齐；陈旧、老化影响诊治的医疗设施按照规定予以报废；建立标准化的诊断室、手术室、病房。

2. 提高乡村医务工作者的服务能力与水平

地方政府以上级政府部门政策为依据，充分发挥社会力量的作用，重点建立健全县、乡、村三级联动的卫生服务体系，提高其服务能力与水平，并扩大服务区域的覆盖面。在健康养生基本知识的普及教育、贫困人群健康观测系统建立等具体路径上抓好落实，以做好疾病的早期预防工作。

加强乡镇医疗人员队伍建设，为贫困个体健康保障提供人才支撑。构建乡镇医院与县市优质医院人才交流培训机制，有计划地组织乡镇医务工作者到二级、三级医院脱产培训、实习，以提高其医疗服务能力与水平。二级、三级医院与乡镇医院、诊所发挥联动机制的功能，形成医务人员定点帮扶、偏远地区巡回义诊机制，充分发挥县市区优质医务资源的外溢功效。引导优质医务人员流向乡镇医院，并为其提供舒心的工作环境、较好的福利待遇，进而留住人才，使其为农村居民的健康保驾护航。

3. 创建良好的公共卫生环境

各级政府要切实履行职责，做好农村水资源的保护工作，减小农药化肥造成的土壤污染及地下水资源污染。抛弃边发展、边污染、边整治的理念，依据《关于全面推行河长制的意见》的要求，从根源上阻断不达标工业污水的肆意排放，减轻对河流湖泊的污染，做好日常的巡查监控，改善河流湖泊水质。针对农村居民饮用水不达标的，采取有力措施加强饮用水基础设施建设，条件许可的可发展城乡一体化供水，从而改善农村居民及贫困个体的生活条件。

另外，结合农村实际情况，做好农村生活污水排放、垃圾处理和大气污染防治工作，为农村居民及贫困个体拥有健康创造良好的生活环境。

6.5 易地搬迁：提升贫困人口机会获取能力

本书第四章和第五章在对致贫原因进行分析时发现，生活条件维度贫困的发生率较高；恶劣的自然环境会导致地区经济发展的滞后，进而会导致贫困个体增收创收机会的缺失。基于此，本部分探讨通过易地搬迁路径来为贫困个体提供良好的基础设施与公共服务，进而提升其机会获取能力。

易地搬迁扶贫是针对生态环境脆弱或恶劣、深山高山、偏远荒芜等地方的贫困人口，在贫困人口自愿的基础上，将其搬迁到生活条件、生产条件以及公共服务较好的地方，并进一步实施就业安置等扶贫路径。

我国在不同的历史时期均进行了易地搬迁的扶贫模式，"十二五"期间，共计有1171万人通过易地搬迁，生产生活条件得到了改善；在"十三五"期间，计划有1000万人通过易地搬迁而脱贫致富。通过对现行模式分析梳理，易地搬迁的基本路径如图6.11所示。

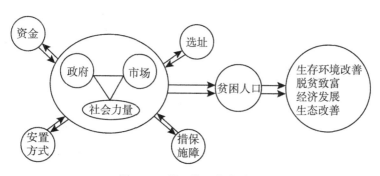

图 6.11 易地搬迁扶贫路径

通过图6.11可以看出，在政府的主导、社会力量的参与下，利用市场机制，多方筹措资金，科学选定搬迁安置点，针对不同类型的贫困人口实施不同的搬迁方式，并采取一系列保障措施促使搬迁后的贫困人口能够脱贫致富，融入搬迁地。现围绕依靠力量、资金来源、科学选址、搬迁对象、安置方式、保障措施、实现效果这七个方面做如下阐述。

1. 依靠力量

通过政府的行政引导和政策引领，充分动员社会力量参与进来，在遵循市场规律的情况下，须调动搬迁贫困户的积极性，形成合力。

2. 资金来源

易地搬迁涉及搬迁对象原有房屋拆除、土地平整、生态修复等，迁入地的房屋建设、公共设施建设、配套基础设施建设等，资金需求量非常大。项目资金主要来源于中央财政预算内投资、地方政府预算内投资、地方政府债务资金、贫困户宅基地自愿退出的奖补、国家专项建设基金、库区移民补助、政策性贷款、搬迁对象自筹资金、其他社会捐助帮扶资金等。其中中央财政预算内投资和地方政府预算内投资是各县乡直接使用无需偿还的；地方政府债务资金和国家专项建设基金是由各省成立投融资主体，负责偿还相应本息，市县负责承接相应资金，实施项目建设。

3. 搬迁对象

易地搬迁涉及的对象主要有四类：一是地处深山石山、高寒、生态脆弱、环境恶劣，生产生活条件极差、不能够满足于基本的温饱的人口；二是国家基于水源涵养、防风固沙、水土保持、生物多样性维护等目的，限制开发的重点生态功能区，以及具有特殊价值的自然遗迹、文化遗址，珍稀濒危野生动植物天然集中地等禁止开发的重点生态功能区；三是通信、电力、水利、道路等基础设施及教育、医疗等公共服务设施非常薄弱且建设费用周期长、费用高的地区的贫困人口；四是地质灾害经常发生、地方性疾病严重区域的贫困人口。

4. 科学选址

贫困人口搬迁到哪里，选址必须要考虑的因素有：一是要符合当地土地使用的总体规划，要能克服土地供应紧张问题，尽量使用存量建设用地、薄地，禁用基本农田；二是避免山地滑坡、泥石流等自然灾害的隐患点，具有交通、水源、教育等基础设施和公共服务等区位优势；三是在不能超过当地的资源承载能力的前提下，通过易地搬迁能够对当地的发展起到促进作用。

基于此，选址主要围绕以下几个区位：一是结合城市建设在县城周边建设农民社区，二是结合乡镇建设在乡镇周围建设安置小区，三是结合新农村建设在中心村或交通便利的行政村周围就近集中安置或分散安置，四是结合园区建设在产业园区、旅游景区等周边建造搬迁安置房。

5. 安置方式

对贫困人口来说，安置的方式以集中安置为主，分散安置为辅。

集中安置主要是围绕上述的县城、乡镇、中心村、产业园区、旅游景区集中建设社区或新农村。建设的方式以政府为主导，联合社会力量中的规划单位、建筑企业、物业公司等统一建设，建成后贫困户进行购置；或者以政府为主导进行规划，贫困户联合建设公寓式套房，这种方式建设成本要低一些；或者针对镇村搬迁的，对该村进行整村建设，统建与自建相结合。

分散安置主要是针对小部分贫困人口依托于现有基础设施，利用小块闲置空地建房进行安置，或采取在其相关亲朋好友所在地建设住房安置。

6. 保障措施

易地搬迁的三个重难点是：贫困人口愿不愿意搬？能不能搬过来？搬过来后如何稳得住？要解决这三个问题，在易地搬迁过程中，应采取如下相应保障措施。

（1）做好贫困人口、地方党政干部思想工作，形成共识。易地搬迁是国家民生战略布局，对低成本消除贫困有极大助推作用，是实现共同富裕的必由之路之一，地方党政干部必须消除思想上的为难情绪，把易地搬迁工作放到重要位置上来，凝神聚力，克服财政、土地供应、就业安置、金融帮扶等种种困难，高效执行、严格监督，形成畅通高效的运行机制。通过做工作，克服贫困人口的故土难离、没钱搬、搬后生计无着落等思想包袱，为贫困户量体裁衣，提供清晰的搬迁路径，使其放心安心，发挥自身积极性与主动性投入到搬迁安置工作中。

（2）做好补贴、贷款、生态补偿等工作，为贫困人口搬迁提供资金支持。不管是自建还是统建，房屋购置对于贫困人口是必须解决的且困难的事情，贫困户本身负担重，收入低，存款少，让其拿出较大额度的资金购房，无疑是雪上加霜。所以，做好建档立卡贫困户人均住房补助、旧房拆除补助与奖励、装修奖励、水库移民补助、贷款优惠等工作，是易地搬迁顺利进行的基础和保障。

（3）切实解决搬迁后的生活保障和就业安置工作。安置点的道路、水电、通信、学生上学、医疗等基础设施和公共服务必须跟上，保障其基本的生产生活条件，并进一步提高服务质量和水平，使其易地后能安居。另外，搬迁后必须“稳得住、能致富”，需要解决贫困人口的就业问题、增收问题，首先要针对不同类型的有劳动能力的人口进行培训，提高其就业技能与水平。在周边的各类产业链中找到自身的发展方向，就业或创业，形成稳定的收入来源，解决生活上的后顾之忧。再者，针对丧失劳动能力的鳏寡孤独者，可以提供产权归政府的房屋让其居住，或政府为其租房居住，还可就近安置到民政供养服务机构。

（4）做好文化融合工作。贫困人口搬迁到一个新的地方之后，会存在自身原有文化与迁入地文化存在差异性甚至排斥的状况。条件允许的可以以村为单位、以家族为单位进行迁移。搬迁后，应组织人员对迁入人员和原居民进行教育引导，使双方对对方的文化习俗、方言、饮食习惯等有一定程度的了解，并在日常生活中保持对对方文化习俗的尊重。另外，对于迁入方因人而异做好有针对性的引导，中年人和老年人既有文化已经形成，不易改变；青少年和儿童可塑性较强，使其融入迁入地文化，以利于落地生根。

7. 实现效果

通过易地搬迁扶贫路径的实施，可以实现的效果有：一是运用较低的成本，改变了贫困人口的生存环境。针对上文论述的搬迁对象，如果对该部分贫困人口在原居住地实施扶贫开发，仅基础设施的改建和公共服务设施的完善，就需要巨额资金的投入，即便建设好，后期的维护和服务质量也不一定能够持久保持。比如说医疗和教育，深山荒野的医护人员和医疗设施、教育教学的师资是无法和人口集聚区相比的。但是，通过易地搬迁进行空间的转移，贫困人口立刻享受到迁入地固有的基础设施和公共服务设施等。二是加速贫困人口脱贫致富。搬迁到城镇、中心村、产业园区之后，通过政府和社会力量的帮扶，通过有计划的培训，劳动技能提高，自身人力资本得到提升，身边的就业机会增加，跳槽成本减小，接触面的扩大，视野更加开阔，有利于快速脱贫致富。三是促进迁入地经济社会的发展。由于易地搬迁项目的实施，迁入地外来投资增加，能够刺激消费，扩大需求，促进经济发展；另外，迁出地向迁入地转移劳动力，形成人口聚集效应，促进城镇化和工业化发展。四是有利于迁出地生态环境的改善。迁出地是生态脆弱、土地贫瘠、水土流失严重的区域，随着贫困人口的迁出，会对环境减少破坏，减轻其压力荷载，使植被覆盖率提高，水源涵养量得到提升等，生态环境趋于健康发展。

6.6 政府兜底：提升贫困人口的保护性安全

针对农村贫困人群中的鳏寡孤独等人群，需要通过政府兜底路径提升该部分人群的保护性安全，以保障其最基本的生活水平。

6.6.1 政府兜底扶贫的内涵

2015 年 11 月国务院下发的《关于打赢脱贫攻坚战的决定》中明确指出，要实行"社保政策兜底脱贫""最低生活保障制度兜底脱贫"。依据部署安排，各地区的党委政府以及相关部门结合具体情况，完善政策、制定措施，推动政府兜底扶贫工作的顺利有效开展。

政府兜底扶贫是在精准扶贫过程中，通过制定政策措施，以政府为主要依靠力量，适当引入社会力量，对符合兜底条件的贫困对象实施精准救助。通过发放农村居民最低生活保障金、实施医疗救助、重大疾病救助及临时救助减轻经济压力，以集中或分散的方式提供养老服务，确保老有所养。实行教育兜底、住房兜底等扶贫路径构筑农村政府兜底扶贫体系，为贫困人口的基本的生活提供保障底线。政府兜底扶贫是针对特定的贫困对象运用上文阐述的各种扶贫路径以及其他方式的路径进行精准的帮扶，可以认为是基于特定对象的扶贫路径称谓，是为 2020 年全面建成小康社会的时候实现现行标准下农村贫困人口全部脱贫的重要保障。

6.6.2 政府兜底扶贫的具体路径

政府兜底的扶贫路径如图 6.12 所示。

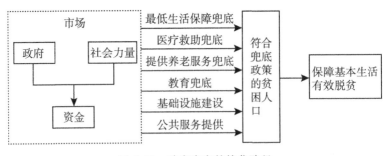

图 6.12　政府兜底的扶贫路径

通过图 6.12 可以看出，以政府力量为主，运用政策的引导性，引入社会力量筹集相应的扶贫资金，针对不同的特定贫困人口，运用相应的精准帮扶路径，完成政府兜底行为，为该部分贫困人口的脱贫提供有力的底线保障。下面从资金来源、兜底对象界定、兜底措施、实现效果这四个方面进行阐述。

1. 资金来源

由于政府兜底扶贫主要是对于该部分贫困人口进行经济上的补偿、救助，使其能够保持最低的生活水平，是实现"共享"发展理念的具体体现。所以用于兜底资金的充裕程度是政府兜底扶贫实施的基础和关键，如何筹措兜底资金是摆在各级政府面前的主要问题。资金主要来源于以下五个方面：一是积极争取中央、省级层面拨付的社会救助专项资金；二是加大地方配套的社会救助资金的财政资金投入力度；三是拓展资金来源的广泛性，充分借助社会力量，筹集社会捐赠、慈善机构募集的用于社会救助的资金；四是灵活运用存量资金，建立政府兜底基金，足额保障兜底资金；五是充分利用各类保险的经济补偿功能，引导购买或代购相应保险，形成政府兜底的资金"蓄水池"，为政府兜底减轻经济压力。

2. 兜底对象界定

通过政府兜底进行脱贫的贫困人口主要由以下五类人群构成：一是没有劳动能力的60岁以上的老人或者16岁以下的未成年人，没有经济收入来源，或者家庭中具备劳动能力的人员因违法犯罪服刑、失踪等原因无法对老幼进行赡养或抚养的；二是家庭的主要劳动力是重度身体残疾或精神、智力残疾人员，无法通过正常劳动获取经济收入的特困人口；三是家庭主要劳动力因病丧失劳动能力，失去经济来源的重度贫困家庭；四是因为突发的灾害或意外事故造成的家庭主要劳动力死亡或丧失劳动能力的没有经济来源的家庭等；五是没有监护人或监护失当而没有收入来源的未成年人，主要是监护人丧失劳动能力或者监护人客观上缺乏照顾意识，如虐待、遗弃、暴力伤害未成年人的。

3. 兜底措施

针对不同的贫困人口，政府实施兜底的扶贫路径也要因户施策、因人施策，确保有的放矢、发力精准，兜底过程中可能是单一路径也可能是多种路径并行。现将政府兜底的主要扶贫路径最低生活保障兜底、医疗救助兜底、提供养老服务兜底、教育兜底简述如下，其他形式的兜底路径不再阐述。

（1）最低生活保障兜底。对于贫困人口严格标准，规范认定程序，认真进行经济状况核查、民主评议，识别出符合"低保""五保"条件的贫困人口，做到应保尽保、应救尽救。对于该部分人口按照规定的补助标准发放供养费用，各地方的标准要结合本地区的实际，尽量达到国家规定的扶贫标准，低于标准的要达到国家规定的农村低保最低指导标准，并要进一步加大统筹力度，进行科学动态调整，使低保户不因物价的上涨而影响生活质量。

（2）在医疗救助上实施政府兜底。针对因重特大疾病引起致贫又无劳动能力的贫困人口，通过医疗保险（新型农村合作医疗、大病保险、大病补充医疗保险等）和救助项目（医疗救助、慈善项目救助、临时救助等）实施兜底。通过提高新型农村合作医疗的报销比例，降低大病保险报销的起付线，地方政府扶贫资金充裕的还可以就某些慢性病和重大疾病在新型农村合作医疗和大病保险、大病补充医疗保险报销的基础上实行100%兜底救助。在结合地方政府财力、物力等基础上，扩大救助的病种数量，增加门诊救助的范围，最大程度地降低贫困人口医疗支出费用的比例。同时，通过临时救助缓解贫困人口因突发事故、自然灾害造成的生活及经济上的困难，使贫困人口生活得到及时性保障，充分发挥救急的作用。

（3）通过给"三无"老人和五保户提供养老服务进行兜底。"三无"老人是指没有劳动能力、没有经济来源和没有赡养人和抚养人的老人，五保户在上文中已经做过说明。该部分人群基于身体健康状况的不同、心态的不同，其养老需求也存在很大区别。政府可基于生活能够自理、失能、半失能等具体情况，因人而异向养老服务市场购买不同的养老服务，提高供养标准；在责成公办养老机构履行职责的同时，也可通过与民办养老机构合资的方式，提供养老服务，确保该部分贫困人口老有所依、老有所乐，摆脱贫困状态。

（4）针对孤残等儿童实施的教育兜底。为了更好保障孤残儿童的教育质量，其在享受到前文所述的教育扶贫路径九年义务教育免学费、免书本费等政策措施的基础上，免除在校学习期间生活费，每人每月发放生活补助或残疾人护理补贴等，以保证其基本的生活学习。

（5）基础设施建设和公共服务提供的兜底。贫困地区或贫困村在基础设施上存在交通设施老化、供水供电不足、农田水利建设配套不完善等问题，在公共服务提供上存在的问题主要表现在教育资源匮乏和医疗卫生条件差。政府作为扶贫主体力量，针对特定人群进行易地搬迁，对其他贫困人群要做好多措并举，整合资源、加强投入，同时做好资金使用、项目建设的监督工作。

4. 实现效果

通过政府兜底扶贫路径的实施，使农村贫困人口中的兜底对象陷入贫困很难自拔时得到了有效的救助，保障了其最基本的生活水平，起到保护性安全的效果，能在短期内使贫困人群脱贫。在共享我国社会发展成果的同时，对于社会的健康有序发展起到了稳定作用，充分体现了先富带动后富，最终实现共同富裕的目标。

7　扶贫绩效评估

自实施扶贫开发战略以来，在不同的历史时期，各级政府及相关社会力量依据中央精神，结合自身实际，进行了卓有成效的探索与实践，在前文已经做了阐述。在致力于减少贫困的同时，先后也采取了一系列的方法与手段对扶贫的绩效进行评估，学界也进行了广泛而深入的研究。扶贫绩效评估对象有扶贫项目、基层政府部门、财政支农专项资金等，多是基于宏观角度，对于扶贫主体或者扶贫手段进行评估。本章主要通过对绩效评估模型比较，结合本章研究的主体——扶贫绩效评估，选定因子分析法为绩效评估模型；结合当前精准扶贫的实际情况，构建绩效评估指标体系，以 A 市为例进行实证分析，验证评估方法及指标体系的合理性，并为贫困研究及 A 市下一步精准扶贫战略的推进提供理论依据。

7.1　扶贫绩效评估的意义、目的与原则

7.1.1　扶贫绩效评估的意义和目的

1. 扶贫绩效评估的意义

我国扶贫工作以政府为主体，社会力量广泛参与，自上而下投入资金巨大，参与人员众多，推进速度较快，涉及农村广大贫困人群的切身利益。在此背景下，必须对扶贫工作进行监控，掌握扶贫开展的成效，精确掌控贫困人口生活状况的改善情况，而扶贫绩效评估是非常有效的方式。

通过扶贫绩效评估，监测扶贫工作开展的效果与效率，了解各地区扶贫战略目标的实现情况，以及工作推进过程中存在的问题与困难，便于适时纠偏与奖惩，具有非常强的现实意义。

2. 扶贫绩效评估的目的

对扶贫进行绩效评估，主要目的是围绕对其前期进行的贫困户的精准测度、贫困户的帮扶路径选设及实施的有效性、贫困户及贫困地区的脱贫情况及效果进行客观的评估。通过评估，可以有效找出对于贫困户扶贫及脱贫效果影响程度高低的相关指标因子，并对一个地区前期扶贫工作开展情况进行反馈，对于各级政府组织以及相关扶贫主体当下及今后的工作开展提供科学的评判，厘清扶贫工作各个环节的重点、难点，扶贫资源的分配的有效程度，从而助推下一步扶贫工作的开展。

7.1.2 扶贫绩效评估的原则

1. 独立性原则

独立性原则是指针对扶贫进行绩效评估的过程中，在严格遵守相关法律法规前提下，做到最大程度的独立。评估准备、评估过程、评估结果等各个环节在开展的过程中不受任何组织和任何个体的干扰；同时做到公平公正，不偏袒扶贫的主体或客体。

2. 客观性原则

针对扶贫进行绩效评估，总体来说是针对各种实践活动表现的评判。在此过程中，要努力做到以实际发生的事项或产生的效果为评判依据，充分体现出其真实性和可靠性。在缺乏事实依据的情况下，宁可不评估或记录"有待于进一步调查"等意见建议，切忌主观武断。

3. 科学性原则

扶贫绩效评估全过程要体现出科学性，特别是在构建评估指标体系时，要遵循科学的理论指导，确保其能够对评估对象进行合理、严谨的评判。另外，要科学地选取定性或定量的评估方法，以求立体客观地反映评估对象的效率与效果。

4. 效益性原则

效益性直观地体现出扶贫投入的效益，既定目标的实现程度，包括脱贫效果、贫困个体收入增加情况、生活质量改善情况、幸福指数提升情况等，以及在保证脱贫目标完成的前提下，以一定的投入实现最大的产出。

7.2　绩效评估模型的比较与选择分析

关于绩效评估的方法呈现出多样化、精细化的特点，依据评估手段的不同，可以分为定量评估和定性评估；结合评估依据可以将其分为客观评估和主观评估。基于评估对象与评估目的不同，评估模型的选择也不同。现将部分绩效评估方法做如下分析。

7.2.1　绩效评估模型的比较

1. 360 度绩效评估法

360 度绩效评估法（360-Degree Feedback）是基于企业组织结构与文化的变化，在组织管理过程中，克服自上而下单向绩效考核的缺点而产生的。20 世纪 90 年代，在西方跨国公司中得到了广泛推广。它主要是针对评估对象构建多元的评估主体，通过评估对象的上级、同级别同事、下属、顾客（评估对象服务的对象等）等与评估对象有关的主体分别站在自己的角度对其进行客观的评估，具体如图 7.1 所示。

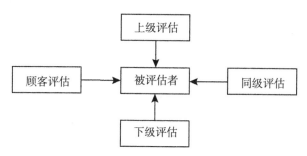

图 7.1   360 度绩效评估示意图

　　360 度绩效评估法的优点在于通过多方位、网络化的评估，收集到的信息较为全面客观，易于发现日常难于发现的问题。另外，由于组织内业务相关的主体在绩效评估时要相互评价，彼此间会形成制衡，对于组织内形成表面上的"和睦"起到润滑剂的功效，在一定程度上能够避免或减缓日常的摩擦与冲突，有利于团队建设。

　　同时，该方法的缺陷在于评估者匿名的信息反馈使被评估者无法确定反馈信息的真实性或者重要性。因为不同评估者工作的职责不同，其反馈问题的重要性也是不一样的。这会造成被评估者心理上的模糊认知，不利于自我纠偏。另外，为了获得好的评级，会致使一部分员工做"老好人"，将人际关系的维护置于工作业绩之前。

　　该种评估方法的运用与推广对于绩效评估的思想产生了一定的影响，评估考核体系上要考虑到不同评估主体的差异性，进而要考虑评估的维度与指标体系，重视多元立体的评估观念。

2. 关键绩效指标评估法

　　该评估法是指组织在运营过程中，将自身的战略目标逐层逐级进行分解，明确相应的部门和个人完成组织战略目标所承担的任务的关键绩效指标，在设定对各部门及个人的评估标准的同时，对相应的评估对象进行评估的过程。在实践过程中，关键绩效指标要尽量做到可量化或可行为化，并体现出对于组织的战略目标或短期目标的增值作用。同时,其又能够较好地体现出自上而下或自下而上的系统性与一致性,关键绩效指标的确定是双向充分交流沟通形成的,下级部门或个人关键绩效目标的实现是上级部门或个人关键绩效目标实现的基础。该评估法体现出了帕累托的二八原则,提炼、归纳能影响各级组织和个人80%业绩的20%的关键指标,从而构建绩效评估的指标体系。

该方法的优点在于组织内各部门及个人的关键绩效目标较为明确,有利于组织目标实现和个人利益形成一致,能够较好地推动组织战略在其下辖各级组织中执行。

该方法的不足在于工作职责变动较大、价值创造周期较长的目标难以进行评估。另外,指标评估标准的设定时,可能会基于关键绩效的可实现原则,人为地避免把目标设得过高或过低,而趋向于中间,从而损害战略目标的实现。另外,在刻意地追求关键绩效指标的过程中,容易将指标设的不足,不能够很好地支撑短期或战略目标的实现,同时在执行过程中致使相关评估对象忽视此关键绩效指标。

3. 平衡计分卡

Kaplan 和 Norton 在参与研究业绩处于领先的 12 家企业的基础上,于1992 年提出了平衡计分卡法(Balanced Score Card,BSC)。该种方法一经提出,在发达国家的政府与企业中迅速开始广泛运用。平衡计分卡主要是从财务、客户、内部业务流程以及学习与成长这四个维度将组织的战略目标转化为可执行、可操作的绩效评估指标,这四个维度利用关键业绩指标法构建绩效评估体系,具体如图 7.2 所示。

在具体实施过程中,需确定的是把组织的战略目标量化,并将其分解成为各个维度的不同指标。维度的选取非常关键,基于不同组织的差异性,维度的选取以及各指标权重的设定要有灵活性。财务维度体现在怎么为股东创造价值,具体指标有财务效益状况指标、资产运营状态指标、偿债指标和衡量成长性指标等。客户维度体现在顾客能够从组织获得什么价

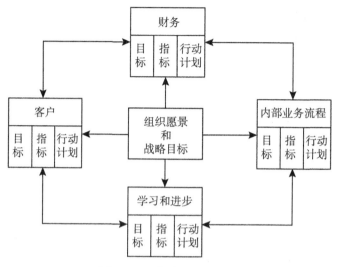

图 7.2　平衡计分卡示意图

值，具体指标有市场占有率、客户维持率、新客户开发率、顾客满意度等。内部业务流程维度体现在采取怎样的流程才能够实现设定的财务和顾客目标，具体指标是改进绩效的内部流程以及在决策制定上存在的问题。学习与成长维度主要围绕能够持续改进和创造组织价值，具体指标有新技术研发、新产品开发、员工生产率、员工满意度等。

　　平衡计分卡被《哈佛商业评论》称为"75 年来最伟大的管理工具"。它的优点在于克服了传统的评估过程中，财务指标仅能测评既往发生的相关事项，通过战略目标转化为相关评估维度而实现能够对未来投资进行评估，较好地体现出战略性的特征。另外，它对于组织内部衡量指标和外部衡量指标、成果衡量指标和动因衡量指标、短期衡量指标和长期衡量指标、组织内横向关系与纵向关系等起到了很好的平衡作用，兼顾到了各群体的利益，形成了多角度的激励制度，很大程度上提高了组织资源配置的能力与效率。

4. 模糊层次分析法

（1）模糊综合评价法。模糊数学理论是美国自动控制专家 L. A. Zadeh 于 1965 年在论文《模糊集合》中提出的，是基于模糊数学理论对于现实社会中的事物的不确定性进行定量评价，从而尽可能地得出客观、正确的评价。该理论是运用精确数学方法处理以前无法用数学描述的模糊现象，以解决复杂的系统问题。20 世纪 80 年代后期，在日本的过程控制、交通管理、医疗诊断、决策管理等诸多领域，取得了很好的实践效果，得到了理论界的认可。

模糊综合评价法最早是由我国学者汪培庄教授 20 世纪 80 年代初提出的，该方法是基于模糊集合论方法将涉及评价对象决策活动的人、事、物等进行多目标、多因素的评判。主要步骤包括确定评价对象的评价指标和评定等级，评价矩阵的构建，权重的确定，进行模糊合成和得出综合评价。

（2）层次分析法。20 世纪 70 年代，美国的运筹学家 T. L. Saaty 提出了层次分析法，用于分析现实生活中存在的多目标、多要素、多层次、多准则的非结构性复杂决策问题。具体如图 7.3 所示。

层次分析法的优点在于能够依据组织目标进行自上而下的系统分析，同时在定量信息较少的情况下，能够简单明快地进行决策，解决实际问题；其不足在于指标过多时统计任务大，权重确定较为困难，定性分析在层次排序时主观因素过大；另外，难以判断矩阵的一致性是否存在，且其判断标准 CR<0.1 的科学依据较为缺乏。

（3）模糊层次分析法。该方法是一些学者在保留层次分析法定性分析与定量分析相结合的优点的同时，解决层次分析法的缺陷，基本的思想和评估的步骤和层次分析法是一致的。区别在于 FAHP 是通过元素两两间对比构建模糊一致的判断矩阵，而 AHP 则是通过元素两两间的比较构建一致的判断矩阵；另外，各元素相对重要性的权重求设方法不同。

模糊层次分析法优于层次分析法之处在于其检验判断矩阵的一致性较

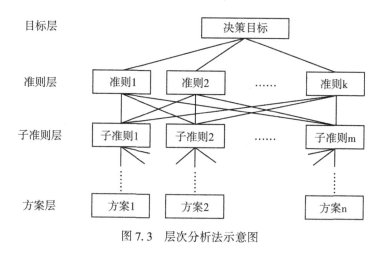

图 7.3 层次分析法示意图

为容易，且已执行的检验标准更为科学、准确，避免了层次分析法为使判断矩阵具有一致性而进行的多次调整、检验、再次调整、再次检验的繁琐程序。

5. 因子分析法

（1）因子分析法简介。因子分析法最早源于心理学家 C. Spearma 提出的双因素法，后经过众多统计学者的研究探析，提出了基于不同实践需求的因子分析的数学模型及计算方法。它是通过对表述事物的众多指标或因素进行分析，找出能够较好地反映事物的具有代表性的公共因子。通过针对反映研究对象特征的各种指标进行分类，将相关性较高的指标分为一类，同时每类变量间的相关性较低，每类变量均代表一个公共因子。

（2）因子分析法的基本数学模型。设研究对象为 P，且 P 可能存在具有相关关系的观测变量为 $X = (X_1, X_2, X_3, \cdots, X_p)$，其均值向量为 $E(X) = 0$，X_p 为原变量信息；设 $F = (F_1, F_2, F_3, \cdots, F_m)$ 为研究对象为 P 提取的新的因子变量信息，且 $m \leqslant p$，其均值向量 $E(F) = 0$。另外，X_i 含有特殊因子 ε_i（$i=1, 2, \cdots, p$）；$\varepsilon = (\varepsilon_1, \varepsilon_2, \varepsilon_3, \cdots, \varepsilon_p)$ 代

表的是从初始变量中提取的新因子变量所无法表达的剩余信息，也称之为残差信息。三者之间的线性函数关系表示如下：

$$\begin{cases} X_1 = a_{11}F_1 + a_{12}F_2 + \cdots + a_{1m}F_m + \varepsilon_1 \\ X_2 = a_{21}F_1 + a_{22}F_2 + \cdots + a_{2m}F_m + \varepsilon_2 \\ \qquad\qquad\qquad \vdots \\ X_p = a_{p1}F_1 + a_{p2}F_2 + \cdots + a_{pm}F_m + \varepsilon_p \end{cases} \qquad (7\text{-}1)$$

（3）因子分析法的步骤。因子分析法的步骤主要有：

1）按照所需研究问题确立数据和指标；

2）确定待分析数据是否适合进行因子变量分析；

3）根据原始数据计算出样本均值、方差，并进行相关计算对变量进行无纲化处理；

4）求出样本无纲化数据的相关矩阵、矩阵的特征值及特征向量，计算方差贡献率和累积方差贡献率，由累积方差贡献率确定因子个数；

5）对各个公共因子进行命名解释；

6）计算因子得分、综合分值，综合分值权数由因子的方差贡献率确定，按照综合分值对研究对象进行排序、分析。

（4）因子分析法的优点。因子分析法的优点在于能够有效地减少分析研究对象的观测变量的数量；能够将原始变量进行分类，提取相关性高的变量的共性因子，从而反映出原始变量与因子间的关系，在很大程度上确保了信息的完整度。避开了主观因素的干扰，得出的结果具有科学性、公平性、客观性；在基本上保证数据不丢失的情况下，降低了分析问题的难度，减少了人员工作量；不是对原有数据进行取舍，而是用公共因子的线性组合和特定因子之和来表达原数据，提取出来的公共因子，比原来的数据更加具有解释意义。

7.2.2　扶贫绩效评估方法的选择

基于上文的分析，针对不同的组织、不同的评估目的，绩效评估的方法各有优点与缺陷。结合本书的研究内容，针对微观个体——贫困户的扶贫工作的效果进行绩效评估，本书将定性与定量相结合，针对用数量关系较难评定的对象使用定性方法，能够使用定量方法进行描述分析的内容尽可能地使用数量关系进行表述。本部分主要是通过构建基于因子分析法的评估指标体系，以 A 市为例，运用因子分析法进行实证分析。

7.3　实证分析：基于因子分析法的扶贫绩效评估——以 A 市为例

7.3.1　构建扶贫绩效评估指标体系

针对贫困户的帮扶进行绩效评估的关键点在于选取合适的指标，并综合各方面因素建立较为科学合理的评估指标体系。指标选取的科学与否，能否较好地反映出扶贫开展的好与坏，对于能否立体多维地评估扶贫有着非常重要且直接的影响。所以要以贫困户为观测的中心点，围绕对其在贫困的测度、帮扶路径的选设、帮扶的有效性等方面选设维度以及各维度的指标，并达到其能够较为全面地对扶贫工作开展的全过程有较为直接且正确的评价，要考虑到能够为精准扶贫工作进一步开展在理论上和实践上给予有价值的参考与借鉴。

本书在借鉴前人研究成果的基础上，参照中共中央办公厅、国务院办公厅下发的《省级党委和政府扶贫开发工作成效考核办法》（厅字〔2016〕6 号）以及部分省份脱贫工作成效考核办法，同时结合了从事该领域研究的专家学者以及处在扶贫一线的驻村第一书记、市县扶贫办同志的意见和建议。重点从本书研究内容的实际出发，针对不同的组织或个体进行绩效评估的效率性和有效性构建指标体系，但是由于效率性和有效性是概念性的原则，需要将其转化为实际存在的可度量的指标。依据上文提出的扶贫绩效评估的原则与目的，通过对贫困个体精准测度、扶贫路径的实施从而让贫困个体脱贫，本书构建能够较好地反映上述扶贫活动的效果与有效性的指标体系，分为产出类指标、有效性指标、过程性指标。

1. 产出类指标

扶贫工作作为政府的民生工程，也是我国当前的政治任务，通过资金、技术、人力等投入，精准发力，在一定时间内确保贫困个体脱贫。通过精确锁定贫困户、贫困地区，实施靶向疗法，最终使贫困个体生活条件得到改善、生活质量得到提高。本书选取了具有一定的广度和深度的、能够较好地反映贫困个体贫困状况得到改善的指标，包括是否不愁吃、是否不愁穿、教育费用总支出、家庭总收入、日常生活的总支出、住房满意度这六项正向指标。

是否不愁吃主要是指贫困个体在生活中是否能够满足自身生活需要的饮食要求。是否不愁穿指贫困个体在生活中是否能够满足随着天气季节的变化所需的衣物。教育费用总支出包括贫困户所有家庭成员为了提高自身各方面素能所支付的费用。家庭的总收入包括种植业收入、果林经营性收入、其他农业收入、养殖业收入、其他家庭自营经营性收入、外出务工收入、财产净收入、转移性收入等。日常生活的总开支主要是指用于满足家庭成员生存生活所需的食品、食物等的支出。住房满意度是指贫困个体有效的居住面积、住房条件所构成的贫困个体的满意度。具体如表7-1所示。

表 7-1 　　　　　　　　　　**扶贫绩效评估指标汇总表**

状态层	指标层	代码	类型
产出类指标	是否不愁吃	X_1	正向指标
	是否不愁穿	X_2	正向指标
	恩格尔系数	X_3	正向指标
	医疗支出	X_4	逆向指标
	教育费用总支出	X_5	正向指标
	家庭总收入	X_6	正向指标
	住房满意度	X_7	正向指标
	是否承担得起一般医疗费用	X_8	逆向指标

状态层	指标层	代码	类型
过程性指标	民主评议落实、公示公告情况	X_9	正向指标
有效性指标	贫困户对帮扶责任人是否满意	X_{10}	正向指标
	贫困户对帮扶路径是否满意	X_{11}	正向指标

2. 过程性指标

在实施扶贫过程中，国家的政策方针、地方政府的要求能否落地生根，在各级层面特别是基层政府不打折扣地完成，对于这一过程的监管监控是否有效是扶贫绩效评估的重要内容。据此本书依旧从贫困个体的视角对村小组、村委会对于扶贫个体的测度、确定，以及扶贫资金的使用是否落实民主评议和公示公告等选择评估指标。民主评议落实情况体现了对于贫困人口测度的标准、程序执行，贫困人口退出的标准程序是否依照相关的规定办理。

3. 有效性指标

扶贫的客体是贫困个体，扶贫工作有效与否取决于贫困个体能否有效地脱贫。扶贫开发战略各级政府自上而下进行了部署安排，组织并动员了广泛的社会力量参与其中，并逐户选派帮扶责任人，责其成为扶贫的终端执行者。帮扶责任人能力的高低、对扶贫事业的忠诚度、资源的多寡一定程度上决定了帮扶实施的效果与效率。

贫困个体是否获得帮扶、帮扶措施和致贫原因是否匹配、帮扶措施的实施贫困个体是否真正参与进去、帮扶措施是否持久有效等，能够有效地反映出扶贫工作的真实效果。本书主要选取贫困个体对于扶贫工作责任人和帮扶路径的满意程度为指标进行评判。对帮扶工作是否满意包含了帮扶责任人对家庭的贫困状况的了解程度、到贫困户家庭的次数等具体工作内容的反馈。选取对帮扶是否满意这一指标，通过该指标让扶贫的主体——

贫困个体对围绕其进行的扶贫工作进行立体客观的评价。

这也是本书在研究过程中的一个创新点，在绩效评估过程中，充分体现出处于基层的贫困个体参与式的评估理念，将民众对于贫困个体的认定与脱贫作出的评判和回应纳入绩效评估的指标体系之内；在理论上构建贫困个体及民众表达权利的途径，实现服务型政府的执政理念，充分体现出以人为本，维护好贫困个体自身的利益与诉求，从而有利于通过评估发现政策执行与实施过程中存在的偏差，更好地实现评估的目的。

4. 扶贫绩效评估指标的汇总

结合前文分析，本部分的研究共选取了涉及扶贫的产出类指标、过程性指标和有效性指标三类共 11 个指标，如表 7-1 所示。

从表 7-1 可以看出，11 个指标除了医疗支出和是否承担得起一般医疗费用，其他均为正向指标。其中教育费用支出包括家庭子女上学的各种费用，以及家庭其他成员为了提高就业能力参加的各种教育培训所需的费用，该项费用越高，在一定程度上说明该家庭的生计能力提高的可能性越高，对于其内生动力的增强有着显著的作用。

7.3.2 数据来源与数据整理

1. 数据来源

本章分析使用的数据来自 2016 年 7 月 A 市精准扶贫第三方评估工作采集的数据，和第四章所用数据来源一样，不再详述。

2. 数据整理

针对调查问卷所收集到的数据，首先逐项逐条进行归类整理，做好上文选取指标的汇总统计工作，将结果统计汇总。

由于本书选取的指标有正向指标和逆向指标，正向指标意味着该项指标的取值越大，其传递出的绩效水平越好；逆向指标则相反。

在运用因子分析法对调研的数据进行分析之前，依据因子分析法的原理对选取的变量的原始数据进行处理，使正向指标和逆向指标二者之间具有可比性，从而保证分析研究的可行性与客观性。

本书所选的逆向指标进行处理的公式是：

$$X_i' = \frac{1}{X_i} \tag{7-2}$$

即对医疗支出和是否承担得起一般医疗费用这两项指标进行导数化处理。

其次，由于选取的指标表示单位和数量级存在较大差异，相互之间缺乏可比性，所以需要对原始数据进行无量纲化处理，以消除量纲的影响。本书运用的方法是进行标准化处理，即对每个变量进行压缩处理，使其方差均为 1。另外，本部分进行数据统计和分析所运用的软件为 SPSS. 24. 0。

7.3.3 数据的检验

针对整理好的数据，运用 KMO 测度（Kaiser-Meyer-Ol kinmeasure of sampling adequacy）和巴特利特球体检验来判断样本数据是否适合做因子分析。

KMO 测度变量间的相关系数以及偏相关系数的大小，KMO 的值越大，说明变量之间的相关性越强，越适合做因子分析。Kaiser（1974）关于 KMO 的值的大小所反映的做 KMO 测度效果的论断如表 7-2 所示。

表 7-2　　　　　　　　　**KMO 取值做测度的效果说明表**

KMO 取值	做测度的效果
0. 00~0. 49	不能被接受
0. 50~0. 59	非常差
0. 60~0. 69	能够勉强接受
0. 80~0. 89	比较好，可以接受
0. 90~1. 00	非常好

巴特利特球体检验也是检验变量之间相关性程度的一种方法，该方法零假设的相关系数矩阵实际上是单位矩阵。巴特利特球形检验则是对相关系数矩阵的行列式进行测算，求出统计量。如果得出的统计量比较大，并且相应的概率值小于之前所设定的显著性水平，这时就应该拒绝零假设。这时可以判定其相关系数并不是单位矩阵。同时，充分说明了原始变量相互间是具有相关性的，可以用因子分析法进行分析。反之则不然。

KMO 测度和巴特利特球体检验结果如表 7-3 所示。

表 7-3   **KMO 和巴特利特检验结果**

KMO 取样适切性量数		0.614
巴特利特球形度检验	近似卡方	106.827
	自由度	55
	显著性	0.000

由表 7-3 可知，针对上文选取变量指标进行检验，KMO 测度结果为0.614，该值处于 0.60 和 0.69 之间，根据 Kaiser 的判定，能够做因子分析。另外，巴特利特球体检验近似卡方观测值为 106.827，显著性为0.000，近似为零，各变量之间的相关性显著，可以做因子分析。

7.3.4 提取因子

本书运用主成分分析法进行因子提取，使用的软件为 SPSS 24.0，根据特征值大于 1 的要求提取因子。选取变量因子分析的初始解如表 7-4 所示。

表 7-4   **公因子方差**

	初始	提取
Zscore（家庭总收入（元））	1.000	0.823
Zscore（教育费用总支出（元））	1.000	0.941

续表

	初始	提取
Zscore（医疗支出）	1.000	0.769
Zscore（住房满意度）	1.000	0.698
Zscore（恩格尔系数）	1.000	0.874
Zscore（是否不愁吃）	1.000	0.757
Zscore（是否不愁穿）	1.000	0.574
Zscore（是否负担得起一般医疗费用）	1.000	0.897
Zscore（对帮扶责任人是否满意）	1.000	0.920
Zscore（对帮扶路径是否满意）	1.000	0.932
Zscore（民主评议落实、公示公告情况）	1.000	0.668

提取方法：主成分分析法。

通过表 7-4 可以看出，11 项指标中共同度均大于 0.8 的有 6 项，0.6~0.8 的有 4 项，是否不愁穿指标的提取度为 0.574，说明原始变量方差中能被共同因子解释的部分较大，原始变量的共同度比较高，原始变量的信息能够较多地被保留。

表 7-5 为扶贫绩效评估的总方差分解表，是运用主成分分析法提取出的公共因子，该表的第一列是因子的编号，第二列、第三列、第四列分别代表变量的特征值、各成分方差百分比以及其累计贡献率。该表是通过 SPSS.24.0 测算出的变量的特征值、各成分方差百分比以及其累计贡献率。通过表 7-5 可以看出，主成分 1 的特征值为 5.029，说明该因子是对扶贫绩效评估影响最大的主成分；主成分 2 的特征值是 2.581，其是与主成分 1 不相关的且对扶贫绩效评估影响处于第 2 重要的；主成分 3 的特征值是 1.244，其对扶贫绩效评估的重要性位居第 3，且和主成分 1、主成分 2 均不相关；以此类推。

表 7-5   总方差解释

成分	初始特征值			提取载荷平方和			旋转载荷平方和	旋转载荷平方和	
	总计	方差百分比	累计（%）	总计	方差百分比	累计（%）	总计	方差百分比	累计（%）
1	5.029	45.721	45.721	5.029	45.721	45.721	4.302	39.11	39.11
2	2.581	23.464	69.185	2.581	23.464	69.185	2.86	25.998	65.108
3	1.244	11.306	80.491	1.244	11.306	80.491	1.692	15.383	80.491
4	0.855	7.773	88.264						
5	0.519	4.714	92.977						
6	0.3	2.731	95.709						
7	0.165	1.496	97.205						
8	0.158	1.433	98.638						
9	0.085	0.777	99.415						
10	0.05	0.451	99.866						
11	0.015	0.134	100						

后几列为通过使用方差最大旋转法得到的因子提取结果，方差的贡献率得到了重新分配，但是累计的方差贡献率保持不变。第 1 个因子的方差由 45.721%变为 39.11%，其占比依旧较高，位居 3 个因子第 1 位，其解释原始变量的能力也最强；第 2 个因子的方差由 23.464%提高至 25.998%，解释原始变量的能力略有提高；第 3 个因子的方差由 11.306%增至 15.383%，解释原始变量的能力稍有提高。

其中特征值大于 1 的因子有 3 个，并且该 3 个因子的累积贡献率达到了 80.491%，说明所有原始变量的信息能够被这 3 个因子较好地代表，所以提取的公因子数量为 3 个。

图 7.4 为依据上文测算得出的扶贫主成分特征值的碎石图，通过图 7.4 可以看出，前 3 个主成分特征值所形成的折线的斜率较大，而后面的

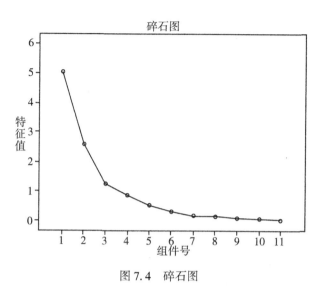

图 7.4 碎石图

所构成的折线较为平缓，斜率较低。充分说明对原始变量能够很好地给予解释的是解释贡献率较大的前 3 个因子，其余的 8 个因子解释贡献率较低。起到很好的降维作用，进而在下一阶段研究分析时提取前 3 个因子即是比较适合的。

7.3.5 因子的识别与命名

通过测算得出因子成分矩阵，显示出提取到的 3 个因子作为扶贫绩效评估测定的描述性参数，过滤掉了不必要的描述信息，在不删除原始变量信息的基础上起到降维作用，为接下来的绩效评估可度量性研究打下良好基础。

提取出的每一个公共因子都是由各个变量构成的线性组合，而表 7-6 中所表述的荷载系数表明了公共因子与原始变量之间的关系，但是从中很难明显看出某一变量对各公共因子的相关性。例如教育费用总支出指标与因子 1、因子 2 都具有较高的相关性，哪一个相关性更强区别不是很明显；住房满意度指标因子 1、因子 2 的相关性和差异性不大；对帮扶责任人是否满意指标与因子 1、因子 2、因子 3 都具有一定的相关性。基于此，运用 SPSS. 24.0 软件中的凯撒正态化最大方差法进行旋转，使系数在 1 和 0 之间进行两极分化。通过旋转，在找到公共因子的基础之上，明晰每个公共因子的实际含义，使每个公共因子所荷载的 11 项指标呈现出明显的分化。旋转得到的结果如表 7-7 所示。

表 7-6 　　　　　　　　　　　　　成 分 矩 阵 a

	成　　分		
	1	2	3
Zscore（恩格尔系数）	0.924	−0.072	−0.125
Zscore（是否负担得起一般医疗费用）	0.842	0.349	0.257
Zscore（家庭总收入（元））	0.825	−0.348	0.145
Zscore（民主评议落实、公示公告情况）	0.722	0.381	−0.038
Zscore（是否不愁吃）	0.703	−0.382	0.341
Zscore（是否不愁穿）	0.702		0.284
Zscore（教育费用总支出（元））	0.648	−0.564	−0.450
Zscore（住房满意度）	0.617	−0.557	−0.088
Zscore（对帮扶路径是否满意）	0.393	0.820	−0.323
Zscore（对帮扶责任人是否满意）	0.536	0.615	−0.504
Zscore（医疗支出）	0.180	0.603	0.611

提取方法：主成分分析法。a. 提取了 3 个成分。

表 7-7 　　　　　　　　　　　　旋转后的成分矩阵 a

	成　　分		
	1	2	3
Zscore（家庭总收入（元））	0.897	0.091	−0.098
Zscore（是否不愁吃）	0.864	−0.091	0.045
Zscore（恩格尔系数）	0.792	0.470	−0.161

续表

	成　　分		
	1	2	3
Zscore（住房满意度）	0.729	-0.047	-0.405
Zscore（是否不愁穿）	0.694	0.210	0.220
Zscore（是否负担得起一般医疗费用）	0.670	0.540	0.395
Zscore（对帮扶责任人是否满意）	0.069	0.954	-0.065
Zscore（对帮扶路径是否满意）	-0.081	0.940	0.204
Zscore（民主评议落实、公示公告情况）	0.464	0.650	0.176
Zscore（医疗支 2）	0.101	0.217	0.844
Zscore（教育费用总支出（元））	0.551	0.143	-0.705

提取方法：主成分分析法。旋转方法：凯撒正态化最大方差法。a. 旋转在 5 次迭代后已收敛。

通过表 7-7 可以看出，旋转后公共因子与原始变量之前的负荷系数两极分化非常明显，并且每一个原始变量只和一个因子相关。当前需要依据与公共因子相关的相应的原始变量对公共因子进行命名，归纳出能够代表该部分原始变量的名称。

从表 7-7 可以看出，第 1 主因子与变量 X_1、X_2、X_3、X_6、X_7、X_8 高度正相关，对这 6 项指标荷载量比较大。这六项指标分别是是否不愁吃、是否不愁穿、恩格尔系数、家庭总收入、住房满意度、是否承担得起一般医疗费用，主要反映了贫困个体在基本生活条件的保障，其中三项指标分别反映了穿衣、吃饭和居住等基本问题，这三项指标的改善程度充分展现了一个地区扶贫的好坏；家庭总收入则反映出对于贫困个体经济收入的改善程度，是否通过扶贫路径的实施促使贫困个体在一定时期内收入的增长。恩格尔系数则能很好地反映出贫困个体为了维持生活所需的费用支出占个人消费总支出的比重。是否承担得起一般医疗费用能够比较好地反映出贫困个体应对日常生活中的一般性疾病的能力。因此将第 1 主因子命名为生活境况，用其来很好地反映贫困个体生存生活条件的改善程度。

第 2 主因子对变量 X_9、X_{10}、X_{11} 正相关程度较高，X_9、X_{10}、X_{11} 分别指民主评议落实、公示公告情况，贫困个体对于帮扶责任人是否满意，贫困个体对现有的扶贫路径是否满意。它主要是从贫困个体对扶贫工作的满意程度进行主观评判，贫困个体的认定、扶贫工作的开展是否按照规定的程序进行；帮扶责任人作为政府和社会力量扶贫的终端执行者，其是否很好地履行自己的职责与义务，协同基层党组织对贫困个体的致贫原因进行准确识别和测度，并结合上级投入的资源为贫困个体选设适宜的扶贫路径，并对扶贫路径的实施进行有效的监控与纠偏。扶贫工作的满意，是党和人民政府的满意，也是贫困个体的满意。所以选取该三项指标评估扶贫工作，并将其公因子命名为贫困个体对扶贫满意度。

第 3 主因子对变量 X_4、X_5 的荷载较大，X_4、X_5 分别指医疗疾病总支出和教育费用总支出。该因子的方差贡献率是三个公共因子中最低的。这两项指标能够较好地反映出贫困个体基本的身体状况，从事劳动生产的基本能力，以及家庭的损耗性开支。贫困家庭归根结底也是能力的贫困，脱贫归根结底取决于能力的提高，而能力的提高主要依靠学习来完成，家庭的学龄子女必须通过在学校接受良好的教育成长起来，成为综合型的人才，为走向社会打下坚实的基础；家庭中的具有劳动能力的其他成员主要依靠于参加各种技能培训来提高自身的就业能力，拓宽自己的就业渠道，提供与快速发展的经济社会接轨的能力，而教育费用总支出能够很好地反映出贫困家庭为了提高其摆脱贫困和走向富裕的能力而进行的投资。医疗疾病总支出能够较好地反映出为了治愈有劳动能力的贫困个体进行的投资，同时为了使缺乏劳动能力的老年人摆脱疾病，以在未来减少自身家庭的损耗性支出。这两项指标能够很好地反映出贫困个体或家庭未来的可持续发展能力的强弱状况，进而把这项因子命名为可持续发展能力。

3 个公因子命名情况见表 7-8。

表 7-8   公因子命名一览表

变量	第 1 主因子	第 2 主因子	第 3 主因子
因子命名	生活境况	贫困个体对扶贫满意度	可持续发展能力
包含的指标	X_1、X_2、X_3、X_6、X_7、X_8	X_9、X_{10}、X_{11}	X_4、X_5

总之，三个公因子对所有原始变量的累计方差贡献率达到了 80.491%，余下的 19%可以归结为其他难以控制的变量造成的影响。说明贫困个体生活境况在扶贫绩效评估中占有较大的权重；贫困个体对扶贫工作的满意度所占比例比较高；贫困个体能力的提高也是绩效评估中重要的组成部分，将其归入贫困个体的可持续发展能力。

7.3.6　因子得分

本书运用凯撒正态化最大方差法得到旋转后的因子成分得分系数矩阵，具体如表 7-9 所示。

表 7-9   成分得分系数矩阵

因子	主 成 分		
	1	2	3
Zscore（家庭总收入（元））	0.231	−0.072	0.014
Zscore（教育费用总支出（元））	0.090	0.087	−0.424
Zscore（医疗支出）	0.086	−0.059	0.535
Zscore（住房满意度）	0.171	−0.058	−0.185
Zscore（恩格尔系数）	0.140	0.121	−0.101
Zscore（是否不愁吃）	0.263	−0.172	0.136
Zscore（是否不愁穿）	0.190	−0.043	0.184
Zscore（是否负担得起一般医疗费用）	0.154	0.078	0.243
Zscore（对帮扶责任人是否满意）	−0.124	0.423	−0.195

因子	主 成 分		
	1	2	3
Zscore（对帮扶路径是否满意）	−0.136	0.394	−0.029
Zscore（民主评议落实、公示公告情况）	0.057	0.192	0.058

提取方法：主成分分析法。旋转方法：凯撒正态化最大方差法。

设 F_1、F_2、F_3 依次代表上文提到的第 1 个公因子、第 2 个公因子和第 3 个公因子，依据成分得分系数矩阵表 7-9 可以得出 3 个公因子的计算模型为：

$$F_1 = 0.263X_1 + 0.19X_2 + 0.14X_3 + 0.086X_4 + 0.09X_5 + 0.231X_6 + 0.171X_7 +$$
$$0.154X_8 + 0.057X_9 - 0.124X_{10} - 0.136X_{11} \tag{7-3}$$

$$F_2 = -0.172X_1 - 0.043X_2 + 0.121X_3 - 0.059X_4 + 0.087X_5 - 0.072X_6 -$$
$$0.058X_7 + 0.078X_8 + 0.192X_9 + 0.423X_{10} + 0.394X_{11} \tag{7-4}$$

$$F_3 = 0.136X_1 + 0.184X_2 - 0.101X_3 + 0.535X_4 - 0.424X_5 + 0.014X_6 -$$
$$0.185X_7 + 0.243X_8 + 0.058X_9 - 0.195X_{10} - 0.029X_{11} \tag{7-5}$$

为了更好地测算出每个县区在各公因子上的扶贫绩效，将经过标准化处理之后的原始数据代入上述公因子计算模型，计算出各县区在每个公因子上的得分排名如表 7-10 所示。

表 7-10　　　　　　　各县区公因子得分排名

	因子1得分	单项排名	因子2得分	单项排名	因子3得分	单项排名
Ah 县	1.42856	1	−0.18348	9	0.37974	6
Aa 区	1.40525	2	0.33161	7	−0.26298	9
An 区	1.32293	3	0.69674	4	−0.32347	10
Ak 区	1.01132	4	0.61133	5	−0.25121	8
Al 县	0.37768	5	−0.19277	10	−1.36405	13
Am 县	0.18184	6	−2.1449	14	0.71463	3

	因子 1 得分	单项排名	因子 2 得分	单项排名	因子 3 得分	单项排名
Ad 县	0.05244	7	0.60354	6	0.62265	4
Ae 县	−0.22473	8	−0.91835	12	1.65618	1
Ai 县	−0.46469	9	−0.22374	11	0.14113	7
Ag 县	−0.62885	10	−0.08104	8	−0.48501	11
Af 县	−0.7473	11	1.46128	1	1.45779	2
Aj 县	−1.01325	12	−1.61106	13	−1.13597	12
Ac 县	−1.0881	13	0.85443	2	−1.75488	14
Ab 区	−1.61311	14	0.7964	3	0.60546	5

1. 单项公因子得分排名分析

（1）生活境况因子得分排名分析。从表 7-10 可以看出，在该因子得分中，Ah 县、Aa 区、An 区得分相对其他县区来说比较高，分别为 1.42856、1.40525、1.32293；其次是 Ak 区，得分为 1.01132，排名第三的 An 区高出排名第 4 的 Ak 区 0.31161。总体来说，该 4 个县区通过前期的扶贫工作，贫困个体的生活境况较其他县区来说比较好。另外，在该方面做得较好还有 Al 县、Am 县和 Ad 县，得分分别为 0.37768、0.18184、0.05244。其他县区得分均为负值。得分最低的三个县区分别是 Aj 县、Ac 县和 Ab 区，得分分别为−1.01325、−1.0881、−1.61311。

通过该公因子的得分，各县区可以对于本地区扶贫工作中的该项维度进行反思与总结，查找工作中存在的漏洞与不足，在政策制定、资金投入、人力物力配备上，要向该类指标倾斜，以求在较短的时间之内使贫困人群的生活境况有较大程度的改善与提高。

（2）扶贫个体满意度因子得分排名分析。从表 7-10 可以看出，在该因子得分中，Af 县排在第一位，得分为 1.46128，高出排名第二的 Ac 县 0.60685；Ab 区排名第三位，得分为 0.7964。说明在所有县区中间，无论是帮扶责任人履行职责情况，还是扶贫路径的实施，该三个县区的贫困人群对扶贫工作满意度较高。其次，An 区、Ak 区、Ad 县得分也比较高，分别为 0.69674、0.61133、0.60354。另外，排名比较靠后的三个县是 Ae 县、Aj 县、Am 县，得分均为负值，分别为-0.91835、-1.61106、-2.1449。排名情况在很大程度上能够说明该地区贫困人口对于本地区结合自身进行的扶贫工作开展情况的满意程度的高低。

贫困个体对于扶贫工作满意度的高低尽管是主观评判，但是其涵盖的综合因素较多，诸如对自身贫困原因的认定、其他贫困人口的认定、帮扶的态度、帮扶的尽责情况、扶贫路径的有效性、自身脱贫的效果等。所以该项因素一定要引起各部门的重视，通过该因子的评估，查找自身存在的问题与不足，并进行改进。

（3）可持续发展能力因子得分排名分析。从表 7-10 可以看出，在该因子得分中，Ae 县和 Af 县排名为第一和第二，得分较高，得分分别为 1.65618、1.45779；从长远来看，该两个县贫困人口的脱贫能力与脱贫动力较强，贫困人口的整体内生动力较强，在短期内的可持续发展能力较强。Am 县、Ad 县、Ab 区得分相对较高，分别为 0.71463、0.62265、0.60546，该三个县区的贫困人口的可持续发展能力相对来说比较强。其他县区该因子得分较差，最差的三个县为 Aj 县、Al 县、Ac 县，得分分别为-1.13597、-1.36405、-1.75488，与 Ae 县、Af 县等得分较高的县区相比差距较大。这在一定程度上说明该地区贫困人口在扶贫过程中可持续发展能力的提高较为缓慢，这就制约其短期内摆脱贫困的速度和效率；另外，即使在短期之内按照相关标准摆脱了贫困，但是其持续增收的能力比较弱，返贫的可能性较其他县区高。

充分说明，各县区之间贫困人口的可持续发展能力存在较大的差异性。

2. 公因子得分横向比较

该部分的比较以公因子得分的正负作为衡量标准。从表 7-10 可以看出，在三个公因子得分之中，全部为正值的只有 Ad 县，说明该县的扶贫工作在这几项指标上是全面有效开展，并且均取得了较好的效果。得分为两个正值的有 Ah 县、Aa 区、An 区、Ak 区、Am 县、Ab 区，该顺序没有先后排名，说明该 6 个县区在某两个公因子上扶贫效果是较好的，但是都在某一个因子上存在较大的改进和提升空间，是需要今后改变和努力的工作方向。得分只有一个正值的是 Al 县、Ae 县、Ai 县、Ac 县，说明该 4 个县均有两个公因子的扶贫绩效处于较差状态。三个公因子得分全部为负值的有 Ag 县和 Aj 县，说明这两个县在本书设定的扶贫绩效评估的各项指标上工作成效不明显，扶贫工作整体绩效较差。

各县区可以根据自身各公因子得分的正负情况，找出自己的弱项，以进一步明确改进方向，力求在扶贫工作全面开展的同时均取得良好的绩效。

3. 各县区扶贫绩效评估综合得分

运用上述计算模型可以得出各县区在各个因子上的得分，但是不能综合得出各县区整体扶贫绩效评估的结果。为了进一步测算出该结果，对各县区的综合扶贫工作进行比较与评价，需要计算出各公因子的综合得分 F，计算办法为各公因子得分相应的权重进行加总，各公因子的权重为提取公因子时的方差百分比，运用这种办法设置权重是较为客观的。同时，将 3 个公因子的累计贡献率 80.491% 设定为 1，进而测算出第 1 公因子、第 2 公因子、第 3 公因子的权重分别为 0.4859、0.3230、0.1911。依据此，得出各县区扶贫绩效评估综合得分计算函数为：

$$F = 0.4859F_1 + 0.323F_2 + 0.1911F_3 \qquad (7\text{-}6)$$

通过测算，得出各县区扶贫绩效评估结果如表 7-11 所示，通过该表可以看出各县区的综合排名情况。

通过表 7-11 可以看出，排在前四位的是 An 区、Aa 区、Ah 县和 Ak 区，得分分别为 0.806044、0.739666、0.707442、0.640854，其次是 Af 县和 Ad 县，得分均为正值，分别为 0.387464、0.339412，其他县区得分均为负值。排在后两位的是 Aj 县和 Ac 县，得分为 -0.58808、-1.22979。

表 7-11 各县区综合得分及排名

	综合得分	综合排名
An 区	0.806044	1
Aa 区	0.739666	2
Ah 县	0.707442	3
Ak 区	0.640854	4
Af 县	0.387464	5
Ad 县	0.339412	6
Ae 县	−0.08933	7
Al 县	−0.13942	8
Ai 县	−0.27109	9
Ab 区	−0.41087	10
Ag 县	−0.42442	11
Am 县	−0.46788	12
Ac 县	−0.58808	13
Aj 县	−1.22979	14

综上所述，各县区均要正视评估结果，结合自身的实际情况，以改善贫困个体的生活境况为基础，注重培养有劳动能力人群的可持续发展能力。从细微处着手，方方面面做好贫困人口的帮扶工作，设身处地急贫困群众之所急，想贫困群众之所想，帮扶责任人尤其要在工作方式上适合于农村贫困群体，工作方法上注重拉近与贫困人口心理上的距离，扫除阻碍贫困个体成长、发展、脱贫、致富的障碍，不让一个掉队，实现本地区既定的脱贫目标，最大程度上保证脱贫不返贫。

同时需要说明的是，通过因子分析法对各个县区的扶贫工作进行绩效评估，得出的相应指标的排名以及综合得分的排名，并不能够全面地界定各县区的扶贫工作效果与效率，但是在一定程度上可以反映出各县区在相应指标上的扶贫效果与效率，能够帮助其厘清前期工作中存在的薄弱环节，得分靠后的因子是今后需要努力的方向，排名靠前的县区是值得其他县区学习和借鉴的样本。基于研究方法和视角的不同，上述研究分析只能作为各县区扶贫工作绩效的一项重要参考；同时，验证了本书构建的指标体系的合理性与有效性，检验了运用因子分析法对扶贫进行绩效评估是科学和正确的。

7.3.7 实证分析结论

结合上文研究分析，本部分得出如下结论：

（1）本章所构建的扶贫绩效评估指标体系是科学的，具有较强的适用性。运用因子分析法对其进行绩效评估是可行的，这为今后的相关研究提供了理论依据和方法借鉴。

（2）针对本部分研究评估的内容，得出了各县区扶贫绩效评估的结果，并对其进行了比较分析。该结果对于各县区今后的扶贫工作有很好的指导作用。

（3）各县区在扶贫工作开展过程中，必须重视对贫困个体生活境况的改善；在此基础之上，提高贫困家庭有劳动能力人群的可持续发展能力；同时，要切实提高贫困人群对扶贫工作的满意程度；三者是相辅相成、缺一不可的。

8 结论、对策建议与展望

前文笔者运用共同富裕理论、收入再分配理论、路径理论及绩效评估理论对反贫困研究中的贫困测度、扶贫路径、扶贫绩效评估等内容进行系统的研究分析。在对我国贫困状况进行纵向回顾的基础上，构建了贫困多维测度指标体系、贫困多维测度和他人主观评价差异性分析指标体系、绩效评估指标体系，并运用 A 市精准扶贫第三方评估的数据资料分别进行实证检验；其间，针对各种贫困人群的致贫原因构建了较为适合的扶贫路径。本章在前文研究分析基础之上，对本书的研究进行总结，得出结论的同时，结合我国国情，在宏观方面提出一些对策建议，并厘清研究的不足之处及下一步努力的方向。

8.1 基 本 结 论

基于以上章节对于扶贫工作涉及的贫困测度、扶贫路径及扶贫绩效评估系统的分析，本书得出如下研究结论：

8.1.1 理论方面得出的结论

通过上文的研究分析，在扶贫理论及具体研究方法上得出了一些结论。

（1）贫困的测度、帮扶路径的选设以及扶贫绩效评估三者是一个有机的系统，各自看似相对独立，实则三者通过自身的信息传递和扶贫主体与客体的自然活动构筑为一个整体，形成相互依赖和前后制约的关系。研究反贫困工作，必然也触碰到这三个方面，在此基础上，对此有了更加清晰的认识。

（2）基于贫困的多维测度，构建了改进的 A-F 模型的贫困测度指标体系。从健康、教育、生活条件、就业、收入这 5 个维度筛选了 15 项指标，该指标体系在延续传统的健康、教育、生活条件维度的基础上，增加了对贫困个体内生动力与可持续发展能力测度的就业和收入两个维度。

同时，在继承传统临界值 k 取 0.3 的研究方法的基础上，针对以贫困人群为研究样本的多维测度，提出了维度等权下临界值 k 取 0.5 时进行研究分析是较为适合的观点。

（3）验证了多项 probit 模型和 OLS 回归对多维测度结果和他人主观评价的差异性分析的适用性和有效性。论证了所构建的涵盖户主的个人特征、家庭基本特征和家庭经济收支情况这 3 个维度的指标体系的科学性。

（4）验证了所构建的基于因子分析法的扶贫绩效评估指标体系的准确性和科学性。

8.1.2　实证分析得出的结论

通过实证分析，得出了一系列有助于解决现实问题的结论。

（1）本书通过运用改进的 A-F 模型对 A 市及各县区的贫困进行实证分析，验证了构建的多维贫困测度指标体系是较为合理的，有很好的适用性。得出 A 市及各县区的多维贫困发生率和多维贫困指数，同时得出了各指标的单维贫困发生率及贡献率。A 市及各县区的具体情况，第四章已作详细阐述分析，在此不再赘述。

该结果能够厘清各县区在各维度各指标上的贫困状况，对于 A 市及各县区下一阶段的扶贫工作有着重要且很好的针对性和导向性。

（2）通过运用多项 Probit 模型和 OLS 模型对 A 市多维测度结果和他人主观评价的差异性实证分析，得出受教育程度、就业技能和劳动者数量占比等变量对于家庭贫困状况改善有正向促进作用等结论。在第五章结论中已作详细阐述，此处不再赘述。

该实证分析得出的结论为贫困个体的精准帮扶提供了很好的依据，为扶贫路径的选设与实施找准了发力点，通过帮扶，使贫困家庭的相关变量发生正向显著变化，从而增强贫困个体的脱贫能力和可持续发展能力。

（3）针对不同的贫困人群，本书从多维贫困的视角构建了各种适宜的扶贫路径，包括特色产业扶贫路径、健康扶贫、教育扶贫、易地搬迁、政府兜底等。该路径对于现实中扶贫主体对贫困人群的帮扶有着很好的借鉴意义，扶贫主体在一定程度上可以按图索骥，从而使贫困人群尽快摆脱贫困，过上富裕的美好生活。

（4）通过运用因子分析法对 A 市各县区进行扶贫绩效评估，得出了各县区在生活境况、贫困个体对扶贫的满意度和贫困个体的可持续发展能力三个公因子的得分排名，以及各地区扶贫绩效综合得分排名。该排名有助于各县区认清自身扶贫工作的薄弱环节以及在各县区中间的位置，为下一步的扶贫工作的部署安排、资源调配有着很好的导向作用。

8.2 对策建议

在前文的分析过程中，针对贫困的多维测度、贫困的多维测度和他人主观评价的差异性分析过程中均提出了一些具体的对策建议，本部分从宏观角度就研究分析提出对策建议如下。

8.2.1 如何更好地做好个体的贫困测度

1. 进一步厘清贫困的概念是继续做好扶贫工作的基础

2020 年，我国实现了现行标准下的农村贫困人口全部脱贫，但是不意味着贫困会消失。基于相对贫困的概念，新标准下的贫困人群依旧会存在。基于事物的可变性，脱贫人口会出现返贫的问题，当前不贫困的人群会因为天灾人祸等原因陷入贫困状态，新的贫困人群会出现。如何界定清楚新时期的贫困概念，对于下一阶段反贫困有着重要意义。所以，对贫困的问题，在今后对其依旧要有清醒、准确且科学的认识，依据贫困状况的变化把准方向，继续做好新形势下的扶贫工作。

2. 收入贫困标准要实行动态调整，体现出地区的差异性

贫困分为绝对贫困和相对贫困，国家和政府每年需要依据国家经济实力、物价增长水平和通货膨胀速度等因素，制定符合我国国情的贫困线，并不断上调。各地区依据本地区经济发展水平和物价消费水平，在国家贫困线的基础上适当上浮贫困线，以确保我国农村贫困人群在所生活的地区真正过上小康生活，加大步伐追赶美好生活。

3. 运用科学可行的方法做好贫困测度

基于与时俱进的贫困概念基础上，如何做好贫困个体的识别与测度，有着重要的现实意义和理论价值，继续采取科学的方法做好新形势下的贫困个体的测度工作。

贫困个体的认定不能唯收入，要制定多维的贫困标准，可运用改进的 A-F 模型进行多维贫困测度，进行立体识别和综合评判，找出导致贫困个体贫困的综合原因。运用 A-F 模型进行多维贫困测度属于客观的评判，测定结果的准确性主要取决于数据收集的真实程度以及各指标贫困标准制定的高低。基于此，在进行贫困测度时引入对于调研对象非常熟悉的人群的评测意见，即要引入他人的主观评定意见。坚持客观测度为主，主观评定为辅。可以将主观评判作为多维测度指标体系中的一部分，予以适当权重。对于客观测度与主观评定存在差异的人群，要进行家庭状况再排查，防止数据采集不翔实、不真实导致的贫困人群溢出；同时，对主观评价人群的再扩大，防止出现"人情""关系"等负向因素妨碍精准的评判。

8.2.2 如何做好扶贫路径的选设与实施

1. 各地区立足于本地区的贫困状况，制定切实可行的扶贫方针和政策

通过整合国家资源、地方资源和社会资源，包括各级政府在内的扶贫主体，依据本地区的多维贫困状况，在宏观层面科学制定扶贫政策与措施，合理分配人力、物力、财力；在微观层面精准识别贫困个体，因人而异选设扶贫路径，进行靶向治疗，切实解决贫困个体短期脱贫和长期内生动力的增强的问题，解决贫困个体的基础生产生活条件的问题。

2. 保持经济快速发展，以提供与经济体量相当的就业岗位

就业岗位多寡是由一个国家的发展程度决定的，它是一个经济问题。通过规避化解政治风险与金融风险，妥善解决在发展过程中遇到的国际纠纷与矛盾，以确保我国经济在当前的全球经济形势下能够继续通过调整产业结构、进行转型升级、实现科技创新、做大做强实体经济。保持我国经济持续平稳健康高质量发展，加快建设现代化经济体系，其必然能够在客观上给贫困人口提供相应的就业机会，并能够通过涓滴效应和适当的分配机制，有效保障和阻止脱贫人口返贫和其他人口陷入贫困的境地。

3. 促进贫困地区经济增长，摆脱地区贫困

在供给侧结构性改革、经济结构调整、互联网经济、分享经济、"一带一路"等宏观经济改革布局的形势下，贫困地区要进一步认清自我、研判形势、科学定位，挖掘自身相对优势，发挥好政府的主导作用和市场的资源配置作用，找到经济驱动增长极；并寻求国家或地方的政策与资金支持，实现经济的增长，并很好地发挥涓滴效应，实现财富在地区间的空间转移和个体间的扩散。最终实现贫困地区经济发展与增长，自身动力与活力的提高，贫困个体通过反贫困内在动力的增加而摆脱贫困。

4. 将现代农业发展与个体脱贫相结合，走精准产业扶贫新路子

第一，创新体制机制，为产业扶贫保驾护航。通过政府给政策、法治给保障、金融给支持、教育出人才、企业为先锋；更需要基础设置有保障、专项扶贫资金能用好、生态环境不破坏、贫困户人力资源培育常态化等。积极引导各方面力量参与产业扶贫，围绕解决资金、市场、技术三大瓶颈，着力做好金融扶贫、电商扶贫和致富带头人培训等工作，系统地推进精准产业扶贫，为贫困农户增收脱贫夯实基础。第二，因地制宜，创新开发特色产业。根据贫困地区资源禀赋的差异，贫困个体经营能力和脱贫需求的相同，充分考虑到当地的自然资源、文化资源、人力资源等，有针对性地引入相应的产业龙头企业参与到扶贫攻坚工作中来，使资源和产业形成较高程度的匹配。总之，要宜工则工、宜农则农、宜商则商、宜游则游，让产业既适应地方发展的需要，也适应扶贫脱贫的现实。第三，以供给侧结构性改革为契机创新发展有机农业。针对我国农业产业结构不够合理、农产品安全性评价不高、国际竞争力差等状况，贫困地区可以供给侧结构性改革为契机，注重扶持新型农业经营主体，树立品牌意识，形成优质农产品品牌。特别是要恰当并充分利用好电子商务的力量，减少中间环节，降低交易成本。贫困户可成为农业经营主体下游原材料供给的有效力量，从而在就业中脱贫，在脱贫中致富。

5. 扶贫路径的选设和实施以提高贫困家庭内生动力为根本遵循

全面提高贫困个体的内生动力是不现实的，因为有部分贫困人群缺乏基本的劳动能力，因此很难基于个人特征做到因人施策。对于没有劳动能力的家庭以政府提供基本的生活保障为主要解决途径；同时，根据家庭资源、资产构成现状，可以采取资本入股、资产入股等形式将其资源盘活，取得投资性收入。对于有劳动能力的贫困人口，实施上文论述的扶贫路径过程中，要加强其就业能力、就业技能、职业素养的培训与提高，拓宽其就业渠道，通过跟踪定向培养，能够综合地提高其基本能力，增强内生动

力，稳步实现脱贫不返贫。对于学龄人群，通过教育全面提高贫困家庭中新一代成员的综合素能，使其拥有充分的社会参与权以及政治权利，从根本上摆脱能力贫困，阻断贫困的代际传递，进而创建属于自己的美好生活。

同时，充分考虑到第五章研究过程中发现的对于贫困类型的归属有显著作用的变量，多措并举使贫困家庭在这些变量上有显著变化，以促使贫困人群摆脱贫困的同时，提高自己的内生动力，增强可持续发展的生计能力。

6. 更好地发挥农村居民医疗保险社会保障稳定器的作用

在现有的新型农村合作医疗保险制度的基础上，进一步完善农村居民的医疗保险制度，加大集体补助和政府予以支持的比例及力度，扩大新型农村合作医疗报销的报销范围、提高报销额度。国家和政府可以引导保险公司向农村居民、贫困个体提供较为适合的商业保险；同时，宣传引导广大农村居民和贫困个体改变购置商业保险的观念与理念，鼓励其购置相应的医疗保险和意外保险，避免突发疾病和意外伤害造成的经济负担。另外，严格监管企业用工，进城务工人员或贫困个体外出务工期间，雇佣方必须为员工购置相应的商业保险，降低务工期间意外伤害和突发疾病致贫的概率。

7. 继续加强农村居民的基础设施和公共服务建设

进一步加强农村村庄内部的道路建设，改变雨雪天气一到，村内泥泞不堪的状况；推广并实施农村道路夜间照明工程，提高农村居民夜间出行的安全系数。尝试并逐步推进农村地下排污管网建设，改善农村洗澡水、冲厕水、潲水等生活用水随意随地排放的现象，消除农村生活污水影响村容村貌和人民群众健康的根源。

改变村卫生室、乡镇卫生院专业医疗人才匮乏、学历层次低，经费投入低、医疗设施老化的现状，确保农村居民常见疾病能够得到很好的诊治。在教育资源投入方面，在师资、经费、教师待遇上进一步向乡村中小学倾斜，为提高贫困人口的教育质量和效果提供基础保障。同时，可以尝试推行普及十二年义务教育（后三年为高中教育或中专职业教育），培养出德才兼备全面发展的社会主义事业接班人。

针对没有用上电、经济条件太差的贫困个体，政府可以给予扶持，使该部分人群用上电；另外，针对居住在偏远山区等电力无法送达的人群，重点考虑应用易地搬迁的扶贫路径对该部分人群进行空间的转移，使其能够在短期之内做到经济收入水平脱贫的情况下，又能享受到良好的生产生活基础设施和公共服务。

8.2.3 改进扶贫绩效评估机制

1. 充分考虑评估对象的差异性，做到精准评估

首先，明确评估对象和评估的内容，基于评估对象时间、空间、贫困历史状况等客观因素的差异性，因地而异地构建科学合理有效的绩效评估指标体系。不能自上而下用同样的评估内容、同样的指标体系、同样的权重。其次，评估指标体系的构建，定量与定性相结合的评估方法的选择，自上而下、自下而上，反复酝酿，同时要充分吸纳同行专家、学者意见建议。另外，在评估过程中，实事求是、尊重现实，科学把握区域间、地区间、县域间的差异性。通过评估能够查摆不足、发现问题、找出成绩，做到精准评估，进一步推动今后的工作有力、有效开展。

2. 严格扶贫绩效评估制度

评估是对前期工作开展情况的验收与督查，扶贫绩效评估是做好扶贫工作的最后防线之一，各地区必须以科学的态度制定并落实绩效评估制度。第一，制度的制定必须严格，自上而下逐步逐层详尽化、易于量化。第二，扶贫绩效评估制度的实施需严格，客观地对评估对象进行系统检查，对扶贫、脱贫效果与效率进行验收。第三，结合评估结果进行奖惩。

扶贫绩效评估须体现出激励效果，既考虑到帮扶责任人的奖励与扶贫业绩相挂钩，又考虑到个人成长与短期激励相结合；同时针对于扶贫工作开展过程中出现的违规违纪事件，严肃处理。

3. 进一步完善第三方独立评估机制

扶贫工作绩效评估涉及的人员多、地域分布广，各级政府及相关社会力量作为扶贫的主体，在评估过程中，杜绝或最大程度减少"既是运动员、又是裁判员"现象的发生。明确政府的监管作用的同时，加大力度引进第三方独立评估机构，在评估过程中很好地发挥第三方独立性、专业性、权威性的作用，在对扶贫取得成效予以肯定的同时，能够及时发现问题、查摆问题，充分起到监测的作用。

8.3 存在的不足和研究展望

8.3.1 存在的不足

本书以共同富裕理论、路径理论以及绩效评估理论为出发点，结合国内外抑制人口理论和收入再分配理论，在微观层面围绕贫困个体的测度、选设何种路径进行帮扶，以及对于扶贫绩效评估为研究路径进行探讨。其中，对于贫困的多维测度、多维测度与他人主观评价的差异性及绩效评估进行了实证分析。

由于时间、精力以及文章篇幅限制等原因，本书的研究存在一些不足。主要体现在以下几个方面：

（1）在研究贫困产生的原因机理上还有待进行深入的分析。在宏观层面，区域经济发展的水平，产业结构与农业结合的紧密度等，以及公共设施的完善程度和公共服务质量好坏等，没有深层次地测度其对于个体的致贫影响。在微观层面，个体的就业技能和职业水平，如泥瓦匠工种等级、电焊工及其等级，个体经营商业技能等，这些对于脱贫很重要，但还没有深入分析；在教育维度，除了受教育程度之外，教育补贴因素对其完成学历教育之后就业影响很大，如何测度其对于致贫的影响，也需要进一步研究。

（2）由于区域经济发展的不均衡，各地经济特色不同，如有的地区是山区，有的地区是平原，有的地区是革命老区，应该因地制宜探索扶贫路径，本书仅限于结合研究地区提出了符合其实际的扶贫路径。对于其他地区，如何进行扶贫路径的选择研究不够。

（3）关于扶贫绩效评估上，评估只是第一步，还应该反馈、纠偏。制定新一轮的扶贫路径和评估，还需要深入研究。

8.3.2 研究展望

基于本书的撰写以及在反贫困领域深入的学习研究，今后主要从以下几个方面做进一步深层次的研究。

（1）研究方向的聚焦。以反贫困为主线，继续聚焦于贫困的多维测度、扶贫路径、扶贫绩效评估等内容，将研究深入化、系统化、精细化。以"咬定青山不放松"的韧劲，心无旁骛做研究的干劲，立足于当前研究的成果，进一步寻找自己研究的不足和前人研究的盲点及空白点，争取在该研究方向上取得一定的突破和创新。

（2）研究内容的微观化。本书研究阐述了贫困个体的多维识别，依据致贫原因设定扶贫路径，以及扶贫绩效评估，并做了相应的实证分析。整体而言，较为宏观。今后，研究方向不变，研究主要内容不变，但是研究的具体内容要微观化，相当于对于本书的研究再进行深层次、多维度的研究分析。比如针对不同类型的地区（如山区、平原地区，边远地区等），如何精准地测度识别；针对不同地域环境的致贫原因，如何选设适合于当地环境和贫困个体的扶贫路径，路径的实施过程如何监控？如何纠偏？帮扶责任人的职责、权力、义务如何划分？各级政府对于扶贫工作齐抓共管的同时，职责、边界如何更加清晰？扶贫措施的落实上如何体现政府主导，市场化运作等。

（3）理论基础的夯实。围绕上文所述的研究内容在理论上形成宏观、中观、微观上的研究支撑。针对上述微观层面的精细化研究，运用哲学、经济学、政治学、管理学、宗教学、生物学等学科的相关理论进行规范的深入研究。如从组织行为学研究扶贫主体与客体的博弈关系，从政治学、经济学和管理学研究绩效评估各个环节，如指标体系的构建、方法的运用、考核结果的使用等。

（4）研究成果的价值化。今后在这方面研究的过程中要注重与实践相结合，努力参与到地方政府、基层政府工作中去；对贫困治理工作做一些横向或纵向的研究，形成一些成果。与其他社会力量参与扶贫做好合作，发挥智囊作用；与横向课题、纵向课题相结合，实现成果的利用与转化，为政府献言献策。

参 考 文 献

[1]　［法］萨伊. 政治经济学概论财富的生产、分配和消费 ［M］. 陈福生，陈振骅，译. 北京：商务印书馆，1997：318-412.

[2]　［美］C. 默尔·约翰逊，威廉·K. 雷德蒙，托马斯·C. 毛瑞利. 组织绩效 ［M］. 陈进，等，译. 北京：经济管理出版社，2011：4-16.

[3]　［美］纳哈德·埃斯兰贝格. 庇古的《福利经济学》及其学术影响 ［J］. 何玉长，汪晨，译. 上海财经大学学报，2008（10）：89-95.

[4]　［美］斯蒂芬·P. 罗宾斯. 组织行为学 ［M］. 北京：中国人民大学出版社，1997：70-90.

[5]　［印度］阿马蒂亚·森. 贫困与饥荒 ［M］. 王宇，王文玉，译. 北京：商务印书馆，2006：24-52，185-242.

[6]　［英］彼罗·斯拉法. 李嘉图著作和通信集（第一卷）：政治经济学及赋税原理 ［M］. 郭大力，王亚南，译. 北京：商务印书馆，1997：3-18.

[7]　［英］马尔萨斯. 人口原理 ［M］. 丁伟，译. 兰州：敦煌文艺出版社，2007：8-25，33-42.

[8]　［英］亚当·斯密. 国富论——国民财富的性质和起因的研究 ［M］. 谢祖钧，孟晋，盛之，译. 长沙：中南大学出版社，2003：53-68.

[9]　《山西财政支农和减贫政策效应研究》课题组. 山西省扶贫项目的减贫效果评估 ［J］. 财政研究，2011（6）：46-49.

[10]　2001 民政事业发展统计公报 ［J］. 中国民政，2002（4）：21-22.

[11]　边晓红，段小虎，王军，等. "文化扶贫"与农村居民文化"自组

织"能力建设 [J]. 图书馆论坛, 2016 (1): 2-3.

[12] 蔡翔, 张光萍, 唐贵伍. 关联绩效理论研究述评 [J]. 煤炭经济研究, 2008 (2): 37-38.

[13] 曹均学. 贫困地区新农村建设的难点、重点及路径优化 [J]. 甘肃农业, 2008 (6): 35-37.

[14] 曹琦, 樊明太. 我国省际能源效率评级研究——基于多元有序 Probit 模型的实证分析 [J]. 上海经济研究, 2016 (2): 72-81.

[15] 曾瑜皙, 杨晓霞. 渝东南民族地区旅游扶贫的战略路径选择 [J]. 重庆文理学院学报, 2014 (5): 91-97.

[16] 陈贝贝, 袁建华, 等. "三元"模式下农村公共投资绩效评价指标体系的构建 [J]. 商业会计, 2016 (1): 20-22.

[17] 陈辉, 张全红. 基于 Alkire-Foster 模型的多维贫困测度影响因素敏感性研究——基于粤北山区农村家庭的调查数据 [J]. 数学的实践与认识, 2016 (6): 92-94.

[18] 陈辉, 张全红, 等. 基于多维贫困测度的贫困精准识别及精准扶贫对策——以粤北山区为例 [J]. 广东财经大学学报, 2016 (3): 64-70.

[19] 陈敏峰, 苏青帝, 张保玉. 异地扶贫的扶贫效应分析——以安徽省金寨县为例 [J]. 中国国际财经, 2016 (11): 66-67.

[20] 陈群. 宁夏: 健康扶贫由政府兜底 [N]. 健康报, 2017-08-04 (01).

[21] 陈水利, 李敬功, 王向公. 模糊集理论及其应用 [M]. 北京: 科学出版社, 2006: 42-89.

[22] 陈涛. 教育扶贫是根本的扶贫——西部地区农村教育扶贫工作探索 [J]. 理论与当代, 2016 (10): 12-13.

[23] 陈亚男. 我国农村扶贫绩效研究 [D]. 秦皇岛: 燕山大学, 2016: 30-50.

[24] 陈煜婷. 社会流动背景下的性别收入差距 [D]. 上海: 上海大学, 2014: 68-74.

［25］程蕾．贵州省产业化扶贫资金绩效评估［J］．经营与管理，2017（11）：93-95.

［26］程玲．新阶段中国减贫与发展的机遇、挑战与路径研究［J］．学习与实践，2012（7）：79-83.

［27］程晓东，兰鲜伟．开展农村土地综合整治促进农民异地搬迁［J］．浙江国土资源，2014（4）：34-35.

［28］旦增遵珠·多庆．西藏农牧区社会保障制度路径选择［J］．西藏大学学报，2006（11）：16-20.

［29］邓淑莲，马国贤．美国《地方政府绩效评估指标》介绍［J］．行政事业资产与财务，2010（7）：25-29.

［30］邓天蓝．基于 AHP 模糊综合评价法的高校行政人员绩效评估系统设计与实现［D］．长春：吉林大学，2016：50-65.

［31］邓维杰．精准扶贫的难点、对策与路径选择［J］．经济师，2014（6）：79-81.

［32］邓小海．旅游精准扶贫研究［D］．昆明：云南大学，2015：60-69.

［33］邓小平．邓小平文选［M］．北京：人民出版社，1993：364-392.

［34］邓小平．善于利用时机解决发展问题［Z］．1990-12-20.

［35］丁辉侠，郭康．精准扶贫的合作治理绩效评估与改进对策——基于对河南省 D 市的调查［J］．行政科学论坛，2017（5）：8-12.

［36］董聪聪．基于 FAHP 和 OrderedProbit 模型的中国居民幸福感影响因素分析［D］．重庆：重庆师范大学，2016：22-29.

［37］董棣．贫困户识别与界定的实证方法研究——姚安县班刘办事处花邑 1 社贫困户识别的实践［J］．林业与社会，1999（2）：4-8.

［38］董辅礽．关于我国社会主义所有制形式问题［J］．经济研究，1979（1）：21-23.

［39］董辅礽．再论我国社会主义所有制形式问题［J］．经济研究，1985（5）：3-6.

［40］董辅礽．中华人民共和国经济史（上册）［M］．北京：经济科学出

版社，1999：12-41，525-540.

[41] 董辅礽. 中华人民共和国经济史（下册）［M］. 北京：经济科学出版社，1999：27-56.

[42] 董志凯. 1949—1952 中国经济分析［M］. 北京：中国社会科学出版社，1996：318-319.

[43] 段小虎，张惠君，万行明. 政府购买公共文化服务制度安排与项目制"文化扶贫"研究［J］. 图书馆论坛，2016（4）：6-7.

[44] 范爱军，韩青. 购买力平价理论对人民币汇率升值的适用性分析［J］. 经济评论，2008（1）：145-146.

[45] 方鹏骞，苏敏. 论我国健康扶贫的关键问题与体系构建［J］. 中国卫生政策研究，2017（6）：60-63.

[46] 费军，余丽华. 电子政务绩效评估的模糊层次分析模型——基于公共服务视角［J］. 情报科学，2009（6）：894-899.

[47] 冯潮前. 扶贫效益最大化的路径选择——武义县山民下由脱贫调查［J］. 浙江经济，2002（11）：44-45.

[48] 冯艳. 区域贫困测度、识别与反贫困：路径选择研究［D］. 沈阳：辽宁大学，2015：127-135.

[49] 付学梅，隽志才. 基于 ICLV 模型的通勤方式选择行为［J］. 系统管理学报，2016（6）：1046-1050.

[50] 付振奇，陈淑云. 政治身份影响农户土地经营权流转意愿及行为吗？——基于 28 省份 3305 户农户调查数据的分析［J］. 中国农村观察，2017（5）：130-144.

[51] 高立永. 发挥政府兜底作用　挑起脱贫攻坚重任［N］. 中国社会报，2017-03-10（04）.

[52] 高艳云，马瑜. 多维贫困测度方法比较及其展望［J］. 兰州商学院学报，2014（8）：109-113.

[53] 宫韧. 学前免费教育亟须政府"兜底"［N］. 贵州民族报，2016-03-23（B01）.

[54] 龚亮保. NGO 参与农村扶贫开发的价值评估和发展路径研究 [D]. 南昌：南昌大学，2007：28-34.

[55] 关新红. 构建合理的商业银行绩效评价体系 [J]. 中央财经大学学报，2003（7）：17-21.

[56] 桂胜，赵淑红. 农村文化扶贫的路径探索——户籍在外之"故乡人"的反哺 [J]. 西南民族大学学报，2017（1）：22-24.

[57] 郭晗. 四川农村金融扶贫路径选择研究 [D]. 成都：西南财经大学，2014：48-59.

[58] 郭金玉，张忠彬，孙庆云. 层次分析法的研究与应用 [J]. 中国安全科学学报，2008（5）：148-153.

[59] 郭京裕，刘艳丽. 精准扶贫要克服传统扶贫路径依赖 [J]. 当代农村财经，2006（10）：12.

[60] 郭佩霞. 论民族地区反贫困目标瞄准机制的建构 [J]. 调研世界，2007（11）：27-29.

[61] 郭其友. 城乡贫困问题的深层原因与治理路径选择 [J]. 科学社会主义，2003（4）：62-64.

[62] 郭欣. 政府扶贫开发绩效评估的国际经验研究 [D]. 郑州：郑州大学，2007：37-46.

[63] 郭兴华，王学军. 做好产业扶贫这篇大文章 [N]. 经济日报，2016-12-15（14）.

[64] 国务院办公厅. 关于支持贫困县开展统筹整合使用财政涉农资金试点的意见 [Z]. 2016-04-22.

[65] 国家统计局. 中国统计年鉴（1991）[M]. 北京：中国统计出版社，1984：295.

[66] 国家统计局. 中国统计年鉴（1993）[M]. 北京：中国统计出版社，1984：312.

[67] 国家统计局. 中国统计年鉴（1994）[M]. 北京：中国统计出版社，1984：121.

[68] 国家统计局. 中国统计年鉴（1996）[M]. 北京：中国统计出版社, 1984.

[69] 国家统计局编. 光辉的三十五年 [M]. 北京：中国统计出版社, 1994：53-60.

[70] 国家统计局住户调查办公室. 中国农村贫困监测报告——2011 [M]. 北京：中国统计出版社, 2011：25-45.

[71] 国家统计局住户调查办公室. 中国农村贫困监测报告——2012 [M]. 北京：中国统计出版社, 2012：30-60.

[72] 国家统计局住户调查办公室. 中国农村贫困监测报告——2013 [M]. 北京：中国统计出版社, 2013：70-142.

[73] 国家统计局住户调查办公室. 中国农村贫困监测报告——2015 [M]. 北京：中国统计出版社, 2015：20-42.

[74] 国家统计局住户调查办公室. 中国农村贫困监测报告——2016 [M]. 北京：中国统计出版社, 2016：25-38.

[75] 国家统计局住户调查办公室. 中国农村贫困监测报告——2017 [M]. 北京：中国统计出版社, 2017：22-32, 378-392.

[76] 国务院. 八七扶贫攻坚计划 [Z]. 1994-04-15.

[77] 国务院. 关于创新机制扎实推进农村扶贫开发工作的意见 [Z]. 2014-01-25.

[78] 国务院. 中国农村扶贫开发纲要（2001—2010）[Z]. 2011-06-13.

[79] 国务院. 中国农村扶贫开发纲要（2011—2020）[Z]. 2011-12.

[80] 国务院扶贫办. 扶贫开发建档立卡工作方案 [Z]. 2014-04-02.

[81] 国务院扶贫办行政人事司. 关于做好 2016 年扶贫对象动态和建档立卡信息采集录入工作的通知 [Z]. 2016-10-08.

[82] 韩淑娟, 颉慧玲, 武汉祥. 基于 OrderProbit 模型的家庭化流动影响因素分析 [J]. 经济问题, 2017（1）：92-95.

[83] 韩翼, 廖建桥. 任务绩效和非任务绩效结构理论研究述评 [J]. 管理评论, 2006（10）：41-43.

［84］ 郝忠胜，李虹．人力资源主管绩效管理方法［M］．北京：中国经济
出版社，2003：394-395.

［85］ 何晓琦．长期贫困的定义与特征［J］．贵州财经学院学报，2004
（8）：53-54.

［86］ 河南省扶贫办．关于贫困村退出标准有关指标解释的指导意见［Z］.
2016-11-07.

［87］ 河南省扶贫开发办公室．河南省扶贫对象精准识别及管理办法［Z］.
2018-03-01.

［88］ 侯凤涛．中国农村多维贫困测度研究［D］．大连：东北财经大学，
2013：3-18.

［89］ 侯莎莎．精准视阈下的贫困户脱贫绩效评估［J］．甘肃社会科学，
2017（2）：251-255.

［90］ 侯石安，谢玲等．贵州农村贫困程度及其影响因素分析——基于
2001—2012 年贵州农村 FGT 贫困指数的多维测度［J］．贵州社会科
学，2014（7）：122-123.

［91］ 胡爱文．美国贫困线及其反贫困政策研究：1959—2010［D］．上海：
华东师范大学，2011：17-24.

［92］ 胡柳．乡村旅游精准扶贫研究［D］．武汉：武汉大学，2016：85-
88，107-109.

［93］ 胡蓉．关于贵州贫困农村发展的路径选择［J］．前沿，2010（8）：
90-92.

［94］ 胡善平，杭琍．中国特色社会主义精准扶贫绩效考核指标体系构建
研究［J］．牡丹江师范学院学报（哲学社会科学版），2017（2）：
64-73.

［95］ 胡勇军，胡声军．福利经济学及其理论演进［J］．江西青年职业学
院学报，2005（12）：53-55.

［96］ 华国锋．1978 年国务院政府工作报告［Z］．1978-02-26.

［97］ 黄建华．基于层次分析及模糊综合评判的 GPR 绩效评估方法研究

[J]．福州大学学报（哲学社会科学版），2010（6）：35-39.

[98] 黄棉花．基于因子分析的地方政府社会保障绩效评估研究 [D]．南宁：广西大学，2012：9-13.

[99] 黄小晖．平衡记分卡在酿酒行业绩效管理体系中的应用研究——以江西地方酿酒企业 A 公司为例 [D]．南昌：江西财经大学，2017：4-7.

[100] 纪月清，熊晶白，刘华．土地细碎化与农村劳动力转移研究 [J]．中国人口·资源与环境，2016，26（8）：105-115.

[101] 贾文龙."到村到户"精准扶贫模式实践及其启示探究——以贵州省毕节市为例 [J]．山西农业科学，2015（12）：1702-1704.

[102] 江卉，黄鑫．特困群众 衣食住行政府兜底 [N]．湖北日报，2014-08-05（03）．

[103] 江宜航．丽水异地搬迁扶贫改革路径 [N]．中国经济时报，2016-07-22（A12）．

[104] 姜爱华．我国政府开发式扶贫资金使用绩效的评估与思考 [J]．宏观经济研究，2007（6）：21-25.

[105] 姜涛．精准扶贫项目绩效评估方法研究 [J]．宝鸡文理学院学报（社会科学版），2016，36（1）：51-54.

[106] 蒋秋桃．进一步完善健康扶贫政策 [J]．前进论坛，2017（4）：47.

[107] 焦克源，吴俞权．农村专项扶贫政策绩效评估体系构建与运行——以公共价值为基础的实证研究 [J]．农村经济，2014（9）：16-20.

[108] 焦璐．农村扶贫政策的绩效评估——以陕西省农村扶贫政策为例 [J]．内蒙古农业大学学报（社会科学版），2009，11（1）：39-41.

[109] 柯学民，李颖，刘帅．360 度评估实操手册 [M]．北京：人民邮电出版社，2012：4-19.

[110] 兰继斌，徐扬，霍良安．模糊层次分析法权重研究 [J]．系统工程理论与实践，2006（9）：107-112.

[111] 雷蕾．论西方的收入再分配理论及启示 [J]．现代商贸工业，2011

（21）：101-102.

[112] 李保婵. 广西财政资金绩效评估研究 [J]. 财会通讯，2012（6）：73-74.

[113] 李广东. 微观主体行为差异下的耕地保护经济补偿机制建构 [D]. 重庆：西南大学，2011：23-29.

[114] 李赫扬，周先波，丁芳清. 社会阶层认知分化的实证研究——基于有序 Probit 面板模型的估计 [J]. 南方经济，2017，V36（7）：17-36.

[115] 李菁，蒋爱群. 论小额信贷扶贫模式的设计与评估 [J]. 农村经济，2006（4）：66-70.

[116] 李俊杰. 中国农村科技扶贫路径及机制研究 [D]. 北京：中国农业科学院，2014：5-6，45-48.

[117] 李盛龙，张翊宝. 贫困地区电商扶贫研究——以贵州铜仁为例 [J]. 贵州工程应用技术学院学报，2016（6）：76-78.

[118] 李实. 阿玛蒂亚·森与他的主要经济学贡献 [J]. 改革，1999（2）：104-105.

[119] 李文钢. 聚光灯下的宁村扶贫模式研究 [D]. 昆明：云南大学，2015：200-205.

[120] 李文静，帅传敏，帅钰，等. 三峡库区移民贫困致因的精准识别与减贫路径的实证研究 [J]. 中国人口·资源与环境，2017（6）：136-142.

[121] 李兴洲. 公平正义：教育扶贫的价值追求 [J]. 当代教育科，2017（3）：32-35.

[122] 李延. 精准扶贫绩效考核机制的现实难点与应对 [J]. 青海社会科学，2016（3）：132-137.

[123] 李毅，王荣党，段云龙. 基于数据包络法的农村扶贫项目绩效评价模型研究 [J]. 项目管理技术，2012（9）：49-54.

[124] 林乃鹏. 发挥政府兜底作用 提升社会治理水平 [N]. 温州日报，

2016-11-30（01）.

[125] 林善浪，张作雄，林玉妹．家庭生命周期对农户土地规模经营的影响分析——基于福建农村的调查数据 [J]．财贸研究，2011，22（4）：14-21．

[126] 林善浪．农户土地规模经营的意愿和行为特征——基于福建省和江西省 224 个农户问卷调查的分析 [J]．福建师范大学学报（哲学社会科学版），2005（3）：15-20．

[127] 林文曼．海南农村精准扶贫项目绩效评估实证研究 [J]．中国农业资源与区划，2017，38（4）：102-107．

[128] 林妍，陈晨．精准视角下河北省扶贫项目绩效评估体系的构建 [J]．产业与科技论坛，2017，16（10）：264-265．

[129] 刘冠男．吉林省贫困地区教育扶贫问题研究 [D]．长春：吉林大学，2016：9-10，12-14．

[130] 刘汉民，谷志文，康丽群，等．国外路径依赖理论研究新进展 [J]．经济学动态，2012（4）：111-112．

[131] 刘汉民．路径依赖理论及其应用研究：一个文献综述 [J]．浙江工商大学学报，2010（3）：58-63．

[132] 刘和旺．诺斯制度变迁的路径依赖理论新发展 [J]．经济评论，2006（2）：64-66．

[133] 刘佳．基于模糊集方法的贫困识别模型构建 [J]．经济师，2015（10）：84-86．

[134] 刘娟．农村扶贫开发面临的新形势与扶贫路径创新 [J]．现代经济探讨，2008（4）：42-45．

[135] 刘璞，姚顺波．退耕还林前后农户能力贫困的比较研究 [J]．统计与决策，2015（16）：53-55．

[136] 刘诗蕴．基于因子分析法的商业银行绩效评价——以 2014 年我国上市银行年报数据为例 [D]．成都：西南财经大学，2016：43-54．

[137] 刘世成．扶贫小额信贷的瞄准机制与绩效评估实证分析——基于四

川 R 县数据 [J]. 西南金融, 2016 (9): 12-14.

[138] 刘晓伟, 刘锦, 姜安印. 企业腐败与内部薪酬差距 [J]. 当代财经, 2017 (3): 70-80.

[139] 刘筱红, 张琳. 连片特困地区扶贫中的跨域治理路径研究 [J]. 中州学刊, 2013 (4): 83-87.

[140] 刘彦武. 救助式扶贫: 当前扶贫开发有效路径 [J]. 成都行政学院学报, 2005 (10): 76-77.

[141] 刘有军. 农民参与整村推进减贫绩效评估对策思考 [J]. 知行铜仁, 2016, 1 (77): 30-35.

[142] 龙永华. 精准扶贫视域下湘西州农业产业扶贫模式创新研究 [D]. 张家界: 吉首大学, 2015: 39-41.

[143] 龙祖坤, 杜倩文, 周婷. 武陵山区旅游扶贫效率的时间演进与空间分异 [J]. 经济地理, 2015 (10): 210-211.

[144] 鲁建彪. 关于民族贫困地区扶贫路径选择的理性思考 [J]. 经济问题探索, 2011 (5): 150-154.

[145] 鲁子箫, 王娜. "因教致贫" 现象与农村教育扶贫的价值选择 [J]. 教育评论, 2017 (2): 33-35.

[146] 陆钸凡, 苏青帝, 姜润杰, 等. 异地搬迁扶贫成效及问题分析——以安徽省金寨县为例 [J]. 中国市场, 2017 (5): 176-177.

[147] 马建军, 徐兴忠. 多项 Probit 模型中回归系数的逆回归估计 [J]. 应用概率统计, 2008, 24 (5): 501-512.

[148] 马泽波. 农户禀赋、区域环境与电商扶贫参与意愿——基于边疆民族地区 630 个农民的问卷调查 [J]. 中国流通经济, 2017 (5): 49-50.

[149] 迈克尔·P. 托罗达. 发展经济学 [M]. 北京: 机械工业出版社, 2016: 134-162, 228-252.

[150] 毛伟辉. 基于路径依赖理论的我国政府绩效审计制度变迁研究 [D]. 长沙: 湖南大学, 2012: 13-18.

[151] 毛阳海. 西藏农牧区贫困的特征、成因与反贫困路径选择 [J]. 西藏民族学院学报, 2006 (11)：49-54.

[152] 孟照海. 教育扶贫政策的理论依据及实现条件——国际经验与本土思考 [J]. 教育研究, 2016 (11)：49-52.

[153] 莫光辉. 五大发展理念视域下的少数民族地区多维精准脱贫路径——精准扶贫绩效提升机制系列研究之十一 [J]. 西南民族大学学报 (人文社科版), 2017 (2)：19-23.

[154] 倪秀英. 当前完善财政扶贫机制的路径选择 [J]. 企业导报, 2010 (4)：48-49.

[155] 聂翔. 善治视野下的旅游扶贫发展路径选择 [D]. 武汉：华中科技大学, 2009：21-29.

[156] 欧涉远. 基于财政视角对我国农村贫困线及贫困发生率的思考 [D]. 成都：西南财经大学, 2013：24-27.

[157] 彭妮娅. 居民收入差距的测度、影响因素及经济效应研究 [D]. 长沙：湖南大学, 2013：56-58.

[158] 钱乐毅. 基于 GIS 的多尺度多维贫困识别 [D]. 北京：首都师范大学, 2014：3-6.

[159] 秦瑞芳, 闫翅鲲. "共生"视角下的农村教育扶贫路径探讨 [J]. 教学与管理, 2011 (8)：16-17.

[160] 秦艺萍, 谢珂. 绩效理论综述 [J]. 经营管理者, 2008 (24)：176.

[161] 秦颖. 基于模糊分析法的商业银行信贷风险内控体系评价研究 [D]. 济南：山东大学, 2008：124-128.

[162] 青连斌. 政府兜底和养老机构定位职能要精准到位 [J]. 中国党政干部论坛, 2015 (12)：64.

[163] 冉立平. 基于平衡计分卡的企业战略实施研究 [D]. 哈尔滨：哈尔滨工业大学, 2009, 1：9-35.

[164] 沈满洪, 张兵兵. 交易费用理论综述 [J]. 浙江大学学报, 2003 (2)：44-46.

[165] 沈小波, 林擎国. 贫困范式的演变及其理论和政策意义 [J]. 经济学家, 2005 (6): 90-95.

[166] 时晓虹, 耿刚德, 李怀, 等. "路径依赖" 理论新解 [J]. 经济学家, 2014 (6): 53-55.

[167] 宋卫信. 甘肃六十个贫困县扶贫绩效因子分析 [J]. 甘肃农大学报, 2004, 39 (5): 595-600.

[168] 苏海, 向德平. 社会扶贫的行动特点与路径创新 [J]. 中南民族大学学报, 2015 (5): 144-148.

[169] 孙璐, 陈宝峰. 基于 AHP-TOSPSIS 方法的扶贫开发项目绩效评估研究——以四川大小凉山地区为例 [J]. 科技与经济, 2015, 28 (1): 62-66.

[170] 孙璐. 扶贫项目绩效评估研究——基于精准扶贫的视角 [D]. 北京: 中国农业大学, 2015: 11-13, 94-96.

[171] 孙天琦. 制度竞争、制度均衡与制度的本土化创新——商洛小额信贷扶贫模式变迁研究 [J]. 经济研究, 2001 (6): 78-84.

[172] 孙文中. 创中华人民共和国农村扶贫模式的路径选择——基于新发展主义的视角 [J]. 广东社会科学, 2013 (6): 207-213.

[173] 谭艳华. 对路径——目标理论的认识及运用 [J]. 铜陵学院学报, 2006 (3): 11-12.

[174] 唐勇, 张命军, 秦宏瑶, 等. 国家集中连片特困地区旅游扶贫开发模式研究——以四川秦巴山区为例 [J]. 资源开发与市场, 2013 (10): 1114-1116.

[175] 陶余会. 如何构造模糊层次分析法中模糊一致判断矩阵 [J]. 西华师范大学学报 (自然科学版), 2002 (3): 282-285.

[176] 田飞丽. 基于 FGT 指数的我国农业政策减贫绩效研究 [J]. 经济论坛, 2014 (6): 92-93.

[177] 田丽. 基于因子分析法的资本结构评价指数构建 [D]. 成都: 西南财经大学, 2010: 23-30, 42-50.

[178] 田莹莹，韦彩霞．农户视角下的金融扶贫绩效分析［J］．合作经济与科技，2014（18）：74-76.

[179] 汪磊．精准扶贫视域下我国农村地区贫困人口识别机制研究［J］．经济学动态，2016（7）：112-117.

[180] 汪三贵，曾小溪，殷浩栋．中国扶贫开发绩效第三方评估简论——基于中国人民大学反贫困问题研究中心的实践［J］．湖南农业大学学报（社会科学版），2016（6）：1-5.

[181] 汪三贵．中国的农村扶贫：回顾与展望［J］．农业展望，2007（1）：6-8.

[182] 汪三贵．中国农村贫困人口的估计与瞄准问题［J］．贵州社会科学，2010（2）：68-71.

[183] 王芳．我国政府扶贫开发绩效评估技术方法问题研究［D］．郑州：郑州大学，2007：40-45.

[184] 王建兵．基于第三方评估的精准扶贫绩效分析——以甘肃省东乡县毛沟村为例［J］．经济动态与评论，2017（1）：149-253.

[185] 王介勇，陈玉福，严茂超．我国精准扶贫政策及其创新路径研究［J］．中国科学院院刊，2016（3）：289-293.

[186] 王金凤，贺旭玲，初春虹．基于"路径—目标"权变理论的全面风险管理案例研究——一个煤炭企业的调查［J］．审计研究，2017（1）：37-39.

[187] 王磊．与公婆同住的影响因素分析——基于2010年江苏省群众生育意愿与生育行为调查［J］．中华女子学院学报，2015（2）：47-53.

[188] 王琴，李燕凌．贫困县政府绩效评估体系的构建［J］．内蒙古科技与经济，2017（8）：40-41.

[189] 王全春，周铝，龙蔚，等．我国农村电商扶贫研究述评［J］．电子商务，2017（3）：22-23.

[190] 王任映．基于前景理论的出行路径选择模型［D］．长沙：长沙理工

大学，2009：10-15.

[191] 王荣党．贫困县政府绩效评估的第一阶梯：需求、职能定位、价值取向 [J]．经济问题探索，2010（10）：33-36.

[192] 王素霞，王小林．中国多维贫困测量 [J]．中国农业大学学报，2013（6）：130-134.

[193] 王小军．基于农户视角的集体林权制度改革主观评价与森林经营行为研究 [D]．北京：北京林业大学，2013：34-45.

[194] 王晓琦，顾昕，等．中国贫困线水平研究 [J]．学习与实践，2015（5）：77-80.

[195] 王晓毅．异地搬迁如何实现精准扶贫 [N]．学习时报，2017-01-20（02）.

[196] 王筱磊．中国社会经济发展状况分析——基于人类发展指数（HDI）的研究 [D]．长春：吉林大学，2014：29-33.

[197] 王艳艳．绩效管理的理论基础研究：回顾与展望 [J]．现代管理科学，2011（6）：95-97.

[198] 王雨林．中国农村贫困与反贫困问题研究 [M]．杭州：杭州大学出版社，2008：30-50.

[199] 王兆峰．民族地区旅游扶贫研究 [M]．北京：中国社会科学出版社，2011：50-63.

[200] 王兆萍．穷人的经济行为研究——基于我国农村区域贫困人口的分析 [J]．湖北经济学院学报，2005（5）：16-18.

[201] 慰祖．期望理论种种 [J]．外国经济与管理，1985（11）：9-11.

[202] 魏钧．绩效指标设计方法 [M]．北京：北京大学出版社，2006：3-4.

[203] 文建龙，肖泽群．权利贫困的个人综合能力原因分析 [J]．甘肃理论学刊，2008（2）：58-60.

[204] 吴建铎．粮食减产原因及其出路之我见 [J]．华东经济管理，1988（1）：35-38.

[205] 吴敬琏. 路径依赖与中国改革——对诺斯教授演讲的评论 [J]. 改革, 1995 (3)：57-58.

[206] 吴丽仙. 建立精准学生资助工作机制研究 [J]. 教育评论, 2015 (9)：46-48.

[207] 吴永红, 沈桂龙. 论贫困地区扶贫开发的组织制度创新 [J]. 软科学, 2001 (3)：38-41.

[208] 吴忠军, 曹宏丽, 侯玉霞, 等. 旅游精准扶贫机制调适与路径研究 [J]. 中南林业科技大学学报 (社会科学版), 2017 (7)：40-45.

[209] 武国友. "八七扶贫攻坚计划" 的制定、实施及其成效 [J]. 北京党史, 2011 (5)：9-10.

[210] 习近平. 摆脱贫困 [M]. 福州：福建人民出版社, 1992.

[211] 习近平. 习近平谈治国理政（第一卷）[M]. 北京：外文出版社, 2014：4-14, 189-190.

[212] 夏福斌, 路平. 关系绩效理论及其应用 [J]. 经济研究导刊, 2010 (15)：140-141.

[213] 向玲凛, 邓翔. 西部少数民族地区反贫困动态评估 [J]. 贵州民族研究, 2013 (1)：98-102.

[214] 向亦舒. 技术帮扶助力精准扶贫 [J]. 现代经济信息, 2016 (12)：75.

[215] 肖斌. 我国农村贫困代际传递问题——基于经济学与社会学的分析视角 [D]. 成都：西南财经大学, 2010：37-42.

[216] 肖庆华. 贵州省集中连片特困地区教育扶贫的现状、问题及路径 [J]. 经济与社会发展, 2016 (6)：155-157.

[217] 邢慧斌. 国内旅游扶贫绩效评估理论及方法研究述评 [J]. 经济问题探索, 2017 (7)：47-53.

[218] 邢慧斌. 国内旅游扶贫绩效评估研究述评 [J]. 商业经济研究, 2015 (11)：127-129.

[219] 熊文渊. 高校教育扶贫：问题与路径 [J]. 当代教育科学, 2014

（23）：43-45.

[220] 徐倩．我国商业银行经营绩效评价研究［D］．成都：西南财经大学，2012：37-50.

[221] 许新强，卢茜．扶贫资金绩效评估机制研究［J］．管理观察，2009（5）：49-51.

[222] 许新强．扶贫资金绩效评估机制研究［J］．管理观察，2009（2）：49-51.

[223] 晏雄．农村贫困地区脱贫致富的路径分析［J］．云南财经学院学报，2003（8）：92-95.

[224] 杨超，向敏，包祚勋．开展农业技术精准扶贫 助力射洪全面实现小康［J］．四川农业与农机，2017（4）：13-14.

[225] 杨德进，白长虹，牛会聪．民族地区负责任旅游扶贫开发模式与实现路径［J］．人文地理，2016（4）：121-123.

[226] 杨洪．政府绩效管理——深圳的探索与实践［M］．北京：新华出版社，2011：1-8，24-46.

[227] 杨华．"政府兜底"：当前农村社会冲突管理中的现象与逻辑［J］．公共管理学报，2014（4）：119-121.

[228] 杨胜良．社会发展视野下西部地区反贫困的路径选择——咸阳市"三告别"工程的思考［J］．西北农林科技大学学报，2012（7）：109-112.

[229] 杨小龙．信息不对称：农村贫困识别面临的困境［J］．湖北人文科技学院学报，2016（8）：7-11.

[230] 杨雪．员工胜任素质模型与任职资格全案［M］．北京：人民邮电出版社，2014：17-85.

[231] 杨亚男．艺术品金融化投资方式比较［D］．济南：山东大学，2013：10-23.

[232] 杨毅，张琳．环渝连片特困区精准扶贫效益评价及增进策略——基于 SEM 模型的实证分析［J］．西南大学学报（社会科学版），

2017，43（5）：53-62.

[233] 杨颖. "三化同步"贵州特困地区扶贫路径 [J]. 开放导报，2015
（8）：95-97.

[234] 杨自根. 健全弱势群体医疗救助制度的探讨 [J]. 卫生经济研究，
2016（7）：49-50.

[235] 叶初升，邹欣. 扶贫瞄准的绩效评估与机制设计 [J]. 华中农业大
学学报（社会科学版），2012（1）：63-69.

[236] 叶磊. 财政开发式扶贫项目资金绩效评价研究 [D]. 成都：西南财
经大学，2010：32-50.

[237] 叶守礼. 企业管理 [M]. 北京：高等教育出版社，2002：300-305.

[238] 叶兴庆. 中国的反贫困政策 [J]. 经济研究参考，1996（1）：8-11.

[239] 叶珍. 基于 AHP 的模糊综合评价方法研究及应用 [D]. 广州：华
南理工大学，2010：12-17.

[240] 殷磊，刘明. 中华护理学辞典 [M]. 北京：人民卫生出版社，
2011.

[241] 尹海洁，唐雨. 贫困测量中恩格尔系数的失效及分析 [J]. 统计研
究，2009（5）：54-58.

[242] 尹君. 让政府兜底脱贫成为真正的最后保障线 [J]. 中国领导科
学，2017（6）：67-68.

[243] 尹贻梅，刘志高，刘卫东，等. 路径依赖理论研究进展评析 [J].
外国经济与管理，2011（8）：1-3.

[244] 余仕麟. 新旧福利经济学的价值观差异 [J]. 西南民族大学学报，
2004（6）：65-69.

[245] 袁勇志，奚国泉，等. 期望理论述评 [J]. 南京理工大学学报，
2000（6）：45-47.

[246] 臧乃康. 政府绩效的复合概念与评估机制 [J]. 南通师范学院学
报，2001（9）：25-28.

[247] 詹和平，张林秀. 农户土地流转行为的影响因素——有序 probit 模

型的实证研究 [J]. 土木建筑与环境工程, 2008, 30 (4): 10-14.

[248] 张吉军. 模糊层次分析法（FAHP）[J]. 模糊系统与数学, 2000 (2): 80-88.

[249] 张建华, 陈立中. 总量贫困测度研究述评 [J]. 经济学, 2006 (4): 687-689.

[250] 张静. 改革开放以来中国扶贫政策发展研究 [D]. 上海: 华东政法大学, 2013: 19-29.

[251] 张磊, 范淑娟, 赵悦辰. 我国农村恩格尔系数影响因素的研究 [J]. 华东经济管理, 2013 (2): 42-46.

[252] 张磊. 中国扶贫开发政策演变（1949—2005）[M]. 北京: 中国财政经济出版社, 2007: 91-136.

[253] 张明, 张学敏, 涂先进. 高等教育能打破社会阶层固化吗？——基于有序 probit 半参数估计及夏普里值分解的实证分析 [J]. 财经研究, 2016, 42 (8): 15-26.

[254] 张明辉, 薛行正. 从零开始学绩效指标设计 [M]. 北京: 化学工业出版社, 2014: 79-108.

[255] 张培刚, 张建华. 发展经济学 [M]. 北京: 北京大学出版社, 2009: 75-86.

[256] 张琦, 冯丹萌, 张文杰. 中国贫困地区减贫成效的多维评价 [J]. 统计与决策, 2017 (11): 89-92.

[257] 张全红, 张建华, 等. 中国农村贫困变动: 1981—2005——基于不同贫困线标准和指数的对比分析 [J]. 统计研究, 2010 (2): 31-34.

[258] 张全红, 周强, 等. 中国贫困测度的多维方法和实证应用 [J]. 中国软科学, 2016 (6): 29-35.

[259] 张双. 绩效管理理论溯源 [J]. 商场现代化, 2007 (1): 184-185.

[260] 张霞. 基于共享视角下的农村文化扶贫路径探究 [J]. 未来与发展, 2016 (9): 111-112.

［261］张小军，匡林．澳大利亚建立"政府兜底"普惠制养老体系［N］. 中国社会报，2017-07-10（07）．

［262］张晓静，冯星光．贫困的识别、加总与分解［J］．上海经济研究，2008（10）：3-12．

［263］张新民．绩效管理［M］．北京：中信出版社，2002：217-220．

［264］张迅．基于因子分析的中国电信运营业绩效评估研究［D］．北京：北京邮电大学，2011：38-43．

［265］张焱，李勃．云南省财政扶贫资金产业扶贫项目绩效评价指标体系构建探析［J］．安徽农学通报，2010（10）：9-15．

［266］张榆琴，李学坤．财政扶贫资金绩效评价存在的问题及对策分析［J］．农村经济，2010（3）：67-68．

［267］张远航．论高校家庭经济困难学生的"精准资助"［J］．思想理论教育，2016（1）：109-111．

［268］张昭，杨澄宇，袁强．"收入导向型"多维贫困的识别与流动性研究——基于CFPS调查数据农村子样本的考察［J］．经济理论与经济管理，2017（4）：98-111．

［269］张仲芳．精准扶贫政策背景下医疗保障反贫困研究［J］．探索，2017（2）：81-83．

［270］张祖群．从恩格尔系数到旅游恩格尔系数：述评与应用［J］．中国软科学，2011（S2）：100-114．

［271］章筝．贵州省乡镇精准扶贫绩效评估研究——基于台江县南宫镇数据［J］．经贸实践，2017（2）：111．

［272］赵慧珠．走出中国农村反贫困政策的困境［J］．文史哲，2007（7）：161-166．

［273］赵江涛，徐兴忠．多项Probit模型参数的极大似然估计［J］．应用数学，2004（s2）：90-93．

［274］赵曦，罗洪群，成卓．机制设计理论与中国农村扶贫机制改革的路径安排［J］．软科学，2009（10）：69-73．

［275］赵晓峰，邢成举．农民合作社与精准扶贫协同发展机制构建、理论逻辑与实践路径［J］．农业经济问题，2016（4）：23-27．

［276］赵新龙．权利扶贫：农村扶贫突围的一个法治路径［J］．云南财经大学学报，2007（6）：88-91．

［277］郑瑞强，张哲萌，张哲铭．电商扶贫的作用机理、关键问题与政策走向［J］．理论导刊，2016（10）：77-78．

［278］郑志龙．制度绩效评估标准及我国政府扶贫开发制度绩效分析［J］．郑州大学学报（哲学社会科学版），2009（3）：25-29．

［279］中共河南省委，河南省人民政府．关于打赢脱贫攻坚战的实施意见［Z］，2016-02-20．

［280］中共中央办公厅　国务院办公厅．关于加大脱贫攻坚力度支持革命老区开发建设的指导意见［Z］，2016-02-03．

［281］中共中央办公厅　国务院办公厅．省级党委和政府扶贫开发工作成效考核办法［Z］，2016-02-17．

［282］中共中央马克思恩格斯列宁斯大林著作编译局．马克思恩格斯选集（第二卷）［M］．北京：人民出版社，2013：31-32．

［283］中国共产党中央委员会　国务院．省级党委和政府扶贫开发工作成效考核办法［Z］，2016-02-16．

［284］中国共产党中央委员会　国务院．中共中央国务院关于打赢脱贫攻坚战的决定［Z］，2015-11-29．

［285］中国共产党中央委员会．中共中央关于经济体制改革的决定［Z］．1984-10-20．

［286］中国共产党中央委员会．中共中央关于制定国民经济和社会发展第十三个五年规划的建议［Z］，2015-11-03．

［287］中国人民大学政治经济学系．中国近代经济史（下册）［M］．北京：人民出版社，1978：193-196．

［288］中国人民大学政治经济学系编．中华近代经济史（下册）［M］．北京：人民出版社，1997：196-197．

[289] 中国社会科学院、中央档案馆编.中华人民共和国经济档案资料选编1949—1952（工业卷）[M].北京：中国物资出版社，1996：804-806.

[290] 中国社会科学院.中央档案馆.中华人民共和国经济档案资料编选1949—1952（工业卷）[M].北京：中国物资出版社，1996：805-806.

[291] 中国社会科学院.中央档案馆.中华人民共和国经济档案资料编选1949—1952（综合卷）[M].北京：中国城市经济社会出版社，1990：119-120.

[292] 中国统计年鉴（1984）[M].北京：中国统计出版社，1984：82-84.

[293] 中华人民共和国统计局.国民经济行业分类（GB/T4754—2011）[Z]，2011.

[294] 仲理峰，时勘.绩效管理的几个基本问题[J].南开管理评论，2002（3）：108-109.

[295] 周凯.政府绩效评估导论[M].北京：中国人民大学出版社，2006：1-6，25-30.

[296] 周倩.基于因子分析法和层次分析法对河南省上市公司综合能力评价的研究[D].开封：河南大学，2013：15-19.

[297] 周琴.产业结构优化的路径选择———一般理论及其对长三角的应用分析[D].上海：上海社会科学院，2010：36-40.

[298] 朱飞.绩效管理与薪酬激励[M].北京：企业管理出版社，2008：108-123.

[299] 朱富强.收入再分配的理论基础：基于社会贡献的原则[J].经济学家，2014（8）：5-13.

[300] 朱孟才.360度考核与政府绩效管理[J].行政论坛，2008（6）：68-71.

[301] 朱乾宇.政府扶贫资金投入方式与扶贫绩效的多元回归分析[J].

中央财经大学学报，2004（7）：11-15.

［302］朱显岳．相对贫困农户异地搬迁扶贫研究——以浙江省丽水市异地搬迁扶贫为例［J］．丽水学院学报，2015（7）：80-82.

［303］邹薇，方迎风，等．怎样测度贫困：从单维到多维［J］．国外社会科学，2012（2）：63-69.

［304］Afful-Dadzie, Eric. Afful-Dadzie, Anthony. Oplatkova, Zuzana Kominkova. Measuring Progress of The Millennium Development Goals: A Fuzzy Comprehensive Evaluation Approach ［J］. Applied Artificial Intelligence, 2014（1）: 1-15.

［305］Ahmad. Towards Poverty Alleviation: The Water Sector Perspectives ［J］. International Journal of Water Resources Development, 2003（1）: 263-277.

［306］Alvarez, Sharon. Barney, Jay. Newman, Arielle. The Poverty Problem And The Industrialization Solution ［J］. Asia Pacific Journal of Management, 2015（3）: 23-37.

［307］Besley, T. Political Economy of Alleviating Poverty: Theory And Institutions ［C］Washington D. C.: Annual World Bank Conference On Development Economics, 1997: 117-147.

［308］Borman, W. C. Expanding the criterion domain to include elements of contextual performance ［J］. Personnel Selection in Organizations, 1993（7）.

［309］Buyukozkan, Giulcin. Karabulut, Yagmur. Energy Project Performance Evaluation With Sustainability Perspective ［J］. Energy, 2017（1）: 549-560.

［310］Chowdiah. Gowda. Rural Poverty Alleviation And Sustainability By Valorisation of Rural Wastes-A Case Study in India ［C］Shanghai. World Engineers Convention, 2004: 233-241.

［311］Dauda Rasaki Stephen. Poverty And Economic Growth In Nigeria: Issues

And Policies [J]. Journal of Poverty, 2017 (1): 61-79.

[312] Gaude, J. Watzlawick, H. Employment Creation And Poverty Alleviation Through Labor-Intensive Public-Works In Least Developed-Countries [J]. International Labour Review, 1992 (1): 3-18.

[313] Hall. Anthony. From Fome Zero To Bolsa Familia: Social Policies And Poverty Alleviation Under Lula [J]. Journal of Latin American Studies, 2006 (11): 689-709.

[314] Jensen M G, Murphy K J. Performance Pay and Top-management Incentives [J]. Journal of Politics, 1990 (98).

[315] Kaleem, Ahmad. Ahmed, Saima. The Quran and Poverty Alleviation A Theoretical Model For Charity-Based Islamic Microfinance Institutions (Mfis) [J]. Nonprofit and Voluntary Sector Quarterly, 2010 (6): 409-428.

[316] Kassie, Menale. Shiferaw, Bekele. Muricho, Geoffrey. Rendall Ms. Speare A. Agricultural Technology, Crop Income, And Poverty Alleviation In Uganda [J]. World Development, 2011 (10): 1784-1795.

[317] Khan H A. Sectoral Growth And Poverty Alleviation: A Multiplier Decomposition Technique Applied To South Africa [J]. World Development, 1999 (3): 521-530.

[318] Klaauw, Wilbert. Breaking The Link Between Poverty And Low Student Achievement: An Evaluation of Title I [J]. Journal of Econometrics, 2008 (2): 731-756.

[319] Maliwichi, L. L. Oni, S. A.. Sifumba, L. An Evaluation of The Performance of Small Scale Agribusinesses In Vhembe District of Limpopo Province, South Africa [J]. African Journal Of Agricultural Research, 2011 (8): 3903-3910.

[320] Martin Ravallion. On The Coverage Of Public-Employment Schemes For

Poverty Alleviation [J]. Journal of Development Economics, 1990 (11): 57-79.

[321] McKague, Kevin. Oliver, Christine. Enhanced Market Practices: Poverty Alleviation For Poor Producers In Developing Countries [J]. California Management Review, 2012 (10): 98-129.

[322] Munthali, Simon M. Transfrontier Conservation Areas: Integrating Biodiversity And Poverty Alleviation In Southern Africa [J]. Natural Resources Forum, 2007 (2): 51-60.

[323] Nandinee K. Kutty. The Scope For Poverty Alleviation Among Elderly Home-Owners In The United States Through Reverse Mortgages [J]. Urban Studies, 1998 (1): 113-129.

[324] Nordtveit . Bjorn Harald. Poverty Alleviation And Integrated Service Delivery: Literacy, Early Child Development And Health [J]. International Journal of Educational Development, 2008 (7): 405-418.

[325] Notten, Geranda. How Poverty Indicators Confound Poverty Reduction Evaluations: The Targeting Performance of Income Transfers In Europe [J]. Social Indicators Research, 2016 (7): 1039-1056.

[326] OhenebaAkwasi Akyeampong. Pro-poor tourism: residents expectations, experiences and perceptions in the Kakum National Park Area of Ghana [J]. Journal of Sustainable Tourism, 2011 (2).

[327] Ojha, Vijay P. Carbon Emissions Reduction Strategies And Poverty Alleviation In India [J]. Environment And Development Economics, 2009 (6): 323-348.

[328] Oscar Lewis. The Culture of Poverty [J]. Scientific American, 1966 (4).

[329] Pillaya, M, Rogerson, C M. Agriculture-tourism Linkages and Pro-Poor Impacts: The Accommoda-tion Sector of Urban Coastal Kwazulu-Natal, South Africa [J]. Applied Geography, 2013, 33 (36): 55-58.

［330］ Rendall Ms. Speare A. Elderly Poverty Alleviation Through Living With Family ［J］. Journal of Population Economics, 1995（11）：383-405.

［331］ RMedina-Munoz, DiegoR. Medina-Munoz, Rita. Gutierrez-Perez, Francisco J. A Sustainable Development Approach To Assessing The Engagement of Tourism Enterprises In Poverty Alleviation ［J］. Sustainable Development, 2016（7）：220-236.

［332］ Sanchez-Lopez, Ramiro. Bana E Costa. Carlos A. De Baets, Bernard. The MACBETH Approach For Multi-Criteria Evaluation Of Development Projects On Cross-Cutting Issues ［J］. Annals Of Operations Research, 2012（10）：393-408.

［333］ Sarker, PC. Das, UK. Poverty Alleviation Through Family Development In Rural Bangladesh: A Collaborative Effort Of The DSS And EDM ［J］. Asia Pacific Journal Of Social Work, 2001（3）：60-70.

［334］ Shenngen Fan. PeterHazell. THaque. Targeting Public Investments By Agro-Ecological Zone To Achieve Growth And Poverty Alleviation Goals In Rural India ［J］. Food Policy, 2000（8）：411-428.

［335］ Shivarajan, Sridevi. Srinivasan, Aravind. The Poor As Suppliers of Intellectual Property: A Social Network Approach To Sustainable Poverty Alleviation ［J］. Business Ethics Quarterly, 2013（7）：381-406.

［336］ Skiles, Martha Priedeman. Curtis, Sian L. . Basinga, Paulin. The Effect Of Performance-Based Financing On Illness, Care-Seeking And Treatment Among Children: An Impact Evaluation In Rwanda ［J］. Bmc Health Services Research, 2015（9）：458-477.

［337］ Skoufias, E. Davis, B. De La Vega, S. Targeting The Poor In Mexico: An Evaluation Of The Selection Of Households Into Progresa ［J］. World Development, 2001（10）：1769-1784.

［338］ Stringer, Andy. Improving Animal Health For Poverty Alleviation And Sustainable Livelihoods ［J］. Veterinary Record, 2014（11）：526-529.

[339] Susilowati. Karyadi. Malnutrition And Poverty Alleviation ［J］. Asia Pacific Journal Of Clinical Nutrition, 2002 (11): 323-330.

[340] Wahid, Anm. The Grameen Bank And Poverty Alleviation In Bangladesh—Theory, Evidence And Limitations ［J］. American Journal Of Economics And Sociology, 1994 (1): 1-15.